초등 문해력

일3공

최상위 비문학

상위
일프로 **3**회독 공부법

과학·기술 편

초등 5, 6학년~ 예비 중학 추천 과정

이 책의 특징

1 왜 학습하나요?

수능 비문학 학습

- 우리 교재에서는 문해력을 기르면서 동시에 수능 국어 비문학을 미리 준비할 수 있도록 수능 형태의 지문과 수능형 문항을 제시하였습니다.

- 수능 국어 비문학 과학·기술 영역의 개념을 익히기 위한 좋은 지문을 제시하였습니다.
  - 물리학, 화학, 생명 과학, 지구 과학, 산업 기술, 생활 기술 등 다양한 세부 영역의 소재와 중학교 교과 연계 소재를 다듬은 지문 20개를 연습할 수 있어요.
  - 균형감 있는 시각으로 잘 짜여진 1,400자 내외 분량의 글을 읽으면서 수능형 지문에 대한 감각과 독해력을 동시에 길러요.
  - 최근 주목받고 있는 시의성 있는 내용을 포함하여 흥미 있게 학습할 수 있어요.

- 수능형 문항은 문해력을 확인할 수 있는 좋은 방법입니다.
  - 지문 내에 주어진 정보를 정확하게 파악했는지 효율적으로 확인할 수 있어요.
  - 지문의 여러 부분에서 고루 문제가 출제되어 지문 내용을 꼼꼼히 들여다보게 해 줘요.
  - 새로운 시각을 제공하는 <보기> 적용 문항이 제시되어 깊이 있는 독서를 하도록 이끌어요.

Q 수능 국어는 무엇인가요?

A 고등학교 3학년, 매년 11월 셋째 주에 치르는 '대학수학능력시험'(줄여서 '수능')의 과목 중 하나입니다.

시험 시간	문항 수 / 유형	과목				시험 내용
		공통 과목		**선택 과목(택일)**		
		독서	문학	화법과 작문	언어와 매체	
80분	45문항 / 다섯 개의 항목 가운데 정답 또는 가장 적당한 항 하나를 고르는 오지선다형	17문항	17문항	11문항	11문항	초등학교부터 고등학교까지의 국어과 교육과정을 바탕으로 국어 능력을 측정함.
		→ 공통 과목(34문항)에 선택 과목(11문항) 중에서 하나를 선택해서 치름.				

Q 비문학(독서) 학습은 왜 중요한가요?

A 수능 과목 중에서 비문학(독서)은 문학이 아닌 정보를 중심으로 한 글을 지문으로 제시하는 공통 과목입니다. '인문·예술', '사회·문화', '과학·기술'의 세부 영역 중에서 4개 내외의 지문이 출제되지요. 그런데 비문학(독서) 지문에서는 많은 양의 정보가 제시되거나 새로운 정보가 제시되기 때문에 이를 짧은 시간 안에 읽고 이해하기 어려운 경우가 많습니다. 수능에서 가장 많이 틀리는 오답률 베스트 문항에 비문학(독서)에서 출제된 문항들이 항상 상위에 올라 있다는 점에서도 이를 알 수 있어요. 따라서 어려운 비문학(독서) 지문도 해결할 수 있는 높은 수준의 독해 능력을 갖춘 학생들만이 수능 국어에서 좋은 점수를 받을 수 있답니다.

반복 읽기 학습

어떻게
학습하나요?

- 우리 교재에서는 같은 지문을 반복적으로 읽는 효율적인 독해 시스템을 적용하였습니다.
- 한 번 읽어서 알고 있는 것 같은 글을 또다시 읽었을 때 내용을 더욱 깊이 있게 이해할 수 있어요.
- 글을 천천히, 꼼꼼하게, 반복해서 읽는 독해 과정을 거치면서 내용을 온전히 자신의 것으로 만드는 경험을 할 수 있어요. 이는 글을 정확하게 읽을 수 있다는 자신감을 기르는 데 도움을 줘요.

- 총 3번에 걸쳐서 같은 지문을 반복해서 읽으면서 읽기 연습을 하도록 구성하였습니다.
- '1회독 – 첫 번째 읽기' 단계에서는 글 전체의 중심 내용과 글의 구조를 이해하면서 읽어요.
- '2회독 – 두 번째 읽기' 단계에서는 글을 각 문단으로 나누어 문장의 내용과 어휘 뜻을 꼼꼼하게 이해하면서 읽어요.
- '3회독 – 세 번째 읽기' 단계에서는 글을 통해 파악할 수 있는 정보를 수능형 문제로 확인하면서 읽어요.

1회독	2회독	3회독
구조 읽기	중심 내용과 어휘 읽기	수능형 문제로 문해력 점검하기

글의 구조 학습

무엇을
학습하나요?

- 우리 교재에서는 글의 구조를 파악하는 테마 학습을 반영하였습니다.
- 글을 읽을 때 단어의 뜻이나 문장의 의미를 잘 아는 것은 매우 중요해요. 하지만 그에 못지않게 한 편의 글이 어떤 구조로 되어 있는지 이해하면서 읽는 것도 중요해요.
- 글의 짜임, 뼈대를 이해하면 더 중요한 내용과 덜 중요한 내용을 구분하면서 글을 읽을 수 있어요.
- 이어지는 내용에 어떤 내용이 나올지 생각해 보면서 글을 읽을 수 있어요. 글의 구조를 이해하는 것은 목적지에 도달하는 과정에서 내가 얼마나 왔는지, 얼마를 더 가야 하는지 지도를 볼 수 있는 것과 비슷해요.

- 5가지 글의 구조를 구분하여 학습할 수 있도록 제시하였습니다.
- 글의 구조를 나열 구조, 비교·대조 구조, 사례 구조, 과정 구조, 문제 해결 구조의 5가지로 구분하여 글을 연습할 수 있도록 했어요. 앞으로 치르게 될 여러 국어 시험의 지문에서 자주 접하게 될 대표적인 글의 구조입니다. 타 교과의 긴 글들도 이러한 구조에 따라 만들어진 내용이 많아요.
- 자신이 설명문 또는 긴 글을 쓸 때 이러한 글의 구조를 고려하면서 내용을 구상하면 보다 체계적으로 글을 쓸 수 있어요.

나열 구조	비교·대조 구조	사례 구조	과정 구조	문제 해결 구조

이 책의  구성과 활용법

1회독 – 첫 번째 읽기

1

첫 번째 읽기 단계에서는 흥미 있게 글을 읽으면서
글 전체의 주제어와 글의 구조를 파악하도록 하였습니다.

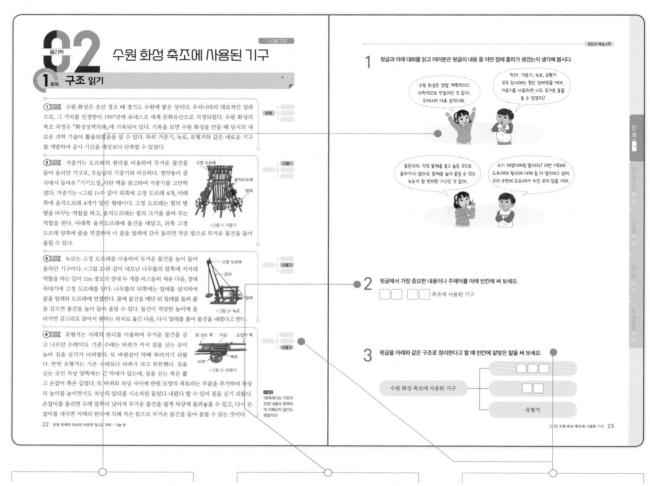

글과 관련된 **두 학생의 대화**를 제시하여 공감을 불러일으키면서 흥미를 유발하고, 학생의 생각을 표현할 수 있도록 하였습니다.

활용법

이 문항은 글에서 언급된 내용을 학생이 자유롭게 이야기하는 데 중점을 두고 학습하세요.

글의 **핵심어나 주제어**, 중요한 구절 등을 파악하면서 글의 내용을 요약하는 연습을 하도록 하였습니다.

활용법

이 문항은 글에서 가장 많이 등장하는 단어를 찾으면서 중요한 내용이 무엇인지 파악하는 데 중점을 두고 학습하세요.

각 문단의 성격을 정리하는 과정을 통해 **글 전체**가 어떤 **구조**로 되어 있는지 이해할 수 있도록 하였습니다.

활용법

이 문항은 도식 안의 빈칸을 채워 넣으면서 글의 구조를 이해하는 데 중점을 두고 학습하세요.

2회독 - 두 번째 읽기

두 번째 읽기 단계에서는 각 문단별로 나누어 글을 꼼꼼하게 읽으면서
핵심 내용과 어휘의 의미를 정확하게 파악하도록 하였습니다.

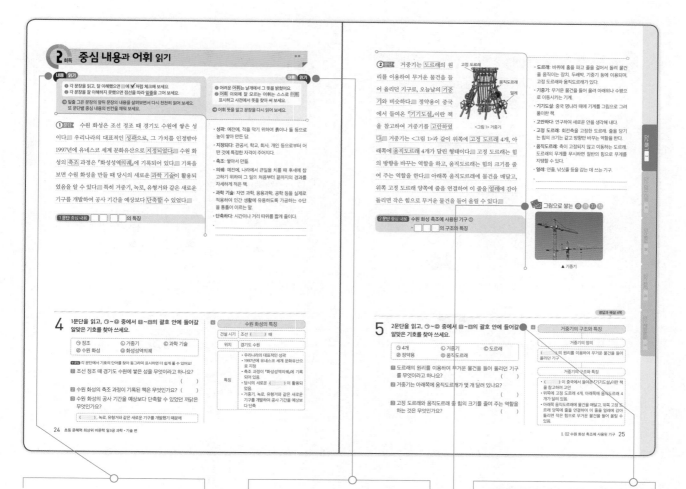

[내용 읽기]
각 문단을 이루고 있는 각 문장마다 밑줄과 체크 박스 장치를 두어 학생 스스로 **문장별 메타 인지***를 체크하도록 하였습니다. 또한 각 **문단의 중심 내용**을 요약하는 연습을 하기 위해 문단이 끝난 뒤마다 빈칸을 채우도록 하였습니다.

*메타 인지: 자신의 인지 과정에 대하여 한 차원 높은 시각에서 관찰·발견·통제하는 정신 작용.

활용법
이 활동은 각 문단의 내용을 꼼꼼하게 읽어 내려가면서 중심 내용을 파악하는 데 중점을 두고 학습하세요.

[어휘 읽기]
각 문단에서 의미를 더욱 정확하게 이해하면 도움이 되는 **어휘를 학습**할 수 있도록 그 뜻을 밝혔습니다. 또한 자신이 잘 모르는 어휘는 자기 주도적으로 찾아 학습하도록 하였습니다.

활용법
이 활동은 각 문장을 읽으면서 네모 표시된 단어의 뜻을 참고하면서 독해하는 데 중점을 두고 학습하세요.

각 문단의 내용을 잘 이해했는지 확인하기 위한 **확인 문제**를 제시하였습니다.

활용법
이 문항은 다음 박스에 들어 있는 기호의 단어가 지문의 어느 부분에 등장했는지를 찾아 동그라미 표시하면서 문단의 핵심 정보를 찾는 데 중점을 두고 학습하세요.

[그림으로 쌓는 배경지식]
각 문단에서 시각적으로 확인하면 좋은 개념들을 그림, 사진 등으로 제시하였습니다.

이 책의 구성과 활용법

3회독 - 세 번째 읽기

세 번째 읽기 단계에서는 글을 다시 읽으면서 수능형 문제를 해결하는 과정을 통해
자신의 문해력을 점검하도록 하였습니다.

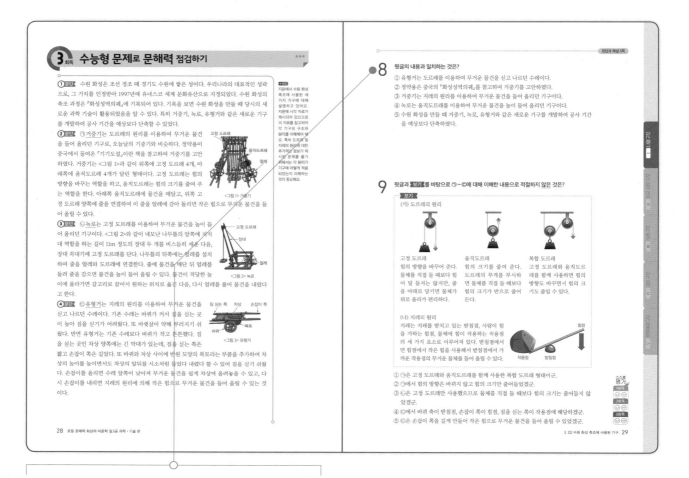

지문 내용에서 **핵심적인 내용**을 중심으로 '사실적 읽기'와 '추론적 읽기', '비판적 읽기'와 '창의적 읽기'를 확인할 수 있는 **수능 유형의 문항**을 제시하였습니다.

활용법

'사실적 읽기'와 '추론적 읽기' 문항은 지문의 각 문단에서 선지 내용의 근거를 구체적으로 찾아 연결하면서 지문 내용과 선지 내용이 일치하는지 또는 불일치하는지 확인하는 데 중점을 두고 학습하세요. 또 '비판적 읽기', '창의적 읽기' 문항은 지문과 연결하며 <보기> 내용의 적절성을 꼼꼼하게 확인하고 새로운 정보를 지문 내용에 적용하는 데 중점을 두고 학습하세요.

'**사실적 읽기**'는 글의 표면에 드러난 의미를 있는 그대로 이해하면서 읽는 것으로, 글 읽기의 기본이 됩니다. 글의 중심 내용과 주제 파악하기, 글의 전개 방법 파악하기, 어휘 확인 등이 사실적 읽기에 해당합니다.

'**추론적 읽기**'는 글의 전체 맥락 등을 활용하여 생략된 내용이나 숨겨진 주제를 파악하거나 글쓴이의 의도나 목적 등을 파악하며 읽는 것입니다.

'**비판적 읽기**'는 글에 드러난 관점이나 내용, 글에 쓰인 표현 방법, 글쓴이의 숨겨진 의도 등을 비판하며 읽는 것입니다. 주로 지문과 <보기>를 연결하면서 적절성을 파악하는 문항이 출제됩니다.

'**창의적 읽기**'는 글을 바탕으로 자신이나 사회의 문제를 해결하는 방법을 찾거나 글쓴이의 생각에 대한 대안을 찾는 것입니다. 주로 <보기>로 새로운 자료나 관점을 제시하면서 글과 연결하여 묻는 문항이 출제됩니다.

쉬어가기

정답과 해설

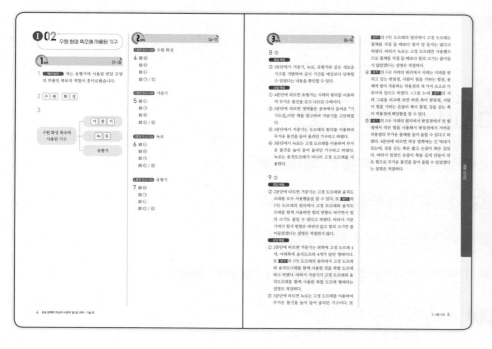

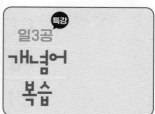

이 책의 차례

III 사례 구조

IV 과정 구조

V 문제 해결 구조

다섯 가지 글의 구조 미리 보기

I 나열 구조

A의 개념
├ A의 크기
├ A의 모양과 색깔
└ A의 효능

'나열'은 죽 벌여 놓거나 나란히 줄을 짓는다는 뜻입니다. 나열은 상위 개념을 설명할 때 대상의 특징이나 대상의 속성에 해당하는 비슷한 위상의 정보들을 하위 항목으로 설정하여 한 문단에 하나 정도씩 벌여 놓는 글의 내용 전개 방식이고, 이런 구조를 띤 것이 나열 구조입니다. 글의 첫 번째 문단에서 말하고자 하는 대상이 무엇인지 설명한 다음, 이어지는 문단들에서 그와 관련된 구체적인 하위 항목들을 나열하는 경우가 많습니다. 예를 들면 A라는 대상을 설명할 때, 1문단에서는 A의 개념, 2문단에서는 A의 크기, 3문단에서는 A의 모양과 색깔, 4문단에서는 A의 효능을 다루는 것입니다. 이는 A라는 상위 개념을 설명하기 위해 2~4문단에서 A의 하위 항목인 크기, 모양과 색깔, 효능을 다룬 것입니다.

나열 구조의 글 읽는 방법 나열 구조의 글에서는 각 문단의 중심 내용을 파악하는 것이 가장 중요합니다. 각 문단의 중심 내용을 생각하면서 이어지는 문단에 어떤 내용이 나올지 살피고, 대상이 어떤 특징이나 속성을 가지고 있는지 또는 몇 가지 특징이 있는지 등을 파악해야 합니다.

II 비교·대조 구조

A, B의 공통점
├ A의 차이점
└ B의 차이점

'비교'는 둘 이상의 사물을 견주어 서로 간의 유사점, 차이점을 고찰하는 것이고 '대조'는 둘 이상인 대상의 내용을 맞대어 같고 다름을 검토하는 것입니다. 이렇게 두 대상이 함께 등장하여 특징을 설명하는 과정에서 대상 간의 공통점을 제시하기도 하고, 차이점을 제시하기도 하는 내용 전개 방식을 비교·대조라고 합니다. 그리고 이런 구조를 띤 글을 비교·대조 구조라고 합니다. 예를 들면 1문단에서 A, B의 공통점, 2문단에서 B와 다른 A의 개념 및 특징, 3문단에서 A와 다른 B의 개념 및 특징을 설명하는 것입니다. 비교·대조 구조는 둘을 함께 학습했을 때 두 대상에 대해 더 명확하고 쉽게 이해할 수 있을 때 주로 사용하는 글의 구조입니다.

비교·대조 구조의 글 읽는 방법 글의 전체 내용 중에서 두 가지 대상을 설명하는 부분이 등장하면, 두 대상의 공통점과 차이점이 무엇인지 생각하면서 글을 읽어 내려가야 합니다. 각 문단에서 대상의 공통점과 차이점을 구분하여 제시할 때도 있고, 한 문단 안에서 두 가지를 함께 제시할 때도 있다는 점을 염두에 두고 독해하는 것이 좋습니다.

III 사례 구조

주제 1 ●━━● 사례
주제 2 ●━━● 사례

'사례'는 어떤 일이 전에 실제로 일어난 예를 뜻합니다. '예'는 본보기가 될 만한 사물이라는 뜻인데, '예를 들어'와 같은 형태로 자주 활용됩니다. 사례 구조는 대상의 특징이나 특정 주제를 이해하기 위해 실제 일어난 일이나 예를 중심으로 설명해 나가는 내용 전개 방식을 띤 글의 구조입니다. 예를 들면 1문단에서 좋은 자기소개서의 개념을 설명한 후, 2문단에서는 잘 쓴 자기소개서의 사례를 소개합니다. 또 3문단에서 나쁜 자기소개서의 개념을 설명한 후, 4문단에서는 잘 못 쓴 자기소개서의 사례를 소개하는 것입니다.

사례 구조의 글 읽는 방법 먼저 제시된 내용이 사례인지를 파악해야 합니다. 그리고 제시된 사례가 주제와 꼭 들어맞는 알맞은 사례인지 또는 반대되는 내용을 드러낸 사례인지를 생각하면서 읽을 필요가 있습니다. 이때 '글쓴이가 이 사례를 왜 제시했을까?'를 생각하면서 독해하는 것이 바람직합니다. 사례 구조에서 주제를 중심으로 다양한 사례를 보여 주는 경우에 형식적으로 '나열 구조'와 비슷하게 느껴질 수 있습니다.

IV 과정 구조

주제 ●
  ● 과정 1
  ● 과정 2
  ● 과정 3

'과정'은 일이 되어 가는 경로를 뜻하는 말입니다. 과정은 일의 순서, 대상의 변화 과정, 작동 과정, 순서나 단계, 시간의 흐름 등에 따라 순차적으로 설명해 나가는 내용 전개 방식이고, 이런 구조를 띤 글을 과정 구조라고 합니다. 예를 들면 1문단에서 A의 개념과 기원을 설명하고, 2문단에서 19세기 초, 3문단에서 19세기 후반, 4문단에서 20세기에 나타난 A의 발전 과정을 시간 순서대로 설명하는 것입니다. '1단계-2단계-3단계' 등 과정이나 일의 순서에 따라 설명하는 것도 이에 해당합니다.

과정 구조의 글 읽는 방법 과정 구조의 글을 읽을 때는 시간에 따른 대상의 변화에 집중하면서 읽어야 합니다. 이때는 시간을 나타내는 말에 주목하는 것이 좋습니다. 또 단어, 구절, 문장을 이어 주는 구실을 하는 '먼저', '다음으로', '마지막으로'와 같은 접속어, 연결어를 잘 살피는 것이 도움이 될 수 있습니다.

V 문제 해결 구조

문제 1 ●
문제 2 ●
  ● 해결 1
  ● 해결 2

'문제 해결'은 대상이나 현상의 문제점과 그 문제점에 대한 해결 방안을 제시하는 내용 전개 방식이고, 이런 구조를 띤 글을 문제 해결 구조라고 합니다. 문제 해결 구조는 일반적으로 특정 대상이나 현상과 관련된 한계, 단점, 문제점 등을 분석한 후, 그에 대한 해결 방안을 제시합니다. 예를 들면 1문단에서 소음의 개념, 2문단에서 도로에서 발생하는 소음 문제의 심각성 또는 문제점을 설명한 후, 3문단에서 도로의 소음을 해결하기 위한 방음벽, 4문단에서 도로의 소음을 해결하기 위한 소음 저감 장치에 대해 설명하는 것입니다.

문제 해결 구조의 글 읽는 방법 문제 해결 구조는 앞부분의 '문제점'에 나타난 문제가 뒷부분의 '해결 방안'에서 어떻게 해결되고 있는지를 확인하면서 읽어야 합니다. 또한 문제 해결 구조는 'A의 이러한 문제를 어떻게 해결할 수 있을까?'와 같이 질문하고 'A를 해결하기 위해서는 B가 필요하다.'와 같이 답변하는 '묻고 답하기' 형태로 나타나는 경우가 있다는 점을 참고하면서 읽으면 좋습니다.

I

나열 구조

지구 과학 + 건축 기술

내진 설계

1회독 구조 읽기

1문단 지진이 발생하면 건물이 파손되거나 무너져 인명 및 재산 피해가 발생할 수 있다. 따라서 지진으로 인한 피해를 줄이려면 지진을 잘 견딜 수 있도록 건물을 설계해야 한다. 이렇게 지진을 견디어 낼 수 있도록 건축물을 설계하는 것을 내진 설계라고 한다. 최근 우리나라도 지진이 자주 발생하면서 내진 설계에 대한 관심이 높아지고 있다. 우리나라는 2017년에 내진 설계 대상 건축물의 기준을 개정하여 2층 이상 또는 연면적*200m² 이상인 건축물에 대해 내진 설계를 의무화했다. 대표적인 내진 설계 방식에는 내진 구조, 제진 구조, 면진 구조가 있다.

주제

2문단 내진이란 지진을 견딘다는 뜻으로, 내진 구조는 지진에 견딜 수 있도록 건물 자체를 튼튼하게 만드는 방식이다. 벽을 더 두껍게 만들거나 철근 콘크리트로 만든 내진 벽을 설치하는 방법이 있다. 철근 콘크리트란 철근을 뼈대로 넣은 콘크리트로, 지진을 견디어 내는 성능이 좋다. 또 철골 구조물이 비틀리는 것을 막기 위해 X자 모양의 보강재를 설치하는 방법도 있다. 내진 구조는 일반적인 건물에서 가장 많이 사용되는 내진 설계 방식이다. 내진 구조는 원자력 발전소에 이용될 만큼 지진을 견디어 내는 성능이 좋지만, 지진이 발생할 때 진동의 대부분이 내부로 전달되어 가스관이나 수도관 등 내부 시설이 파괴될 수 있다.

나열 1

3문단 제진이란 지진을 제어한다는 뜻으로, 제진 구조는 건물에 진동을 흡수할 수 있는 제진 장치를 설치하여 지진이 발생할 때 진동을 흡수하는 방식이다. 제진 구조의 대표적인 방법 중 하나는 건물의 층마다 기둥과 보 사이에 진동을 흡수할 수 있는 댐퍼를 설치하는 방법으로, 기존 건축물의 구조에 관계없이 적용이 가능하다. 댐퍼란 용수철이나 고무 등 탄성이 있는 물체를 이용하여 충격이나 진동을 약하게 하는 장치를 말한다. 지진이 발생해 건물이 흔들리면 댐퍼가 진동을 흡수한다. 또 다른 하나는 건물 내부에 건물 무게의 1% 정도 되는 무거운 추를 설치하여 진동을 흡수하는 방법으로, 100층이 넘는 초고층 건물에 사용할 수 있다. 건물 내부에 무거운 추를 설치한 초고층 건물에는 타이완에 있는 높이 509m의 타이베이 101이 있다.

나열 2

4문단 면진이란 지진을 피한다는 뜻으로, 면진 구조는 땅과 건물 사이에 강판과 고무판을 번갈아 가며 겹겹이 쌓아 올린 적층 고무나 베어링 등의 면진 장치를 설치하여 지진이 발생할 때 진동이 건물에 전달되는 것을 막는 방식이다. 면진 구조는 진동이 전달되는 것을 막아 건물이 덜 흔들리기 때문에 건물 내부에 손상이 적다. 하지만 면진 구조는 초고층 건물에는 적합하지 않고, 세 가지 내진 설계 방식 중에서 가장 비용이 많이 든다.

*연면적: 건물 각 층의 바닥 면적을 합한 전체 면적.

나열 3

＋꿀팁
1회독에서는 지문의 전체 내용이 완벽하게 이해되지 않아도 괜찮아요!

1 윗글과 아래 대화를 읽고 여러분은 윗글의 내용 중 어떤 점에 흥미가 생겼는지 생각해 봅시다.

우리나라도 최근 지진이 자주 발생해서 큰일이야. 앞으로 내진 설계가 더 중요해질 것 같아.

응. 우리 집도 내진 설계가 되어 있는지 궁금해. 동네에 새로 만들어진 건물에는 내진 설계가 적용된 건물이라고 표시가 되어 있더라.

난 내진 설계 방법 중에 무거운 추를 매달아 진동을 흡수하는 방법이 제일 신기했어. 넌 어때?

나는 면진 구조가 놀라웠어. 땅과 건물 사이에 고무 같은 것이 있다니 말이야.

2 윗글에서 가장 중요한 내용이나 주제어를 아래 빈칸에 써 보세요.

☐☐ ☐☐

3 윗글을 아래와 같은 구조로 정리한다고 할 때 빈칸에 알맞은 말을 써 보세요.

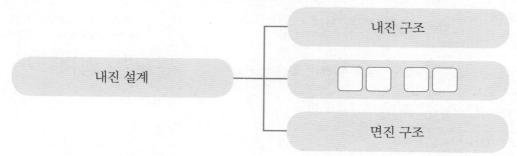

내진 설계

내진 구조

☐☐ ☐☐

면진 구조

내용 읽기

① 각 문장을 읽고, 잘 이해했으면 □에 ✔처럼 체크해 보세요.
② 각 문장을 잘 이해하지 못했으면 점선을 따라 밑줄을 그어 보세요.

➡ 밑줄 그은 문장의 앞뒤 문장의 내용을 살펴보면서 다시 천천히 읽어 보세요.
또 문단별 중심 내용의 빈칸을 채워 보세요.

어휘 읽기

① 어려운 어휘는 날개에서 그 뜻을 밝혔어요.
② 어휘 이외에 잘 모르는 어휘는 스스로 어휘 표시하고 사전에서 뜻을 찾아 써 보세요.

➡ 어휘 뜻을 알고 문장을 다시 읽어 보세요.

1문단 지진이 발생하면 건물이 파손되거나 무너져 인명 및 재산 피해가 발생할 수 있다.□ 따라서 지진으로 인한 피해를 줄이려면 지진을 잘 견딜 수 있도록 건물을 설계해야 한다.□ 이렇게 지진을 견디어 낼 수 있도록 건축물을 설계하는 것을 내진 설계라고 한다.□ 최근 우리나라도 지진이 자주 발생하면서 내진 설계에 대한 관심이 높아지고 있다.□ 우리나라는 2017년에 내진 설계 대상 건축물의 기준을 개정하여 2층 이상 또는 연면적*200m² 이상인 건축물에 대해 내진 설계를 의무화했다.□ 대표적인 내진 설계 방식에는 내진 구조, 제진 구조, 면진 구조가 있다.□

*연면적: 건물 각 층의 바닥 면적을 합한 전체 면적.

1문단 중심 내용 ☐☐☐☐의 개념

- **파손되다**: 깨어져 못 쓰게 되다.
- **인명**: 사람의 목숨.
- **견디다**: 물건이 열이나 압력 등과 같은 외부의 작용을 받으면서도 원래의 상태나 형태를 유지하다.
- **건축물**: 땅 위에 지은 구조물 중에서 지붕, 기둥, 벽이 있는 건물을 통틀어 이르는 말.
- **내진**: 지진을 견디어 냄.
- **개정하다**: 이미 정하였던 것을 고쳐 다시 정하다.
- **연면적**: 건물 각 층의 바닥 면적을 합한 전체 면적.
- **의무화하다**: 하여야 하는 것으로 만들다.
- _____

4 1문단을 읽고, ㉠~㉤ 중에서 **1**~**4**의 괄호 안에 들어갈 알맞은 기호를 찾아 쓰세요.

| ㉠ 인명 | ㉢ 지진 | ㉣ 피해 |
| ㉤ 면진 구조 | ㉤ 내진 설계 | |

➕꿀팁 각 문단에서 기호의 단어를 찾아 동그라미 표시하면 더 쉽게 풀 수 있어요!

1 지진이 발생할 때 건물이 파손되거나 무너져 생길 수 있는 피해는 무엇인가요?

( ) 및 재산 피해

2 지진을 견디어 낼 수 있도록 건축물을 설계하는 것을 무엇이라고 하나요? ( )

3 내진 설계 방식 세 가지는 무엇인가요?

내진 구조, 제진 구조, ( )

4 **내진 설계**

필요성	지진이 발생하면 건물이 파손되거나 무너져 인명 및 재산 피해가 발생할 수 있음. → 지진으로 인한 ( )를 줄이려면 지진을 잘 견딜 수 있도록 건물을 설계해야 함.
개념	( )을 견디어 낼 수 있도록 건축물을 설계하는 것
대상	우리나라는 2층 이상 또는 연면적 200m² 이상인 건축물에 대해 내진 설계를 의무화
방식	내진 구조, 제진 구조, 면진 구조

2 문단 　내진이란 지진을 견딘다는 뜻으로, 내진 구조는 지진에 견딜 수 있도록 건물 자체를 튼튼하게 만드는 방식이다.■ 벽을 더 두껍게 만들거나 철근 콘크리트로 만든 내진 벽을 설치하는 방법이 있다.■ 철근 콘크리트란 철근을 뼈대로 넣은 콘크리트로, 지진을 견디어 내는 성능이 좋다.■ 또 철골 구조물이 비틀리는 것을 막기 위해 X자 모양의 보강재를 설치하는 방법도 있다.■ 내진 구조는 일반적인 건물에서 가장 많이 사용되는 내진 설계 방식이다.■ 내진 구조는 원자력 발전소에 이용될 만큼 지진을 견디어 내는 성능이 좋지만, 지진이 발생할 때 진동의 대부분이 내부로 전달되어 가스관이나 수도관 등 내부 시설이 파괴될 수 있다.■

2문단 중심 내용 　내진 설계 방식 ①
- ☐☐☐☐의 개념과 특징

- **성능**: 기계 등이 지닌 성질이나 기능.
- **철골**: 철재로 된 건축물의 뼈대.
- **구조물**: 일정한 설계에 따라 여러 가지 재료를 얽어서 만든 물건.
- **보강재**: 제품의 강도를 높이기 위하여 쓰는 재료.
- **원자력 발전소**: 원자핵이 붕괴할 때 생기는 열에너지를 동력으로 하여 전기를 얻는 발전소.
- **진동**: 물체가 몹시 울리어 흔들림. 또는 물체 따위를 흔듦.

그림으로 쌓는 배 경 지 식

▲ X자 모양의 보강재

정답과 해설 2쪽

5 　2문단을 읽고, ㉠~㉤ 중에서 **1**~**4**의 괄호 안에 들어갈 알맞은 기호를 찾아 쓰세요.

> ㉠ X　　　　　㉡ 내부　　　　㉢ 가스관
> ㉣ 내진 벽　　　㉤ 내진 구조

1 지진에 견딜 수 있도록 건물 자체를 튼튼하게 만드는 방식을 무엇이라고 하나요?　　　　　　　　　　　　　（　　）

2 내진 구조의 방법에는 어떤 것이 있나요?

> 벽을 더 두껍게 만들거나 철근 콘크리트로 만든 （　　　） 을 설치하는 방법

3 내진 구조의 단점은 무엇인가요?

> 지진이 발생할 때 진동의 대부분이 내부로 전달되어 （　　　） 이나 수도관 등 내부 시설이 파괴될 수 있다.

4　내진 설계 방식 ① - 내진 구조

> 내진 구조의 개념

> 지진에 견딜 수 있도록 건물 자체를 튼튼하게 만드는 방식

> 내진 구조의 방법

> - 벽을 더 두껍게 만들거나 내진 벽을 설치하는 방법
> - （　　　） 자 모양의 보강재를 설치하는 방법

> 내진 구조의 특징

> - 일반적인 건물에서 가장 많이 사용됨.
> - 지진이 발생할 때 진동의 대부분이 （　　　） 로 전달되어 가스관이나 수도관 등 내부 시설이 파괴

3 문단   제진이란 지진을 제어한다는 뜻으로, 제진 구조는 건물에 진동을 흡수할 수 있는 제진 장치를 설치하여 지진이 발생할 때 진동을 흡수하는 방식이다.■ 제진 구조의 대표적인 방법 중 하나는 건물의 층마다 기둥과 보 사이에 진동을 흡수할 수 있는 댐퍼를 설치하는 방법으로, 기존 건축물의 구조에 관계없이 적용이 가능하다.■ 댐퍼란 용수철이나 고무 등 탄성이 있는 물체를 이용하여 충격이나 진동을 약하게 하는 장치를 말한다.■ 지진이 발생해 건물이 흔들리면 댐퍼가 진동을 흡수한다.■ 또 다른 하나는 건물 내부에 건물 무게의 1% 정도 되는 무거운 추를 설치하여 진동을 흡수하는 방법으로, 100층이 넘는 초고층 건물에 사용할 수 있다.■ 건물 내부에 무거운 추를 설치한 초고층 건물에는 타이완에 있는 높이 509m의 타이베이 101이 있다.■

3문단 중심 내용	내진 설계 방식 ②

- ☐☐☐☐의 개념과 특징

- **제어하다**: 상대편을 억눌러서 제 마음대로 다루다.
- **보**: 가로로 연결된 긴 재료로 건물의 하중을 지탱하는 부분.
- **탄성**: 물체에 외부에서 힘을 가하면 모양이 바뀌었다가, 그 힘을 제거하면 본래 모양으로 되돌아가려고 하는 성질.
- **충격**: 물체에 급격히 가하여지는 힘.
- **초고층**: 건물의 층수가 매우 많은 것.
- _____

그림으로 쌓는 **배 경 지 식**

▲ 기둥과 보 사이에 설치한 댐퍼

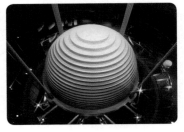

▲ 타이베이 101 내부에 있는 추

---

6   3문단을 읽고, ㉠~㉤ 중에서 **1**~**4**의 괄호 안에 들어갈 알맞은 기호를 찾아 쓰세요.

㉠ 추	㉡ 진동	㉢ 댐퍼
㉣ 제진 구조	㉤ 타이베이 101	

1 건물에 진동을 흡수할 수 있는 제진 장치를 설치하여 지진이 발생할 때 진동을 흡수하는 방식을 무엇이라고 하나요?
(   )

2 제진 구조의 방법에는 어떤 것이 있나요?

- 진동을 흡수할 수 있는 (   )를 설치하는 방법
- 건물 내부에 무거운 추를 설치하는 방법

3 건물 내부에 무거운 추를 설치한 초고층 건물의 예는 무엇인가요? (   )

4	내진 설계 방식 ② - 제진 구조

제진 구조의 개념

건물에 진동을 흡수할 수 있는 제진 장치를 설치하여 지진이 발생할 때 (   )을 흡수하는 방식

제진 구조의 방법

- 건물의 층마다 기둥과 보 사이에 진동을 흡수할 수 있는 댐퍼를 설치하는 방법
- 건물 내부에 무거운 (   )를 설치하여 진동을 흡수하는 방법

④ 문단 면진이란 지진을 피한다는 뜻으로, 면진 구조는 땅과 건물 사이에 강판과 고무판을 번갈아 가며 겹겹이 쌓아 올린 적층 고무나 베어링 등의 면진 장치를 설치하여 지진이 발생할 때 진동이 건물에 전달되는 것을 막는 방식이다.■ 면진 구조는 진동이 전달되는 것을 막아 건물이 덜 흔들리기 때문에 건물 내부에 손상이 적다.■ 하지만 면진 구조는 초고층 건물에는 적합하지 않고, 세 가지 내진 설계 방식 중에서 가장 비용이 많이 든다.■

• **강판**: 강철로 만든 철판.
• **고무판**: 고무로 만들어진 판.
• **겹겹이**: 여러 겹으로.
• **적층**: 층층이 쌓임.
• **베어링**: 회전 운동이나 직선 운동을 하는 굴대를 받치는 기구.
• **손상**: 물체가 깨지거나 상함.
• **적합하다**: 일이나 조건 등에 꼭 알맞다.
•　＿＿＿＿＿＿＿＿＿＿＿

4문단 중심 내용 내진 설계 방식 ③
- □□□□의 개념과 특징

정답과 해설 2쪽

7 4문단을 읽고, ㉠~㉤ 중에서 ■~■의 괄호 안에 들어갈 알맞은 기호를 찾아 쓰세요.

| ㉠ 진동 | ㉡ 전달 | ㉢ 초고층 |
| ㉣ 적층 고무 | ㉤ 면진 구조 | |

■ 땅과 건물 사이에 면진 장치를 설치하여 지진이 발생할 때 진동이 건물에 전달되는 것을 막는 방식을 무엇이라고 하나요?
(　　)

■ 면진 장치에는 어떤 것이 있나요?
(　　　), 베어링 등

■ 면진 구조의 장점은 무엇인가요?
진동이 (　　　) 되는 것을 막아 건물이 덜 흔들리기 때문에 건물 내부에 손상이 적다.

■ **내진 설계 방식 ③ - 면진 구조**

면진 구조의 개념

땅과 건물 사이에 적층 고무나 베어링 등의 면진 장치를 설치하여 지진이 발생할 때 (　　　)이 건물에 전달되는 것을 막는 방식

면진 구조의 특징

• 건물 내부에 손상이 적음.
• (　　　) 건물에는 적합하지 않음.
• 세 가지 내진 설계 방식 중에서 가장 비용이 많이 듦.

1 문단 지진이 발생하면 건물이 파손되거나 무너져 인명 및 재산 피해가 발생할 수 있다. 따라서 지진으로 인한 피해를 줄이려면 지진을 잘 견딜 수 있도록 건물을 설계해야 한다. 이렇게 지진을 견디어 낼 수 있도록 건축물을 설계하는 것을 내진 설계라고 한다. 최근 우리나라도 지진이 자주 발생하면서 내진 설계에 대한 관심이 높아지고 있다. 우리나라는 2017년에 내진 설계 대상 건축물의 기준을 개정하여 2층 이상 또는 연면적*200m² 이상인 건축물에 대해 내진 설계를 의무화했다. 대표적인 내진 설계 방식에는 내진 구조, 제진 구조, 면진 구조가 있다.

2 문단 내진이란 지진을 견딘다는 뜻으로, 내진 구조는 지진에 견딜 수 있도록 건물 자체를 튼튼하게 만드는 방식이다. 벽을 더 두껍게 만들거나 철근 콘크리트로 만든 내진 벽을 설치하는 방법이 있다. 철근 콘크리트란 철근을 뼈대로 넣은 콘크리트로, 지진을 견디어 내는 성능이 좋다. 또 철골 구조물이 비틀리는 것을 막기 위해 X자 모양의 보강재를 설치하는 방법도 있다. 내진 구조는 일반적인 건물에서 가장 많이 사용되는 내진 설계 방식이다. 내진 구조는 원자력 발전소에 이용될 만큼 지진을 견디어 내는 성능이 좋지만, 지진이 발생할 때 진동의 대부분이 내부로 전달되어 가스관이나 수도관 등 내부 시설이 파괴될 수 있다.

3 문단 제진이란 지진을 제어한다는 뜻으로, 제진 구조는 건물에 진동을 흡수할 수 있는 제진 장치를 설치하여 지진이 발생할 때 진동을 흡수하는 방식이다. 제진 구조의 대표적인 방법 중 하나는 건물의 층마다 기둥과 보 사이에 진동을 흡수할 수 있는 댐퍼를 설치하는 방법으로, 기존 건축물의 구조에 관계없이 적용이 가능하다. 댐퍼란 용수철이나 고무 등 탄성이 있는 물체를 이용하여 충격이나 진동을 약하게 하는 장치를 말한다. 지진이 발생해 건물이 흔들리면 댐퍼가 진동을 흡수한다. 또 다른 하나는 건물 내부에 건물 무게의 1% 정도 되는 무거운 추를 설치하여 진동을 흡수하는 방법으로, 100층이 넘는 초고층 건물에 사용할 수 있다. 건물 내부에 무거운 추를 설치한 초고층 건물에는 타이완에 있는 높이 509m의 타이베이 101이 있다.

4 문단 면진이란 지진을 피한다는 뜻으로, 면진 구조는 땅과 건물 사이에 강판과 고무판을 번갈아 가며 겹겹이 쌓아 올린 적층 고무나 베어링 등의 면진 장치를 설치하여 지진이 발생할 때 진동이 건물에 전달되는 것을 막는 방식이다. 면진 구조는 진동이 전달되는 것을 막아 건물이 덜 흔들리기 때문에 건물 내부에 손상이 적다. 하지만 면진 구조는 초고층 건물에는 적합하지 않고, 세 가지 내진 설계 방식 중에서 가장 비용이 많이 든다.

*연면적: 건물 각 층의 바닥 면적을 합한 전체 면적.

꿀팁
지문에 내진 설계의 개념과 세 가지 내진 설계 방식이 제시되어 있어요. 각 내진 설계 방식의 개념을 이해하고 특징을 구분할 수 있어야 해요. 이처럼 낯선 용어가 많이 제시된 글의 경우, 용어의 개념에 관한 정보를 잘 파악하면서 이해하는 것이 중요해요.

8 윗글의 내용과 일치하지 <u>않는</u> 것은?

① 면진 구조는 내진 구조나 제진 구조보다 비용이 많이 든다.

② 타이완에 있는 타이베이 101은 제진 구조를 적용한 건물이다.

③ 건물의 기둥과 보 사이에 댐퍼를 설치하는 방법은 제진 구조에 속한다.

④ 내진 설계는 지진에 의해 전혀 손상되지 않는 건축물을 설계하는 것이다.

⑤ 내진 구조는 지진의 진동이 내부로 전달되어 내부 시설이 파괴될 수 있다.

9 다음은 윗글을 읽은 학생이 작성한 활동지이다. ㉠~㉤ 중 적절하지 <u>않은</u> 것은?

<지진 피해를 줄이는 내진 설계>

1. 내진 설계란?
   • (지진)을 견딜 수 있도록 (건축물)을 설계하는 것 ······························ ㉠

2. 우리나라의 내진 설계 대상 건축물 기준과 방침
   • (2)층 이상 또는 연면적 (200)m² 이상인 건축물에 대해 내진 설계를 의무화 ··· ㉡

3. 내진 설계 방식

내진 구조
(내진 벽)이나 (보강재) 등을 설치하여 건물 자체를 튼튼하게 만들어 건물이 지진에 견딜 수 있도록 한 것 ················ ㉢

제진 구조
댐퍼나 추 등을 설치하여 지진이 발생했을 때 진동을 (반사)할 수 있도록 한 것 ················ ㉣

면진 구조
(땅)과 (건물) 사이에 적층 고무나 베어링 등을 설치하여 진동이 건물에 전달되지 않도록 한 것 ····· ㉤

① ㉠   ② ㉡   ③ ㉢   ④ ㉣   ⑤ ㉤

02 물리학

수원 화성 축조에 사용된 기구

1회독 구조 읽기

①문단 수원 화성은 조선 정조 때 경기도 수원에 쌓은 성이다. 우리나라의 대표적인 성곽으로, 그 가치를 인정받아 1997년에 유네스코 세계 문화유산으로 지정되었다. 수원 화성의 축조 과정은 『화성성역의궤』에 기록되어 있다. 기록을 보면 수원 화성을 만들 때 당시의 새로운 과학 기술이 활용되었음을 알 수 있다. 특히 거중기, 녹로, 유형거와 같은 새로운 기구를 개발하여 공사 기간을 예상보다 단축할 수 있었다.

주제

②문단 거중기는 도르래의 원리를 이용하여 무거운 물건을 들어 올리던 기구로, 오늘날의 기중기와 비슷하다. 정약용이 중국에서 들여온 『기기도설』이란 책을 참고하여 거중기를 고안하였다. 거중기는 <그림 1>과 같이 위쪽에 고정 도르래 4개, 아래쪽에 움직도르래 4개가 달린 형태이다. 고정 도르래는 힘의 방향을 바꾸는 역할을 하고, 움직도르래는 힘의 크기를 줄여 주는 역할을 한다. 아래쪽 움직도르래에 물건을 매달고, 위쪽 고정 도르래 양쪽에 줄을 연결하여 이 줄을 얼레에 감아 돌리면 작은 힘으로 무거운 물건을 들어 올릴 수 있다.

나열 1

고정 도르래
움직도르래
얼레

<그림 1> 거중기

③문단 녹로는 고정 도르래를 이용하여 무거운 물건을 높이 들어 올리던 기구이다. <그림 2>와 같이 네모난 나무틀의 앞쪽에 지지대 역할을 하는 길이 11m 정도의 장대 두 개를 비스듬히 세운 다음, 장대 꼭대기에 고정 도르래를 단다. 나무틀의 뒤쪽에는 얼레를 설치하여 줄을 얼레와 도르래에 연결한다. 줄에 물건을 매단 뒤 얼레를 돌려 줄을 감으면 물건을 높이 들어 올릴 수 있다. 물건이 적당한 높이에 올라가면 갈고리로 끌어서 원하는 위치로 옮긴 다음, 다시 얼레를 풀어 물건을 내렸다고 한다.

나열 2

고정 도르래
장대
얼레

<그림 2> 녹로

④문단 유형거는 지레의 원리를 이용하여 무거운 물건을 싣고 나르던 수레이다. 기존 수레는 바퀴가 커서 짐을 싣는 곳이 높아 짐을 싣기가 어려웠다. 또 바큇살이 약해 부러지기 쉬웠다. 반면 유형거는 기존 수레보다 바퀴가 작고 튼튼했다. 짐을 싣는 곳인 차상 양쪽에는 긴 막대가 있는데, 짐을 싣는 쪽은 짧고 손잡이 쪽은 길었다. 또 바퀴와 차상 사이에 반원 모양의 복토라는 부품을 추가하여 차상의 높이를 높이면서도 차상의 앞뒤를 시소처럼 들었다 내렸다 할 수 있어 짐을 싣기 쉬웠다. 손잡이를 올리면 수레 앞쪽이 낮아져 무거운 물건을 쉽게 차상에 올려놓을 수 있고, 다시 손잡이를 내리면 지레의 원리에 의해 작은 힘으로 무거운 물건을 들어 올릴 수 있는 것이다.

나열 3

짐 싣는 쪽
차상
손잡이 쪽
복토
바퀴

<그림 3> 유형거

꿀팁
1회독에서는 지문의 전체 내용이 완벽하게 이해되지 않아도 괜찮아요!

1 윗글과 아래 대화를 읽고 여러분은 윗글의 내용 중 어떤 점에 흥미가 생겼는지 생각해 봅시다.

수원 화성은 정말 계획적이고 과학적으로 만들어진 것 같아. 우리나라 대표 성곽다워.

맞아. 거중기, 녹로, 유형거 모두 당시에는 첨단 장비였을 거야. 거중기를 사용하면 나도 무거운 돌을 들 수 있겠지?

물론이지. 직접 물체를 들고 높은 곳으로 올라가지 않아도 물체를 높이 올릴 수 있는 녹로가 참 편리한 기구인 것 같아.

국기 게양대처럼 말이지? 이번 기회에 도르래의 원리에 대해 좀 더 알아보고 싶어. 우리 주변에 도르래가 쓰인 곳이 많을 거야.

2 윗글에서 가장 중요한 내용이나 주제어를 아래 빈칸에 써 보세요.

☐☐ ☐☐ 축조에 사용된 기구

3 윗글을 아래와 같은 구조로 정리한다고 할 때 빈칸에 알맞은 말을 써 보세요.

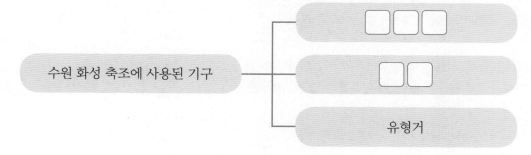

수원 화성 축조에 사용된 기구 — ☐☐☐ / ☐☐ / 유형거

내용 읽기

❶ 각 문장을 읽고, 잘 이해했으면 □에 ✔처럼 체크해 보세요.
❷ 각 문장을 잘 이해하지 못했으면 점선을 따라 밑줄을 그어 보세요.

➡ 밑줄 그은 문장의 앞뒤 문장의 내용을 살펴보면서 다시 천천히 읽어 보세요.
또 문단별 중심 내용의 빈칸을 채워 보세요.

어휘 읽기

❶ 어려운 어휘는 날개에서 그 뜻을 밝혔어요.
❷ 어휘 이외에 잘 모르는 어휘는 스스로 어휘 표시하고 사전에서 뜻을 찾아 써 보세요.

➡ 어휘 뜻을 알고 문장을 다시 읽어 보세요.

1문단 수원 화성은 조선 정조 때 경기도 수원에 쌓은 성이다.□ 우리나라의 대표적인 성곽으로, 그 가치를 인정받아 1997년에 유네스코 세계 문화유산으로 지정되었다.□ 수원 화성의 축조 과정은 『화성성역의궤』에 기록되어 있다.□ 기록을 보면 수원 화성을 만들 때 당시의 새로운 과학 기술이 활용되었음을 알 수 있다.□ 특히 거중기, 녹로, 유형거와 같은 새로운 기구를 개발하여 공사 기간을 예상보다 단축할 수 있었다.□

1문단 중심 내용 □□□□의 특징

- **성곽**: 예전에, 적을 막기 위하여 흙이나 돌 등으로 높이 쌓아 만든 담.
- **지정되다**: 관공서, 학교, 회사, 개인 등으로부터 어떤 것에 특정한 자격이 주어지다.
- **축조**: 쌓아서 만듦.
- **의궤**: 예전에, 나라에서 큰일을 치를 때 후세에 참고하기 위하여 그 일의 처음부터 끝까지의 경과를 자세하게 적은 책.
- **과학 기술**: 자연 과학, 응용과학, 공학 등을 실제로 적용하여 인간 생활에 유용하도록 가공하는 수단을 통틀어 이르는 말.
- **단축하다**: 시간이나 거리 따위를 짧게 줄이다.
- _____

4 1문단을 읽고, ㉠~㉤ 중에서 ❶~❹의 괄호 안에 들어갈 알맞은 기호를 찾아 쓰세요.

| ㉠ 정조 | ㉡ 거중기 | ㉢ 과학 기술 |
| ㉣ 수원 화성 | ㉤ 화성성역의궤 | |

➕꿀팁 각 문단에서 기호의 단어를 찾아 동그라미 표시하면 더 쉽게 풀 수 있어요!

❶ 조선 정조 때 경기도 수원에 쌓은 성을 무엇이라고 하나요?
( )

❷ 수원 화성의 축조 과정이 기록된 책은 무엇인가요? ( )

❸ 수원 화성의 공사 기간을 예상보다 단축할 수 있었던 까닭은 무엇인가요?

( ), 녹로, 유형거와 같은 새로운 기구를 개발했기 때문에

4

	수원 화성의 특징	
건설 시기	조선 ( ) 때	
위치	경기도 수원	
특징	• 우리나라의 대표적인 성곽 • 1997년에 유네스코 세계 문화유산으로 지정 • 축조 과정이 『화성성역의궤』에 기록되어 있음. • 당시의 새로운 ( ) 이 활용되었음. • 거중기, 녹로, 유형거와 같은 새로운 기구를 개발하여 공사 기간을 예상보다 단축	

2문단 거중기는 도르래의 원리를 이용하여 무거운 물건을 들어 올리던 기구로, 오늘날의 기중기와 비슷하다.■ 정약용이 중국에서 들여온 『기기도설』이란 책을 참고하여 거중기를 고안하였다.■ 거중기는 <그림 1>과 같이 위쪽에 고정 도르래 4개, 아래쪽에 움직도르래 4개가 달린 형태이다.■ 고정 도르래는 힘의 방향을 바꾸는 역할을 하고, 움직도르래는 힘의 크기를 줄여 주는 역할을 한다.■ 아래쪽 움직도르래에 물건을 매달고, 위쪽 고정 도르래 양쪽에 줄을 연결하여 이 줄을 얼레에 감아 돌리면 작은 힘으로 무거운 물건을 들어 올릴 수 있다.■

<그림 1> 거중기

2문단 중심 내용 수원 화성 축조에 사용된 기구 ①
- □□□의 구조와 특징

- **도르래**: 바퀴에 홈을 파고 줄을 걸어서 돌려 물건을 움직이는 장치. 두레박, 기중기 등에 이용되며, 고정 도르래와 움직도르래가 있다.
- **기중기**: 무거운 물건을 들어 올려 아래위나 수평으로 이동시키는 기계.
- **기기도설**: 중국 명나라 때에 기계를 그림으로 그려 풀이한 책.
- **고안하다**: 연구하여 새로운 안을 생각해 내다.
- **고정 도르래**: 회전축을 고정한 도르래. 줄을 당기는 힘의 크기는 같고 방향만 바꾸는 역할을 한다.
- **움직도르래**: 축이 고정되지 않고 이동하는 도르래. 도르래의 무게를 무시하면 절반의 힘으로 무게를 지탱할 수 있다.
- **얼레**: 연줄, 낚싯줄 등을 감는 데 쓰는 기구.
- _____

그림으로 쌓는 배 경 지 식

▲ 기중기

정답과 해설 4쪽

---

5 2문단을 읽고, ㉠~㉤ 중에서 **1**~**4**의 괄호 안에 들어갈 알맞은 기호를 찾아 쓰세요.

㉠ 4개   ㉡ 거중기   ㉢ 도르래
㉣ 정약용   ㉤ 움직도르래

1 도르래의 원리를 이용하여 무거운 물건을 들어 올리던 기구를 무엇이라고 하나요? ( )

2 거중기는 아래쪽에 움직도르래가 몇 개 달려 있나요? ( )

3 고정 도르래와 움직도르래 중 힘의 크기를 줄여 주는 역할을 하는 것은 무엇인가요? ( )

4

거중기의 구조와 특징

거중기의 정의

( )의 원리를 이용하여 무거운 물건을 들어 올리던 기구

거중기의 구조와 특징

- ( )이 중국에서 들여온 『기기도설』이란 책을 참고하여 고안
- 위쪽에 고정 도르래 4개, 아래쪽에 움직도르래 4개가 달려 있음.
- 아래쪽 움직도르래에 물건을 매달고, 위쪽 고정 도르래 양쪽에 줄을 연결하여 이 줄을 얼레에 감아 돌리면 작은 힘으로 무거운 물건을 들어 올릴 수 있음.

3 문단　녹로는 고정 도르래를 이용하여 무거운 물건을 높이 들어 올리던 기구이다.■ <그림 2>와 같이 네모난 나무틀의 앞쪽에 지지대 역할을 하는 길이 11m 정도의 장대 두 개를 비스듬히 세운 다음, 장대 꼭대기에 고정 도르래를 단다.■ 나무틀의 뒤쪽에는 얼레를 설치하여 줄을 얼레와 도르래에 연결한다.■ 줄에 물건을 매단 뒤 얼레를 돌려 줄을 감으면 물건을 높이 들어 올릴 수 있다.■ 물건이 적당한 높이에 올라가면 갈고리로 끌어서 원하는 위치로 옮긴 다음, 다시 얼레를 풀어 물건을 내렸다고 한다.■

<그림 2> 녹로

・**장대**: 대나무나 나무로 다듬어 만든 긴 막대기.
・**비스듬히**: 수평이나 수직이 되지 아니하고 한쪽으로 기운 듯하게.
・**갈고리**: 끝이 뾰족하고 꼬부라진 물건. 흔히 쇠로 만들어 물건을 걸고 끌어당기는 데 쓴다.
・_____

3문단 중심 내용 수원 화성 축조에 사용된 기구 ②
- [　][　]의 구조와 특징

---

6 3문단을 읽고, ㉠~㉤ 중에서 **1**~**4**의 괄호 안에 들어갈 알맞은 기호를 찾아 쓰세요.

㉠ 얼레	㉡ 녹로	㉢ 높이
㉣ 장대	㉤ 고정 도르래	

1 고정 도르래를 이용하여 무거운 물건을 높이 들어 올리던 기구를 무엇이라고 하나요? (　　)

2 녹로의 나무틀 앞쪽에 비스듬히 세운 장대 꼭대기에 설치한 것은 무엇인가요? (　　)

3 녹로의 나무틀 뒤쪽에 설치한 것은 무엇인가요? (　　)

4　　녹로의 구조와 특징

녹로의 정의

고정 도르래를 이용하여 무거운 물건을 (　　　) 들어 올리던 기구

녹로의 구조와 특징

・나무틀의 앞쪽에 (　　　) 두 개를 비스듬히 세운 다음, 장대 꼭대기에 고정 도르래를 설치
・나무틀의 뒤쪽에 얼레를 설치하여 줄을 얼레와 도르래에 연결
・줄에 물건을 매단 뒤 얼레를 돌려 줄을 감으면 물건을 높이 들어 올릴 수 있음.

4문단 유형거는 지레의 원리를 이용하여 무거운 물건을 싣고 나르던 수레이다.■ 기존 수레는 바퀴가 커서 짐을 싣는 곳이 높아 짐을 싣기가 어려웠다.■ 또 바큇살이 약해 부러지기 쉬웠다.■ 반면 유형거는 기존 수레보다 바퀴가 작고 튼튼했다.■ 짐을 싣는 곳인 차상 양쪽에는 긴 막대가 있는데, 짐을 싣는 쪽은 짧고 손잡이 쪽은 길었다.■ 또 바퀴와 차상 사이에 반원 모양의 복토라는 부품을 추가하여 차상의 높이를 높이면서도 차상의 앞뒤를 시소처럼 들었다 내렸다 할 수 있어 짐을 싣기 쉬웠다.■ 손잡이를 올리면 수레 앞쪽이 낮아져 무거운 물건을 쉽게 차상에 올려놓을 수 있고, 다시 손잡이를 내리면 지레의 원리에 의해 작은 힘으로 무거운 물건을 들어 올릴 수 있는 것이다.■

짐 싣는 쪽　　차상　　손잡이 쪽

바퀴　　　　복토

<그림 3> 유형거

- **지레**: 지렛대의 준말로, 무거운 물건을 움직이는 데에 쓰는 막대기.
- **바큇살**: 바퀴통에서 테를 향하여 부챗살 모양으로 뻗친 가느다란 막대.
- **반원**: 원을 지름으로 이등분하였을 때의 한쪽.
- **부품**: 기계 등의 어떤 부분에 쓰는 물품.
- _____

4문단 중심 내용 수원 화성 축조에 사용된 기구 ③

- ☐☐☐의 구조와 특징

7 4문단을 읽고, ㉠~㉤ 중에서 **1**~**4**의 괄호 안에 들어갈 알맞은 기호를 찾아 쓰세요.

> ㉠ 차상　　　㉡ 복토　　　㉢ 지레
> ㉣ 수레　　　㉤ 유형거

1 지레의 원리를 이용하여 무거운 물건을 싣고 나르던 수레를 무엇이라고 하나요?　　　　　　　　　(　)

2 유형거에서 짐을 싣는 곳을 무엇이라고 하나요?　(　)

3 유형거에서 바퀴와 차상 사이에 있는 반원 모양의 부품을 무엇이라고 하나요?　　　　　　　　　　　(　)

4 | 유형거의 구조와 특징 |
|---|

유형거의 정의

(　　)의 원리를 이용하여 무거운 물건을 싣고 나르던 수레

유형거의 구조와 특징

바퀴	기존 (　　)보다 바퀴가 작고, 튼튼함.
차상	• 짐을 싣는 곳 • 양쪽에는 긴 막대가 있는데, 짐을 싣는 쪽은 짧고 손잡이 쪽은 긺.
복토	• 바퀴와 차상 사이에 있는 반원 모양의 부품 • 차상의 높이를 높이면서도 지레의 원리에 의해 짐을 싣기 쉽게 함.

1 문단 수원 화성은 조선 정조 때 경기도 수원에 쌓은 성이다. 우리나라의 대표적인 성곽으로, 그 가치를 인정받아 1997년에 유네스코 세계 문화유산으로 지정되었다. 수원 화성의 축조 과정은 『화성성역의궤』에 기록되어 있다. 기록을 보면 수원 화성을 만들 때 당시의 새로운 과학 기술이 활용되었음을 알 수 있다. 특히 거중기, 녹로, 유형거와 같은 새로운 기구를 개발하여 공사 기간을 예상보다 단축할 수 있었다.

2 문단 ㉠거중기는 도르래의 원리를 이용하여 무거운 물건을 들어 올리던 기구로, 오늘날의 기중기와 비슷하다. 정약용이 중국에서 들여온 『기기도설』이란 책을 참고하여 거중기를 고안하였다. 거중기는 <그림 1>과 같이 위쪽에 고정 도르래 4개, 아래쪽에 움직도르래 4개가 달린 형태이다. 고정 도르래는 힘의 방향을 바꾸는 역할을 하고, 움직도르래는 힘의 크기를 줄여 주는 역할을 한다. 아래쪽 움직도르래에 물건을 매달고, 위쪽 고

<그림 1> 거중기

정 도르래 양쪽에 줄을 연결하여 이 줄을 얼레에 감아 돌리면 작은 힘으로 무거운 물건을 들어 올릴 수 있다.

3 문단 ㉡녹로는 고정 도르래를 이용하여 무거운 물건을 높이 들어 올리던 기구이다. <그림 2>와 같이 네모난 나무틀의 앞쪽에 지지대 역할을 하는 길이 11m 정도의 장대 두 개를 비스듬히 세운 다음, 장대 꼭대기에 고정 도르래를 단다. 나무틀의 뒤쪽에는 얼레를 설치하여 줄을 얼레와 도르래에 연결한다. 줄에 물건을 매단 뒤 얼레를 돌려 줄을 감으면 물건을 높이 들어 올릴 수 있다. 물건이 적당한 높

<그림 2> 녹로

이에 올라가면 갈고리로 끌어서 원하는 위치로 옮긴 다음, 다시 얼레를 풀어 물건을 내렸다고 한다.

4 문단 ㉢유형거는 지레의 원리를 이용하여 무거운 물건을 싣고 나르던 수레이다. 기존 수레는 바퀴가 커서 짐을 싣는 곳이 높아 짐을 싣기가 어려웠다. 또 바큇살이 약해 부러지기 쉬웠다. 반면 유형거는 기존 수레보다 바퀴가 작고 튼튼했다. 짐을 싣는 곳인 차상 양쪽에는 긴 막대가 있는데, 짐을 싣는 쪽은

<그림 3> 유형거

짧고 손잡이 쪽은 길었다. 또 바퀴와 차상 사이에 반원 모양의 복토라는 부품을 추가하여 차상의 높이를 높이면서도 차상의 앞뒤를 시소처럼 들었다 내렸다 할 수 있어 짐을 싣기 쉬웠다. 손잡이를 올리면 수레 앞쪽이 낮아져 무거운 물건을 쉽게 차상에 올려놓을 수 있고, 다시 손잡이를 내리면 지레의 원리에 의해 작은 힘으로 무거운 물건을 들어 올릴 수 있는 것이다.

➕꿀팁 지문에서 수원 화성 축조에 사용된 세 가지 기구에 대해 설명하고 있어요. 지문에 시각 자료가 제시되어 있으므로 이 자료를 참고하여 각 기구의 구조와 원리를 이해해야 해요. 특히 도르래 및 지레의 원리에 대한 추가적인 정보가 제시된 문제를 풀기 위해서는 각 원리가 기구에 어떻게 적용되었는지 이해하는 것이 중요해요.

8 윗글의 내용과 일치하는 것은?

① 유형거는 도르래를 이용하여 무거운 물건을 싣고 나르던 수레이다.

② 정약용은 중국의 『화성성역의궤』를 참고하여 거중기를 고안하였다.

③ 거중기는 지레의 원리를 이용하여 무거운 물건을 들어 올리던 기구이다.

④ 녹로는 움직도르래를 이용하여 무거운 물건을 높이 들어 올리던 기구이다.

⑤ 수원 화성을 만들 때 거중기, 녹로, 유형거와 같은 새로운 기구를 개발하여 공사 기간을 예상보다 단축하였다.

9 윗글과 〔보기〕를 바탕으로 ㉠~㉢에 대해 이해한 내용으로 적절하지 않은 것은?

〔보기〕

(가) 도르래의 원리

고정 도르래	움직도르래	복합 도르래
힘의 방향을 바꾸어 준다. 물체를 직접 들 때보다 힘이 덜 들지는 않지만, 줄을 아래로 당기면 물체가 위로 올라가 편리하다.	힘의 크기를 줄여 준다. 도르래의 무게를 무시하면 물체를 직접 들 때보다 힘의 크기가 반으로 줄어든다.	고정 도르래와 움직도르래를 함께 사용하면 힘의 방향도 바꾸면서 힘의 크기도 줄일 수 있다.

(나) 지레의 원리

지레는 지레를 받치고 있는 받침점, 사람이 힘을 가하는 힘점, 물체에 힘이 작용하는 작용점의 세 가지 요소로 이루어져 있다. 받침점에서 먼 힘점에서 작은 힘을 사용해서 받침점에서 가까운 작용점의 무거운 물체를 들어 올릴 수 있다.

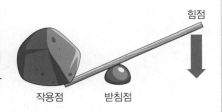

① ㉠은 고정 도르래와 움직도르래를 함께 사용한 복합 도르래 형태이군.

② ㉠에서 힘의 방향은 바뀌지 않고 힘의 크기만 줄어들었겠군.

③ ㉡은 고정 도르래만 사용했으므로 물체를 직접 들 때보다 힘의 크기는 줄어들지 않았겠군.

④ ㉢에서 바퀴 축이 받침점, 손잡이 쪽이 힘점, 짐을 싣는 쪽이 작용점에 해당하겠군.

⑤ ㉢은 손잡이 쪽을 길게 만들어 작은 힘으로 무거운 물건을 들어 올릴 수 있었겠군.

03 생활기술 가습기의 종류

1회독 구조 읽기

❶문단 습도는 공기 중에 수증기가 들어 있는 정도를 말한다. 온도에 따라 달라지기는 하지만 보통 40~60% 정도의 습도가 적정 습도이다. 적정 습도를 유지하는 것은 건강과 쾌적한 실내 환경을 위해 매우 중요하다. 그래서 건조한 겨울철에는 적당한 실내 습도를 유지하기 위해 가습기를 사용한다. 우리가 사용하는 가습기의 종류에는 가열식 가습기, 초음파식 가습기, 복합식 가습기, 기화식 가습기 등이 있다.

❷문단 먼저 가열식 가습기는 가습기 내부의 히터로 물을 끓여 수증기를 내뿜는 방식이다. 가열식 가습기는 물을 끓이기 때문에 살균 효과가 있고, 뜨거운 수증기가 나와 실내 온도를 따뜻하게 유지할 수 있다. 하지만 뜨거운 수증기로 인해 화상을 입을 가능성이 있고, 전력 소모가 커서 전기 요금이 많이 나온다. 또 물을 끓이기 때문에 제품을 켜고 난 뒤 수증기가 발생할 때까지 시간이 걸리고, 소음이 발생한다.

❸문단 초음파식* 가습기는 초음파로 물을 진동시켜 잘게 쪼갠 물방울을 내뿜는 방식이다. 초음파식 가습기는 물을 넣는 용기의 바닥에 초음파 진동자가 붙어 있다. 초음파 진동자는 전기 에너지를 초음파로 바꾸는 장치로, 초음파 진동자가 초음파를 발생시키면 물에 진동이 일어난다. 그러면 물 분자들이 서로 충돌하면서 진동이 물의 표면까지 전달되고, 물의 표면에 있던 물 분자들은 아주 작은 물방울 상태로 물의 표면 밖으로 튀어나온다. 이 작은 물방울은 가습기 내부의 송풍기에서 나오는 바람을 따라 가습기 밖으로 나오게 된다. 초음파 가습기는 물을 가열하지 않기 때문에 화상을 입을 위험이 없고, 전력 소모가 작아 전기 요금이 적게 나온다. 또 제품을 켜고 난 뒤 가습 효과가 빠르게 나타나며 소음이 적다. 하지만 물에서 세균이 번식할 가능성이 크고, 작은 물방울이 기화하면서 외부로부터 열을 흡수하기 때문에 실내 온도가 낮아진다.

❹문단 복합식 가습기는 가열식 가습기와 초음파식 가습기의 장점을 합친 가습기이다. 물을 60~80℃로 가열한 후 초음파를 이용하여 잘게 쪼갠 물방울을 내뿜는 방식이다. 물을 가열하기 때문에 살균 효과가 있고, 가습기에서 내뿜는 습기의 온도를 조절할 수 있어 화상의 위험이 없으며, 실내 온도를 따뜻하게 유지할 수 있다.

❺문단 한편 기화식 가습기는 물을 적신 필터에 바람을 쐬어 물을 증발시켜 수증기를 얻는 방식이다. 실내에 젖은 수건을 널어놓는 것과 같은 원리로, 증발이 활발히 일어나도록 표면적이 넓은 필터를 사용하고 내부의 송풍기로 바람을 일으킨다. 기화식 가습기는 세균이 공기 중으로 퍼지지 않고, 넓은 공간의 습도를 고르게 조절할 수 있다. 하지만 필터를 자주 교체하거나 세척해야 한다는 번거로움이 있다.

✦꿀팁
1회독에서는 지문의 전체 내용이 완벽하게 이해되지 않아도 괜찮아요!

*초음파: 사람의 귀에 소리로 들리는 한계 주파수 이상이어서 들을 수 없는 음파.

1 윗글과 아래 대화를 읽고 여러분은 윗글의 내용 중 어떤 점에 흥미가 생겼는지 생각해 봅시다.

겨울만 되면 호흡기가 안 좋아. 그래서 가습기가 필수야.

나도 겨울이면 피부가 건조하고 당기는 것 같아. 가습기를 사용하면 좀 괜찮아질까?

물론이지. 우리 집은 가열식 가습기를 사용하고 있어. 넌 어떤 가습기가 마음에 들어?

난 초음파식 가습기가 좋을 것 같아. 동생이 있어서 뜨거운 수증기가 나오는 가열식 가습기는 위험한 것 같아.

2 윗글에서 가장 중요한 내용이나 주제어를 아래 빈칸에 써 보세요.

□□□의 종류

3 윗글을 아래와 같은 구조로 정리한다고 할 때 빈칸에 알맞은 말을 써 보세요.

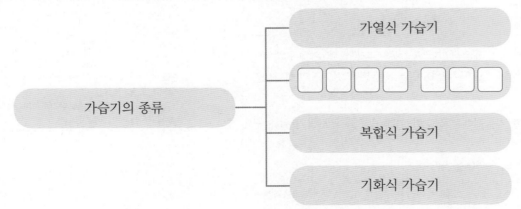

내용 읽기

① 각 문장을 읽고, 잘 이해했으면 ☐에 ✔처럼 체크해 보세요.
② 각 문장을 잘 이해하지 못했으면 점선을 따라 밑줄을 그어 보세요.

➡ 밑줄 그은 문장의 앞뒤 문장의 내용을 살펴보면서 다시 천천히 읽어 보세요. 또 문단별 중심 내용의 빈칸을 채워 보세요.

어휘 읽기

① 어려운 어휘는 날개에서 그 뜻을 밝혔어요.
② 어휘 이외에 잘 모르는 어휘는 스스로 어휘 표시하고 사전에서 뜻을 찾아 써 보세요.

➡ 어휘 뜻을 알고 문장을 다시 읽어 보세요.

1 문단 습도는 공기 중에 수증기가 들어 있는 정도를 말한다.☐ 온도에 따라 달라지기는 하지만 보통 40~60% 정도의 습도가 적정 습도이다.☐ 적정 습도를 유지하는 것은 건강과 쾌적한 실내 환경을 위해 매우 중요하다.☐ 그래서 건조한 겨울철에는 적당한 실내 습도를 유지하기 위해 가습기를 사용한다.☐ 우리가 사용하는 가습기의 종류에는 가열식 가습기, 초음파식 가습기, 복합식 가습기, 기화식 가습기 등이 있다.☐

1 문단 중심 내용 적정 습도와 ☐☐☐

• **수증기**: 기체 상태로 되어 있는 물.
• **유지하다**: 어떤 상태나 상황을 그대로 보존하거나 변함없이 계속하여 지탱하다.
• **쾌적하다**: 기분이 상쾌하고 즐겁다.
• **건조하다**: 말라서 습기가 없다.
• **가습기**: 수증기를 내어 실내의 습도를 조절하는 전기 기구.
• _____

---

4 1문단을 읽고, ㉠~㉤ 중에서 **1**~**4**의 괄호 안에 들어갈 알맞은 기호를 찾아 쓰세요.

| ㉠ 습도 | ㉡ 건강 | ㉢ 가습기 |
| ㉣ 가열식 | ㉤ 수증기 | |

꿀팁 각 문단에서 기호의 단어를 찾아 동그라미 표시하면 더 쉽게 풀 수 있어요!

1 공기 중에 수증기가 들어 있는 정도를 무엇이라고 하나요?
( )

2 건조한 겨울철에는 적당한 실내 습도를 유지하기 위해 무엇을 사용하나요? ( )

3 가습기의 종류에는 무엇이 있나요?

( ) 가습기, 초음파식 가습기, 복합식 가습기, 기화식 가습기 등

4

> **적정 습도와 가습기**

> **습도**

> 공기 중에 ( ) 가 들어 있는 정도

> **적정 습도**

> • 온도에 따라 달라지기는 하지만 보통 40~60% 정도의 습도를 가리킴.
> • ( ) 과 쾌적한 실내 환경을 위해 적정 습도를 유지하는 것이 필요함.

> **가습기의 종류**

> 가열식 가습기, 초음파식 가습기, 복합식 가습기, 기화식 가습기 등

2문단 먼저 가열식 가습기는 가습기 내부의 히터로 물을 끓여 수증기를 내뿜는 방식이다.■ 가열식 가습기는 물을 끓이기 때문에 살균 효과가 있고, 뜨거운 수증기가 나와 실내 온도를 따뜻하게 유지할 수 있다.■ 하지만 뜨거운 수증기로 인해 화상을 입을 가능성이 있고, 전력 소모가 커서 전기 요금이 많이 나온다.■ 또 물을 끓이기 때문에 제품을 켜고 난 뒤 수증기가 발생할 때까지 시간이 걸리고, 소음이 발생한다.■

- **히터**: 난방 장치의 하나.
- **살균**: 세균 등의 미생물을 죽임. 약품에 의한 화학적 방법과 열을 이용한 물리적 방법이 있다.
- **화상**: 높은 온도의 기체, 액체, 고체, 화염 등에 데었을 때에 일어나는 피부의 손상.
- **전력**: 전류가 단위 시간에 하는 일. 또는 단위 시간에 사용되는 에너지의 양.
- **소모**: 써서 없앰.
- **소음**: 불규칙하게 뒤섞여 불쾌하고 시끄러운 소리.
- _____

2문단 중심 내용 가습기의 종류 ①
- ☐☐☐☐☐☐의 원리와 장단점

5 2문단을 읽고, ㉠~㉤ 중에서 **1**~**4**의 괄호 안에 들어갈 알맞은 기호를 찾아 쓰세요.

| ㉠ 물 | ㉡ 살균 | ㉢ 전력 |
| ㉣ 화상 | ㉤ 가열식 가습기 | |

1 가습기의 종류 중에서 가습기 내부의 히터로 물을 끓여 수증기를 내뿜는 방식은 무엇인가요? ( )

2 가열식 가습기가 살균 효과가 있는 까닭은 무엇인가요?
( ) 을 끓이기 때문에

3 가열식 가습기가 전기 요금이 많이 나오는 까닭은 무엇인가요?
( ) 소모가 크기 때문에

4 가습기의 종류 ① - 가열식 가습기

└ 가열식 가습기의 개념
가습기 내부의 히터로 물을 끓여 수증기를 내뿜는 방식

가열식 가습기의 장점
- 물을 끓이기 때문에 ( ) 효과가 있음.
- 뜨거운 수증기가 나와 실내 온도를 따뜻하게 유지할 수 있음.

가열식 가습기의 단점
- ( ) 을 입을 가능성이 있음.
- 전력 소모가 커서 전기 요금이 많이 나옴.
- 물을 끓이기 때문에 제품을 켜고 난 뒤 수증기가 발생할 때까지 시간이 걸림.
- 물을 끓이기 때문에 소음이 발생

3문단 초음파식 가습기는 초음파로 물을 진동시켜 잘게 쪼갠 물방울을 내뿜는 방식이다.■ 초음파식 가습기는 물을 넣는 용기의 바닥에 초음파 진동자가 붙어 있다.■ 초음파 진동자는 전기 에너지를 초음파로 바꾸는 장치로, 초음파 진동자가 초음파를 발생시키면 물에 진동이 일어난다.■ 그러면 물 분자들이 서로 충돌하면서 진동이 물의 표면까지 전달되고, 물의 표면에 있던 물 분자들은 아주 작은 물방울 상태로 물의 표면 밖으로 튀어나온다.■ 이 작은 물방울은 가습기 내부의 송풍기에서 나오는 바람을 따라 가습기 밖으로 나오게 된다.■ 초음파 가습기는 물을 가열하지 않기 때문에 화상을 입을 위험이 없고, 전력 소모가 작아 전기 요금이 적게 나온다.■ 또 제품을 켜고 난 뒤 가습 효과가 빠르게 나타나며 소음이 적다.■ 하지만 물에서 세균이 번식할 가능성이 크고, 작은 물방울이 기화하면서 외부로부터 열을 흡수하기 때문에 실내 온도가 낮아진다.■

*초음파: 사람의 귀에 소리로 들리는 한계 주파수 이상이어서 들을 수 없는 음파.

3문단 중심 내용 가습기의 종류 ②

- □□□□□□□의 원리와 장단점

- **초음파**: 사람의 귀에 소리로 들리는 한계 주파수 이상이어서 들을 수 없는 음파.
- **진동**: 흔들려 움직임.
- **분자**: 물질에서 화학적 형태와 성질을 잃지 않고 분리될 수 있는 최소의 입자.
- **충돌하다**: 움직이는 두 물체가 접촉하여 짧은 시간 내에 서로 힘을 미치다.
- **표면**: 사물의 가장 바깥쪽. 또는 가장 윗부분.
- **송풍기**: 바람을 일으켜 보내는 기계.
- **가습**: 공기가 건조할 때 습기를 보충하는 일.
- **기화하다**: 액체가 기체로 변하다.
- _____

 그림으로 쌓는 배 경 지 식

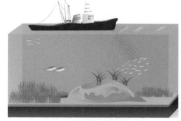

초음파를 내보내 물체에서 반사되는 파동을 분석하여 물체를 탐지하는 장치

▲ 초음파의 이용 - 음파 탐지기

6 3문단을 읽고, ㉠~㉤ 중에서 1~4의 괄호 안에 들어갈 알맞은 기호를 찾아 쓰세요.

㉠ 세균　　　　　㉡ 흡수　　　　　㉢ 전력
㉣ 초음파 진동자　　㉤ 초음파식 가습기

1 가습기의 종류 중에서 초음파로 물을 진동시켜 잘게 쪼갠 물방울을 내뿜는 방식은 무엇인가요?　　　　　(　　)

2 초음파식 가습기에서 물을 넣는 용기의 바닥에 붙어 있는 것은 무엇인가요?　　　　　(　　)

3 초음파식 가습기를 사용할 때 실내 온도가 낮아지는 까닭은 무엇인가요?

작은 물방울이 기화하면서 외부로부터 열을 (　　) 하기 때문에

4 가습기의 종류 ② - 초음파식 가습기

초음파식 가습기의 개념

초음파로 물을 진동시켜 잘게 쪼갠 물방울을 내뿜는 방식

초음파식 가습기의 장점

- 화상을 입을 위험이 없음.
- (　　) 소모가 작아 전기 요금이 적게 나옴.
- 제품을 켜고 난 뒤 가습 효과가 빠르게 나타남.
- 소음이 적음.

초음파식 가습기의 단점

- 물에서 (　　) 이 번식할 가능성이 큼.
- 실내 온도가 낮아짐.

4문단 　복합식 가습기는 가열식 가습기와 초음파식 가습기의 장점을 합친 가습기이다.■ 물을 60~80℃로 가열한 후 초음파를 이용하여 잘게 쪼갠 물방울을 내뿜는 방식이다.■ 물을 가열하기 때문에 살균 효과가 있고, 가습기에서 내뿜는 습기의 온도를 조절할 수 있어 화상의 위험이 없으며, 실내 온도를 따뜻하게 유지할 수 있다.■

4문단 중심 내용 가습기의 종류 ③
- ▢▢▢▢▢▢의 원리와 장점

5문단 　한편 기화식 가습기는 물을 적신 필터에 바람을 쐬어 물을 증발시켜 수증기를 얻는 방식이다.■ 실내에 젖은 수건을 널어놓는 것과 같은 원리로, 증발이 활발히 일어나도록 표면적이 넓은 필터를 사용하고 내부의 송풍기로 바람을 일으킨다.■ 기화식 가습기는 세균이 공기 중으로 퍼지지 않고, 넓은 공간의 습도를 고르게 조절할 수 있다.■ 하지만 필터를 자주 교체하거나 세척해야 한다는 번거로움이 있다.■

5문단 중심 내용 가습기의 종류 ④
- ▢▢▢▢▢▢의 원리와 장단점

- **기화:** 액체가 기체로 변함. 또는 그런 현상.
- **필터:** 액체나 기체 속의 이물질을 걸러 내는 장치.
- **증발:** 어떤 물질이 액체 상태에서 기체 상태로 변함. 또는 그런 현상.
- **표면적:** 물체 겉면의 넓이.
- **세척하다:** 깨끗이 씻다.

그림으로 쌓는 배경지식

증발
입자가 액체의 표면에서 기체로 변하는 현상

끓음
입자가 액체의 표면뿐만 아니라 내부에서도 기체로 변하는 현상

▲ 증발과 끓음

정답과 해설 6쪽

7 　4, 5문단을 읽고, ㉠~㉤ 중에서 **1**~**4**의 괄호 안에 들어갈 알맞은 기호를 찾아 쓰세요.

㉠ 증발　　　㉡ 살균　　　㉢ 초음파식
㉣ 기화식 가습기　　㉤ 복합식 가습기

1 복합식 가습기는 어떤 두 가습기의 장점을 합친 가습기인가요?

　가열식 가습기와 (　　　) 가습기

2 가습기의 종류 중에서 물을 60~80℃로 가열한 후 초음파를 이용하여 잘게 쪼갠 물방울을 내뿜는 방식은 무엇인가요?
　　　　　　　　　　　　　　　　　(　　　)

3 가습기의 종류 중에서 물을 적신 필터에 바람을 쐬어 물을 증발시켜 수증기를 얻는 방식은 무엇인가요? (　　　)

4 | 가습기의 종류 ③ - 복합식 가습기 | |
|---|---|
| 개념 | • 가열식 가습기와 초음파식 가습기의 장점을 합친 가습기
• 물을 60~80℃로 가열한 후 초음파를 이용하여 잘게 쪼갠 물방울을 내뿜는 방식 |
| 장점 | • (　　　) 효과
• 화상의 위험이 없으며, 실내 온도를 따뜻하게 유지할 수 있음. |

가습기의 종류 ④ - 기화식 가습기	
개념	물을 적신 필터에 바람을 쐬어 물을 (　　　) 시켜 수증기를 얻는 방식
장점	• 세균이 공기 중으로 퍼지지 않음. • 넓은 공간의 습도를 고르게 조절할 수 있음.
단점	필터를 자주 교체하거나 세척해야 함.

①문단 습도는 공기 중에 수증기가 들어 있는 정도를 말한다. 온도에 따라 달라지기는 하지만 보통 40~60% 정도의 습도가 적정 습도이다. 적정 습도를 유지하는 것은 건강과 쾌적한 실내 환경을 위해 매우 중요하다. 그래서 건조한 겨울철에는 적당한 실내 습도를 유지하기 위해 가습기를 사용한다. 우리가 사용하는 가습기의 종류에는 가열식 가습기, 초음파식 가습기, 복합식 가습기, 기화식 가습기 등이 있다.

②문단 먼저 가열식 가습기는 가습기 내부의 히터로 물을 끓여 수증기를 내뿜는 방식이다. 가열식 가습기는 물을 끓이기 때문에 살균 효과가 있고, 뜨거운 수증기가 나와 실내 온도를 따뜻하게 유지할 수 있다. 하지만 뜨거운 수증기로 인해 화상을 입을 가능성이 있고, 전력 소모가 커서 전기 요금이 많이 나온다. 또 물을 끓이기 때문에 제품을 켜고 난 뒤 수증기가 발생할 때까지 시간이 걸리고, 소음이 발생한다.

③문단 초음파*식 가습기는 초음파로 물을 진동시켜 잘게 쪼갠 물방울을 내뿜는 방식이다. 초음파식 가습기는 물을 넣는 용기의 바닥에 초음파 진동자가 붙어 있다. 초음파 진동자는 전기 에너지를 초음파로 바꾸는 장치로, 초음파 진동자가 초음파를 발생시키면 물에 진동이 일어난다. 그러면 물 분자들이 서로 충돌하면서 진동이 물의 표면까지 전달되고, 물의 표면에 있던 물 분자들은 아주 작은 물방울 상태로 물의 표면 밖으로 튀어나온다. 이 작은 물방울은 가습기 내부의 송풍기에서 나오는 바람을 따라 가습기 밖으로 나오게 된다. 초음파 가습기는 물을 가열하지 않기 때문에 화상을 입을 위험이 없고, 전력 소모가 작아 전기 요금이 적게 나온다. 또 제품을 켜고 난 뒤 가습 효과가 빠르게 나타나며 소음이 적다. 하지만 물에서 세균이 번식할 가능성이 크고, 작은 물방울이 기화하면서 외부로부터 열을 흡수하기 때문에 실내 온도가 낮아진다.

④문단 복합식 가습기는 가열식 가습기와 초음파식 가습기의 장점을 합친 가습기이다. 물을 60~80℃로 가열한 후 초음파를 이용하여 잘게 쪼갠 물방울을 내뿜는 방식이다. 물을 가열하기 때문에 살균 효과가 있고, 가습기에서 내뿜는 습기의 온도를 조절할 수 있어 화상의 위험이 없으며, 실내 온도를 따뜻하게 유지할 수 있다.

⑤문단 한편 기화식 가습기는 물을 적신 필터에 바람을 쐬어 물을 증발시켜 수증기를 얻는 방식이다. 실내에 젖은 수건을 널어놓는 것과 같은 원리로, 증발이 활발히 일어나도록 표면적이 넓은 필터를 사용하고 내부의 송풍기로 바람을 일으킨다. 기화식 가습기는 세균이 공기 중으로 퍼지지 않고, 넓은 공간의 습도를 고르게 조절할 수 있다. 하지만 필터를 자주 교체하거나 세척해야 한다는 번거로움이 있다.

*초음파: 사람의 귀에 소리로 들리는 한계 주파수 이상이어서 들을 수 없는 음파.

＋꿀팁
지문에서 설명한 네 가지 가습기의 개념 및 원리를 이해하고, 각각의 장단점을 파악할 수 있어야 해요. 특히 가습기의 종류에 따라 적용된 과학 원리가 다르므로 이를 주목해야 해요. 그리고 두 가습기의 구조 및 원리를 그림에 적용하는 문제를 해결하기 위해서는 지문에서 제시된 정보를 정확하게 이해하는 것이 중요해요.

8 윗글의 내용과 일치하지 <u>않는</u> 것은?

① 건강과 쾌적한 실내 환경을 위해 습도를 40% 이하로 유지하는 것이 좋다.

② 복합식 가습기는 살균 효과가 있고, 가습기에서 내뿜는 습기의 온도를 조절할 수 있다.

③ 가열식 가습기는 화상을 입을 가능성이 있고, 전력 소모가 커서 전기 요금이 많이 나온다.

④ 초음파식 가습기는 물을 가열하지 않기 때문에 화상을 입을 위험이 없지만, 물에서 세균이 번식할 가능성이 크다.

⑤ 기화식 가습기는 물을 적신 필터에 바람을 쐬어 물을 증발시키는 방식으로, 젖은 수건을 넣어놓는 것과 같은 원리이다.

9 <u>보기</u> 는 두 종류의 가습기 구조를 나타낸 그림이다. 윗글을 바탕으로 <u>보기</u> 에 대해 이해한 내용으로 적절하지 <u>않은</u> 것은?

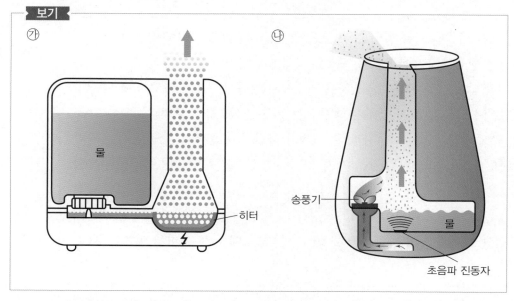

보기

㉮

물

히터

㉯

송풍기

물

초음파 진동자

① ㉮는 가열식 가습기, ㉯는 초음파식 가습기이다.

② ㉮의 히터는 물을 가열하는 역할을 한다.

③ ㉮는 수증기를 가습기 밖으로 내뿜는다.

④ ㉯의 송풍기는 바람을 일으켜 물을 잘게 쪼갠다.

⑤ ㉯의 초음파 진동자가 초음파를 발생시키면 물이 진동한다.

스스로
평가

1회독

2회독

3회독

04 지구 과학 허블의 은하 분류

1회독 구조 읽기

주제

1문단 수많은 별이 모여 있는 거대한 천체 무리를 은하라고 한다. 은하는 우주를 이루는 기본 단위로, 우주에는 약 천억 개의 은하가 존재한다고 추정된다. 이때 은하는 단독으로 존재하는 것이 아니라 다른 은하와 함께 집단을 이루어 우주에 분포하고 있다. 우리가 사는 태양계가 속해 있는 은하를 우리은하라 하고, 우리은하 밖에 분포하는 은하를 외부 은하라고 한다. 최초로 외부 은하의 존재를 알아낸 사람은 미국의 천문학자 허블이다. 1920년대 초에 허블은 윌슨산 천문대에 있는 거대한 망원경으로 외부 은하를 발견하였고, 이후 외부 은하에 대한 연구가 시작되었다. 허블은 은하를 체계적으로 연구하기 위하여 은하를 모양에 따라 분류하였는데, 이 방법은 오늘날에도 사용되고 있다. 허블의 분류에서는 은하를 크게 타원 은하, 나선 은하, 불규칙 은하로 구분한다.

나열 1

2문단 먼저 타원 은하는 구나 타원 모양으로, 나선 모양으로 휘어져 나온 나선팔이 없는 은하이다. 타원 은하는 납작한 정도에 따라 E0~E7으로 세분되는데, 모양이 구에 가장 가까운 것이 E0이고 가장 납작한 것이 E7이다. 타원 은하는 대부분 나이가 많은 별들로 이루어져 있다. 별과 별 사이에 퍼져 있는 가스나 먼지를 성간 물질이라고 하는데, 별은 성간 물질의 밀도가 높고 온도가 낮은 곳에서 탄생한다고 알려져 있다. 타원 은하의 경우에는 성간 물질이 거의 없어 새로운 별의 탄생이 적다. 타원 은하의 대표적인 예로는 M87이 있다.

나열 2

3문단 나선 은하는 납작한 원반 형태로, 공 모양의 중심부와 그 주위에 나선팔이 있는 은하이다. 나선 은하는 중심부에 보이는 막대 구조의 유무에 따라 정상 나선 은하와 막대 나선 은하로 나눈다. 정상 나선 은하는 은하 중심부를 가로지르는 막대 구조가 없고, 은하 중심부에서 나선팔이 휘어져 나온다. 반면 막대 나선 은하는 은하 중심부를 가로지르는 막대 구조가 있고, 막대의 끝에서 나선팔이 휘어져 나온다. 정상 나선 은하와 막대 나선 은하는 각각 나선팔이 감긴 정도 등에 따라 다시 a, b, c의 세 가지 형으로 세분한다. a형은 나선팔이 많이 감겨 있고, c형은 나선팔이 느슨하게 감겨 있다. 별의 구성을 살펴보면 나선 은하의 중심부는 주로 나이가 많은 별들로 이루어져 있고, 나선팔에는 성간 물질이 많아 새로운 별들이 생성되고 있다. 정상 나선 은하의 예에는 안드로메다은하, 막대 나선 은하의 예에는 NGC 1672가 있다.

나열 3

4문단 마지막으로 불규칙 은하는 모양이 일정하지 않고, 규칙적인 구조가 없는 은하이다. 불규칙 은하는 성간 물질이 풍부하여 새로운 별들의 탄생이 활발히 일어나고 있다. 불규칙 은하의 예로는 우리은하와 가장 가까운 은하인 대마젤란은하와 소마젤란은하가 있다.

◆꿀팁
1회독에서는 지문의 전체 내용이 완벽하게 이해되지 않아도 괜찮아요!

1 윗글과 아래 대화를 읽고 여러분은 윗글의 내용 중 어떤 점에 흥미가 생겼는지 생각해 봅시다.

우주에 우리은하 말고도 다른 은하가 이렇게 많다니, 우주는 정말 알수록 신기한 것 같아.

응! 나도 은하의 모양이 다양하다는 것을 처음 알았어. 막대 나선 은하의 모습도 신기했어. 가운데는 막대가 있고, 막대 끝에 나선 모양의 팔이 있다니 말이야.

난 은하의 분류 방법을 만든 허블에 대해서 궁금해졌어. 유명한 허블 우주 망원경의 이름도 이 과학자의 이름에서 따왔나 봐.

우주를 관측하는 망원경 이름에 딱 맞는 것 같아. 난 실제 은하 모습이 궁금해. 인터넷에서 사진을 찾아보려고 해.

2 윗글에서 가장 중요한 내용이나 주제어를 아래 빈칸에 써 보세요.

허블의 ☐☐ 분류

3 윗글을 아래와 같은 구조로 정리한다고 할 때 빈칸에 알맞은 말을 써 보세요.

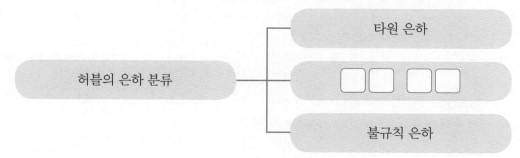

타원 은하

허블의 은하 분류

☐☐☐☐

불규칙 은하

내용 읽기

1. 각 문장을 읽고, 잘 이해했으면 □에 ✔처럼 체크해 보세요.
2. 각 문장을 잘 이해하지 못했으면 점선을 따라 밑줄을 그어 보세요.

➡ 밑줄 그은 문장의 앞뒤 문장의 내용을 살펴보면서 다시 천천히 읽어 보세요. 또 문단별 중심 내용의 빈칸을 채워 보세요.

어휘 읽기

1. 어려운 어휘는 날개에서 그 뜻을 밝혔어요.
2. 어휘 이외에 잘 모르는 어휘는 스스로 어휘 표시하고 사전에서 뜻을 찾아 써 보세요.

➡ 어휘 뜻을 알고 문장을 다시 읽어 보세요.

1문단 수많은 별이 모여 있는 거대한 천체 무리를 은하라고 한다.□ 은하는 우주를 이루는 기본 단위로, 우주에는 약 천억 개의 은하가 존재한다고 추정된다.□ 이때 은하는 단독으로 존재하는 것이 아니라 다른 은하와 함께 집단을 이루어 우주에 분포하고 있다.□ 우리가 사는 태양계가 속해 있는 은하를 우리은하라 하고, 우리은하 밖에 분포하는 은하를 외부 은하라고 한다.□ 최초로 외부 은하의 존재를 알아낸 사람은 미국의 천문학자 허블이다.□ 1920년대 초에 허블은 윌슨산 천문대에 있는 거대한 망원경으로 외부 은하를 발견하였고, 이후 외부 은하에 대한 연구가 시작되었다.□ 허블은 은하를 체계적으로 연구하기 위하여 은하를 모양에 따라 분류하였는데, 이 방법은 오늘날에도 사용되고 있다.□ 허블의 분류에서는 은하를 크게 타원 은하, 나선 은하, 불규칙 은하로 구분한다.□

1문단 중심 내용 [ ][ ]의 개념과 분류 방법

- **천체**: 우주에 존재하는 모든 물체. 항성, 행성, 위성, 혜성, 성단, 성운, 성간 물질 등을 통틀어 이르는 말이다.
- **존재하다**: 현실에 실재하다.
- **추정되다**: 미루어져 생각되어 판정되다.
- **분포하다**: 일정한 범위에 흩어져 퍼져 있다.
- **허블**: 미국의 천문학자. '은하의 허블의 분류법', '허블의 법칙' 등을 발견하였다.
- _____

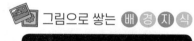 그림으로 쌓는 배경지식

▲ 은하수 - 우리은하의 일부를 본 모습

---

4 1문단을 읽고, ㉠~㉤ 중에서 1~4의 괄호 안에 들어갈 알맞은 기호를 찾아 쓰세요.

| ㉠ 은하 | ㉡ 허블 | ㉢ 우리은하 |
| ㉣ 외부 은하 | ㉤ 은하의 모양 | |

➕꿀팁 각 문단에서 기호의 단어를 찾아 동그라미 표시하면 더 쉽게 풀 수 있어요!

1 수많은 별이 모여 있는 거대한 천체 무리를 무엇이라고 하나요? ( )

2 우리은하 밖에 분포하는 은하를 무엇이라고 하나요?( )

3 타원 은하, 나선 은하, 불규칙 은하는 어떤 기준에 따라 분류한 것인가요? ( )

4 은하의 개념과 분류 방법

은하의 개념	• 수많은 별이 모여 있는 거대한 천체 무리 • 우주를 이루는 기본 단위 • 다른 은하와 함께 집단을 이루어 우주에 분포
우리은하와 외부 은하	• ( ) : 태양계가 속해 있는 은하 • 외부 은하: 우리은하 밖에 분포하는 은하
허블의 은하 분류	• 미국의 천문학자 ( ) 이 외부 은하의 존재를 밝혀냄. • 은하를 모양에 따라 분류함. • 타원 은하, 나선 은하, 불규칙 은하로 구분

②문단 먼저 타원 은하는 구나 타원 모양으로, 나선 모양으로 휘어져 나온 나선팔이 없는 은하이다.■ 타원 은하는 납작한 정도에 따라 E0~E7으로 세분되는데, 모양이 구에 가장 가까운 것이 E0이고 가장 납작한 것이 E7이다.■ 타원 은하는 대부분 나이가 많은 별들로 이루어져 있다.■ 별과 별 사이에 퍼져 있는 가스나 먼지를 성간 물질이라고 하는데, 별은 성간 물질의 밀도가 높고 온도가 낮은 곳에서 탄생한다고 알려져 있다.■ 타원 은하의 경우에는 성간 물질이 거의 없어 새로운 별의 탄생이 적다.■ 타원 은하의 대표적인 예로는 M87이 있다.■

2문단 중심 내용 허블의 은하 분류 ①
- ☐☐☐☐의 개념과 특징

- **타원**: 평면 위의 두 정점에서의 거리의 합이 언제나 일정한 점의 자취.
- **구**: 공처럼 둥글게 생긴 물체. 또는 그런 모양.
- **나선**: 물체의 겉모양이 소라 껍데기처럼 빙빙 비틀린 것.
- **세분되다**: 사물이 여러 갈래로 자세히 나뉘거나 잘게 갈라지다.
- **밀도**: 빽빽이 들어선 정도.

정답과 해설 8쪽

5

2문단을 읽고, ㉠~㉤ 중에서 1~4의 괄호 안에 들어갈 알맞은 기호를 찾아 쓰세요.

㉠ E7	㉡ 타원	㉢ 나선팔
㉣ 타원 은하	㉤ 납작한 정도	

1 구나 타원 모양으로, 나선팔이 없는 은하를 무엇이라고 하나요? ( )

2 타원 은하를 세분하는 기준은 무엇인가요? ( )

3 E0~E7 중에서 가장 납작한 것은 무엇인가요? ( )

4

타원 은하

타원 은하의 개념
• 구나 ( ) 모양으로, ( ) 이 없는 은하 • 납작한 정도에 따라 E0~E7으로 세분 • 모양이 구에 가장 가까운 것이 E0, 가장 납작한 것이 E7

타원 은하의 특징

별의 구성	• 주로 나이가 많은 별 • 성간 물질이 거의 없어 새로운 별의 탄생이 적음.
예	M87

③ 문단: 나선 은하는 납작한 원반 형태로, 공 모양의 중심부와 그 주위에 나선팔이 있는 은하이다.■ 나선 은하는 중심부에 보이는 막대 구조의 유무에 따라 정상 나선 은하와 막대 나선 은하로 나눈다.■ 정상 나선 은하는 은하 중심부를 가로지르는 막대 구조가 없고, 은하 중심부에서 나선팔이 휘어져 나온다.■ 반면 막대 나선 은하는 은하 중심부를 가로지르는 막대 구조가 있고, 막대의 끝에서 나선팔이 휘어져 나온다.■ 정상 나선 은하와 막대 나선 은하는 각각 나선팔이 감긴 정도 등에 따라 다시 a, b, c의 세 가지 형으로 세분한다.■ a형은 나선팔이 많이 감겨 있고, c형은 나선팔이 느슨하게 감겨 있다.■ 별의 구성을 살펴보면 나선 은하의 중심부는 주로 나이가 많은 별들로 이루어져 있고, 나선팔에는 성간 물질이 많아 새로운 별들이 생성되고 있다.■ 정상 나선 은하의 예에는 안드로메다은하, 막대 나선 은하의 예에는 NGC 1672가 있다.■

3문단 중심 내용 허블의 은하 분류 ②

- □□□□의 개념과 특징

・**원반:** 접시 모양으로 둥글고 넓적하게 생긴 물건.
・**유무:** 있음과 없음.
・**가로지르다:** 양쪽 사이에 기다란 막대나 줄 따위를 가로로 놓거나 꽂다.
・**생성되다:** 사물이 생겨나다.
・**안드로메다은하:** 안드로메다자리에 있는 나선 모양의 은하.

・_____

그림으로 쌓는 배경지식

▲ NGC 1672

---

6 3문단을 읽고, ㉠~㉤ 중에서 **1**~**5**의 괄호 안에 들어갈 알맞은 기호를 찾아 쓰세요.

> ㉠ 나선팔   ㉡ 나선 은하   ㉢ 막대 나선 은하
> ㉣ 정상 나선 은하   ㉤ 나선팔이 감긴 정도

1 납작한 원반 형태로, 공 모양의 중심부와 그 주위에 나선팔이 있는 은하를 무엇이라고 하나요?   (   )

2 나선 은하에서 중심부를 가로지르는 막대 구조가 없으면 무엇이라고 하나요?   (   )

3 나선 은하에서 중심부를 가로지르는 막대 구조가 있으면 무엇이라고 하나요?   (   )

4 정상 나선 은하와 막대 나선 은하를 각각 a, b, c의 세 가지 형으로 세분하는 기준은 무엇인가요?

(   ) 등에 따라

5
나선 은하

나선 은하의 개념

・납작한 원반 형태로, 공 모양의 중심부와 그 주위에 (　　　)이 있는 은하
・중심부에 보이는 막대 구조의 유무에 따라 정상 나선 은하와 막대 나선 은하로 나눔.
・정상 나선 은하와 막대 나선 은하는 각각 나선팔이 감긴 정도 등에 따라 a, b, c의 세 가지 형으로 세분

나선 은하의 특징	
별의 구성	・중심부: 주로 나이가 많은 별 ・나선팔: 새로운 별들이 생성되고 있음.
예	・정상 나선 은하: 안드로메다은하 ・막대 나선 은하: NGC 1672

④문단 마지막으로 불규칙 은하는 모양이 일정하지 않고, 규칙적인 구조가 없는 은하이다.■ 불규칙 은하는 성간 물질이 풍부하여 새로운 별들의 탄생이 활발히 일어나고 있다.■ 불규칙 은하의 예로는 우리은하와 가장 가까운 은하인 대마젤란은하와 소마젤란은하가 있다.■

・**불규칙**: 규칙에서 벗어나 있음. 또는 규칙이 없음.
・**대마젤란은하**: 우리은하 밖에 있는 은하로, 소마젤란은하와 함께 마젤란은하를 이룬다. 지구에서의 거리는 약 17만 광년이다.
・**소마젤란은하**: 남반구에서 맨눈으로 보이는 두 개의 은하 중 작은 은하.
・_____

④문단 중심 내용 허블의 은하 분류 ③
- ☐☐☐☐☐의 개념과 특징

정답과 해설 8쪽

7 4문단을 읽고, ㉠~㉤ 중에서 ❶~❹의 괄호 안에 들어갈 알맞은 기호를 찾아 쓰세요.

㉠ 별	㉡ 모양	㉢ 성간 물질
㉣ 불규칙 은하	㉤ 대마젤란은하	

❶ 모양이 일정하지 않고, 규칙적인 구조가 없는 은하를 무엇이라고 하나요?　　　　　　(　)

❷ 불규칙 은하에서 별들의 탄생이 활발히 일어나고 있는 까닭은 무엇인가요?

(　　) 이 풍부하기 때문에

❸ 불규칙 은하의 예는 무엇인가요?　　　　　　(　)

❹

불규칙 은하		
불규칙 은하의 개념		
(　　) 이 일정하지 않고, 규칙적인 구조가 없는 은하		
불규칙 은하의 특징		
별의 구성	성간 물질이 많아 새로운 (　　) 들이 탄생하고 있음.	
예	대마젤란은하와 소마젤란은하	

① 문단 수많은 별이 모여 있는 거대한 천체 무리를 은하라고 한다. 은하는 우주를 이루는 기본 단위로, 우주에는 약 천억 개의 은하가 존재한다고 추정된다. 이때 은하는 단독으로 존재하는 것이 아니라 다른 은하와 함께 집단을 이루어 우주에 분포하고 있다. 우리가 사는 태양계가 속해 있는 은하를 우리은하라 하고, 우리은하 밖에 분포하는 은하를 외부 은하라고 한다. 최초로 외부 은하의 존재를 알아낸 사람은 미국의 천문학자 허블이다. 1920년대 초에 허블은 윌슨산 천문대에 있는 거대한 망원경으로 외부 은하를 발견하였고, 이후 외부 은하에 대한 연구가 시작되었다. 허블은 은하를 체계적으로 연구하기 위하여 은하를 모양에 따라 분류하였는데, 이 방법은 오늘날에도 사용되고 있다. 허블의 분류에서는 은하를 크게 타원 은하, 나선 은하, 불규칙 은하로 구분한다.

[A]

② 문단 먼저 타원 은하는 구나 타원 모양으로, 나선 모양으로 휘어져 나온 나선팔이 없는 은하이다. 타원 은하는 납작한 정도에 따라 E0~E7으로 세분되는데, 모양이 구에 가장 가까운 것이 E0이고 가장 납작한 것이 E7이다. 타원 은하는 대부분 나이가 많은 별들로 이루어져 있다. 별과 별 사이에 퍼져 있는 가스나 먼지를 성간 물질이라고 하는데, 별은 성간 물질의 밀도가 높고 온도가 낮은 곳에서 탄생한다고 알려져 있다. 타원 은하의 경우에는 성간 물질이 거의 없어 새로운 별의 탄생이 적다. 타원 은하의 대표적인 예로는 M87이 있다.

③ 문단 나선 은하는 납작한 원반 형태로, 공 모양의 중심부와 그 주위에 나선팔이 있는 은하이다. 나선 은하는 중심부에 보이는 막대 구조의 유무에 따라 정상 나선 은하와 막대 나선 은하로 나눈다. 정상 나선 은하는 은하 중심부를 가로지르는 막대 구조가 없고, 은하 중심부에서 나선팔이 휘어져 나온다. 반면 막대 나선 은하는 은하 중심부를 가로지르는 막대 구조가 있고, 막대의 끝에서 나선팔이 휘어져 나온다. 정상 나선 은하와 막대 나선 은하는 각각 나선팔이 감긴 정도 등에 따라 다시 a, b, c의 세 가지 형으로 세분한다. a형은 나선팔이 많이 감겨 있고, c형은 나선팔이 느슨하게 감겨 있다. 별의 구성을 살펴보면 나선 은하의 중심부는 주로 나이가 많은 별들로 이루어져 있고, 나선팔에는 성간 물질이 많아 새로운 별들이 생성되고 있다. 정상 나선 은하의 예에는 안드로메다은하, 막대 나선 은하의 예에는 NGC 1672가 있다.

④ 문단 마지막으로 불규칙 은하는 모양이 일정하지 않고, 규칙적인 구조가 없는 은하이다. 불규칙 은하는 성간 물질이 풍부하여 새로운 별들의 탄생이 활발히 일어나고 있다. 불규칙 은하의 예로는 우리은하와 가장 가까운 은하인 대마젤란은하와 소마젤란은하가 있다.

+ 꿀팁
지문에 은하의 개념과 허블이 분류한 세 가지 은하가 제시되어 있어요. 은하를 분류하는 기준을 파악하고, 각 은하의 특징을 구분할 수 있어야 해요. 지문에서 설명한 정보를 바탕으로 은하를 분류하는 문제를 해결하기 위해서는 은하의 분류 기준과 특징을 정확하게 이해하는 것이 중요해요.

8 윗글에서 알 수 있는 내용으로 적절하지 <u>않은</u> 것은?

① 타원 은하는 납작한 정도에 따라 세분된다.

② 은하는 다른 은하와 함께 무리 지어 우주 여기저기에 퍼져 있다.

③ 은하를 모양에 따라 분류하는 방법은 오늘날에도 사용되고 있다.

④ 대마젤란은하와 소마젤란은하는 규칙적인 모양이 없는 불규칙 은하의 예이다.

⑤ 나선 은하의 중심부에는 새로운 별들이 생성되고 있고, 나선팔은 주로 나이가 많은 별들로 이루어져 있다.

9 [A]를 고려할 때 밑줄 친 부분에 들어갈 내용으로 가장 적절한 것은?

> **보기**
>
> 20세기 초까지 사람들은 우리은하가 우주 전체이고, 밤하늘에 보이는 천체는 모두 우리은하에 속해 있다고 생각하였다. 1920년대에 허블은 망원경을 이용하여 당시 성운(별과 별 사이에 성간 물질이 많이 모여 있어 구름처럼 보이는 것)으로 알려져 있던 안드로메다대성운의 크기와 거리를 측정하였는데, 크기는 우리은하와 비슷했고 거리는 우리은하의 크기보다 매우 큰 값이었다. 이를 통해 허블은 안드로메다대성운을 _____(이)라고 결론지었다.

① 우주 전체

② 태양계 안에 있는 천체

③ 우리은하 안에 있는 천체

④ 태양계 밖에 있는 성간 물질

⑤ 우리은하 밖에 있는 외부 은하

10 윗글을 참고하여 자료 의 은하를 분류한 내용으로 적절하지 <u>않은</u> 것은?

> **자료**

① ㉠과 ㉡은 모두 나선팔이 있으니 나선 은하로 분류해야겠군.

② ㉠과 ㉡은 은하 중심부를 가로지르는 막대 구조의 유무에 따라 나눌 수 있겠군.

③ ㉠은 나선 은하 중 정상 나선 은하에 해당하겠군.

④ ㉡은 안드로메다은하와 같은 종류의 은하에 해당하겠군.

⑤ ㉢은 일정한 모양이 없는 것을 보면 불규칙 은하로 분류해야겠군.

스스로 평가

1회독 ☺ ☹
2회독 ☺ ☹
3회독 ☺ ☹

내 손안의 지식사전

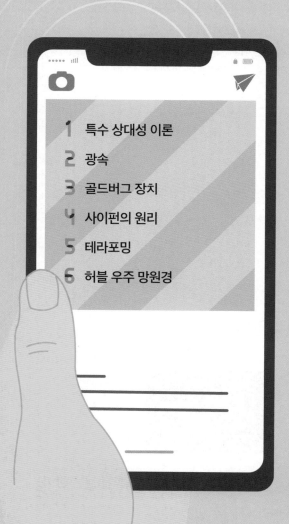

1 특수 상대성 이론

1905년에 물리학자 아인슈타인이 발표한 시간과 공간에 관한 이론입니다. 특수 상대성 이론은 두 가지 가정에 기반을 두고 있습니다. 첫째, 모든 물리 법칙은 정지해 있거나 등속 운동을 하는 모든 관측자에게 동일합니다. 둘째, 진공 중의 빛의 속도는 모든 관측자에게 동일합니다. 첫 번째 가정을 상대성 원리, 두 번째 가정을 광속 불변 원리라고 부릅니다. 그런데 특수 상대성 이론에 따르면 시간과 길이는 절대적인 것이 아니고 관측자에 따라 달라집니다. 상대적으로 운동하고 있는 두 관측자가 서로 다른 쪽 시계를 보면 느리게 가는 것으로 관측되는데, 이를 시간 지연이라고 합니다. 또 관측자에 대해 등속 운동을 하는 물체는 운동하는 방향의 길이가 짧게 관측되는데, 이를 길이 수축이라고 합니다. 이후 아인슈타인은 특수 상대성 이론을 발전시켜 가속 운동이 물리적 현상에 미치는 영향을 설명한 일반 상대성 이론을 발표하였습니다.

2 광속

광속은 진공 속에서 빛이 나아가는 속도로, 299,792,458m/s입니다. 1초에 약 30만 km를 가는 빠르기입니다. 일반적으로 광속은 c라는 기호를 사용해서 표시합니다. 광속은 광원이나 관측자의 운동과 무관하며, 현재까지 알려진 물체의 속도 중에서 가장 빠릅니다. 또 광속은 길이의 단위인 미터(m)를 정의하는 데 사용됩니다. 1980년대에 국제 도량형 총회에서 1m를 빛이 진공에서 1/299,792,458초 동안 진행한 경로의 길이로 정의하면서, 광속은 항상 일정한 값을 유지하는 물리 상수가 되었습니다.

태양 ← 광속으로 약 8분 ─ 지구

3 골드버그 장치

미국의 만화가 루브 골드버그가 고안한 기계 장치입니다. 병뚜껑 열기, 우산 펴기 등 쉽고 단순한 일을 하기 위해 아주 복잡한 연쇄 반응을 거치는 장치로, 효율성보다는 재미와 기발한 상상력에 중점을 둡니다. 미국 항공 우주국(NASA)에서는 우주 비행사들의 훈련에 골드버그 장치를 이용하기도 했습니다. 세계 여러 나라에서 매년 골드버그 장치 만들기 대회가 개최되고 있습니다.

4 사이펀의 원리

한 다리는 길고 한 다리는 짧은 U자 모양의 굽은 관을 사이펀이라고 합니다. 사이펀을 사용하면 용기를 기울이지 않고도 높은 곳에 있는 액체를 낮은 곳으로 옮길 수 있습니다. 단, 사이펀에 액체가 차 있어야 작동하기 시작합니다.

수세식 변기의 내부에도 굽은 모양의 배수관인 사이펀이 설치되어 있습니다. 그래서 변기에 물이 항상 고여 있고, 물을 내리면 저절로 물이 채워지게 됩니다. 변기에 고여 있는 물은 하수관에서 올라오는 나쁜 냄새를 막는 역할을 합니다. 사이펀이 사용된 또 다른 예에는 계영배가 있습니다. 계영배는 '넘치는 것을 경계하는 잔'이란 뜻입니다. 계영배에 술을 어느 정도 부으면 새지 않다가 어느 기준보다 넘치게 부으면 술잔 가운데 있는 기둥의 구멍으로 술이 모두 빠져나가게 되어 있습니다. 이는 술잔의 기둥 속에 숨어 있는 굽은 모양의 관인 사이펀 때문입니다.

5 테라포밍

지구가 아닌 다른 행성이나 위성 등을 지구의 환경과 비슷하게 바꾸어 인간이 살아갈 수 있게 꾸미는 일을 테라포밍이라고 합니다. 테라포밍은 지구라는 뜻의 '테라(terra)'와 형성이라는 뜻의 '포밍(forming)'이 합쳐진 말입니다. 1960년대에 미국의 천문학자 칼 세이건의 제안에서 시작된 개념입니다. 현재 테라포밍을 하기에 최적의 후보로 꼽히는 천체는 화성입니다. 화성은 태양계 행성 중 지구와 가장 비슷하여 '제2의 지구'라고 불리기도 합니다.

6 허블 우주 망원경

미국 항공 우주국(NASA)이 우주 왕복선 디스커버리호를 이용해 1990년 4월, 지구 저궤도에 올려놓은 고성능 망원경입니다. 미국의 천문학자인 에드윈 허블의 이름을 따서 지어졌습니다. 허블 우주 망원경은 지구 대기 밖에서 관측을 하기 때문에 지구에서 관측할 때보다 훨씬 선명하게 천체를 관측할 수 있습니다. 과학자들은 허블 우주 망원경을 이용한 관측을 통해 우주의 나이를 더 정확하게 알 수 있게 되었고, 우주가 가속 팽창하는 것을 밝혀냈습니다. 노후화된 허블 우주 망원경을 대체할 차세대 망원경인 제임스 웹 우주 망원경이 2021년 12월에 우주로 발사되었습니다.

Ⅱ

비교·대조 구조

물리학

01 비행기와 헬리콥터

1회독 구조 읽기

①문단 비행기와 헬리콥터는 공중을 비행할 수 있는 대표적인 항공기이다. 하늘을 나는 비행기나 헬리콥터에는 <그림 1>과 같이 추력, 항력, 중력, 양력의 네 가지 힘이 작용한다. 추력은 비행기나 헬리콥터를 앞으로 나아가게 하는 힘이다. 항력은 공기 저항 때문에 생기는 힘으로, 추력과 반대 방향으로 작용한다. 중력은 지구가 물체를 당기는 힘으로, 그 크기는 비행기나 헬리콥터의 무게와 같다. 양력은 비행기나 헬리콥터를 공중에 띄우는 힘으로, 비행기의 날개와 헬리콥터의 회전 날개에 의해 생긴다.

<그림 1> 비행기에 작용하는 힘

②문단 비행기나 헬리콥터에서 양력이 발생하는 원리는 작용 반작용의 법칙으로 설명할 수 있다. 작용 반작용의 법칙은 모든 작용력에 대해 항상 방향이 반대이고 크기가 같은 반작용력이 생긴다는 법칙이다. 비행기의 날개나 헬리콥터의 회전 날개는 단면 모양이 비슷한데, 보통 유선형에 위쪽이 아래쪽보다 더 볼록한 모양이다. 그리고 앞부분이 위쪽으로 적당하게 들려 있다. 날개 앞부분이 위쪽으로 들려 있는 형태이므로 <그림 2>와 같이 날개에 수평으로 접근하는 공기는 날개에 부딪혀 방향이 아래쪽으로 꺾인다. 즉 날개가 공기에 아래쪽으로 힘을 작용한 것이다. 이때 작용 반작용의 법칙에 의해 공기는 크기는 같고 방향이 반대인 힘을 날개에 작용하게 된다. 즉 공기는 날개에 위쪽으로 힘을 가하는데, 이것이 양력이다.

날개 단면

<그림 2> 날개 주위에서 공기의 흐름 변화

③문단 양력은 날개가 공기 속을 움직일 때 발생하므로 날개가 동체에 고정된 비행기는 양력을 얻기 위해 비행기 자체가 움직여야만 한다. 그래서 비행기가 충분한 양력을 얻어 이륙하기 위해서는 일정 속도 이상이 될 때까지 달릴 수 있는 활주로가 필요하다. 마찬가지로 착륙할 때도 일정 속도 이상으로 땅에 닿게 되므로 속도를 줄여 정지할 때까지 달릴 수 있는 활주로가 필요하다. 그리고 비행기는 양력을 얻기 위해 일정 속도 이상으로 계속 앞으로 움직여야 하므로 공중에서 정지해 있을 수 없다.

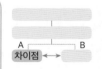

④문단 반면 헬리콥터는 회전 날개를 회전시켜 양력을 얻기 때문에 수직으로 상승과 하강을 할 수 있어 이착륙을 위한 활주로가 필요하지 않다. 또 공중에 정지한 채 떠 있을 수 있다. 그뿐만 아니라 헬리콥터는 뒤로도 갈 수 있고, 수평 방향으로 왼쪽이나 오른쪽으로 비행할 수도 있다.

꿀팁
1회독에서는 지문의 전체 내용이 완벽하게 이해되지 않아도 괜찮아요!

1 윗글과 아래 대화를 읽고 여러분은 윗글의 내용 중 어떤 점에 흥미가 생겼는지 생각해 봅시다.

양력은 정말 대단한 것 같아. 무거운 비행기나 헬리콥터를 날 수 있게 하다니 말이야.

맞아. 난 양력이 발생하는 원리에 대해 좀 더 알고 싶어졌어.

그래. 난 비행기는 왜 긴 활주로를 달려 날기 시작하는지 궁금했는데, 이 글을 읽고 궁금증을 해결했어.

내 생각에는 비행기와 달리 수직으로 상승할 수 있고, 공중에 정지해 있을 수 있는 헬리콥터가 정말 멋진 것 같아.

2 윗글에서 가장 중요한 내용이나 주제어를 아래 빈칸에 써 보세요.

□□□와 □□□□

3 윗글을 아래와 같은 구조로 정리한다고 할 때 빈칸에 알맞은 말을 써 보세요.

비행기와 헬리콥터에 작용하는 네 가지 힘

□□의 발생 원리

비행기의 비행 ←→ 헬리콥터의 비행

내용 읽기

❶ 각 문장을 읽고, 잘 이해했으면 ☐에 ✔처럼 체크해 보세요.
❷ 각 문장을 잘 이해하지 못했으면 점선을 따라 밑줄을 그어 보세요.

➡ 밑줄 그은 문장의 앞뒤 문장의 내용을 살펴보면서 다시 천천히 읽어 보세요.
또 문단별 중심 내용의 빈칸을 채워 보세요.

어휘 읽기

❶ 어려운 어휘는 날개에서 그 뜻을 밝혔어요.
❷ 어휘 이외에 잘 모르는 어휘는 스스로 어휘 표시하고 사전에서 뜻을 찾아 써 보세요.

➡ 어휘 뜻을 알고 문장을 다시 읽어 보세요.

1문단 비행기와 헬리콥터는 공중을 비행할 수 있는 대표적인 항공기이다.☐

<그림 1> 비행기에 작용하는 힘

하늘을 나는 비행기나 헬리콥터에는 <그림 1>과 같이 추력, 항력, 중력, 양력의 네 가지 힘이 작용한다.☐ 추력은 비행기나 헬리콥터를 앞으로 나아가게 하는 힘이다.☐ 항력은 공기 저항 때문에 생기는 힘으로, 추력과 반대 방향으로 작용한다.☐ 중력은 지구가 물체를 당기는 힘으로, 그 크기는 비행기나 헬리콥터의 무게와 같다.☐ 양력은 비행기나 헬리콥터를 공중에 띄우는 힘으로, 비행기의 날개와 헬리콥터의 회전 날개에 의해 생긴다.☐

1문단 중심 내용 비행기와 헬리콥터에 작용하는 네 가지 ☐

• **비행하다**: 공중으로 날아가거나 날아다니다.
• **추력**: 물체를 운동 방향으로 밀어붙이는 힘.
• **항력**: 어떤 물체가 유체 속을 운동할 때에 운동 방향과는 반대쪽으로 물체에 미치는 유체의 저항력. 항공 역학에 응용한다.
• **양력**: 유체 속을 운동하는 물체에 운동 방향과 수직 방향으로 작용하는 힘.
• **작용하다**: 어떠한 현상을 일으키거나 영향을 미치다.
• **공기 저항**: 공기 속을 운동하는 물체가 공기로부터 받는 저항.
• **회전 날개**: 중심축을 중심으로 회전하여 양력이 생기는 날개. 헬리콥터의 날개 따위를 이른다.
• _____
_____

4 1문단을 읽고, ㉠~㉤ 중에서 **1**~**5**의 괄호 안에 들어갈 알맞은 기호를 찾아 쓰세요.

| ㉠ 중력 | ㉡ 항력 | ㉢ 양력 |
| ㉣ 추력 | ㉤ 공기 저항 | |

✦꿀팁 각 문단에서 기호의 단어를 찾아 동그라미 표시하면 더 쉽게 풀 수 있어요!

1 비행기나 헬리콥터를 앞으로 나아가게 하는 힘을 무엇이라고 하나요? ( )

2 공기 저항 때문에 생기는 힘을 무엇이라고 하나요? ( )

3 지구가 물체를 당기는 힘을 무엇이라고 하나요? ( )

4 비행기나 헬리콥터를 공중에 띄우는 힘을 무엇이라고 하나요? ( )

5

비행기와 헬리콥터에 작용하는 힘	
하늘을 나는 비행기나 헬리콥터에는 추력, 항력, 중력, 양력의 네 가지 힘이 작용	
추력	비행기나 헬리콥터를 앞으로 나아가게 하는 힘
항력	( ) 때문에 생기는 힘
중력	지구가 물체를 당기는 힘
양력	비행기나 헬리콥터를 공중에 띄우는 힘

②문단 비행기나 헬리콥터에서 양력이 발생하는 원리는 작용 반작용의 법칙으로 설명할 수 있다.■ 작용 반작용의 법칙은 모든 작용력에 대해 항상 방향이 반대이고 크기가 같은 반작용력이 생긴다는 법칙이다.■ 비행기의 날개나 헬리콥터의 회전 날개는 단면 모양이 비슷한데, 보통 유선형에 위쪽이 아래쪽보다 더 볼록한 모양이다.■ 그리고 앞부분이 위쪽으로 적당하게 들려 있다.■ 날개 앞부분이 위쪽으로 들려 있는 형태이므로 <그림 2>와 같이 날개에 수평으로 접근하는 공기는 날개에 부딪혀 방향이 아래쪽으로 꺾인다.■ 즉 날개가 공기에 아래쪽으로 힘을 작용한 것이다.■ 이때 작용 반작용의 법칙에 의해 공기는 크기는 같고 방향이 반대인 힘을 날개에 작용하게 된다.■ 즉 공기는 날개에 위쪽으로 힘을 가하는데, 이것이 양력이다.■

<그림 2> 날개 주위에서 공기의 흐름 변화

②문단 중심 내용 〔 〕〔 〕의 발생 원리

- **원리**: 사물의 근본이 되는 이치.
- **반작용**: 어떤 움직임에 대하여 그것을 거스르는 반대의 움직임이 생겨남.
- **작용력**: 어떠한 현상을 일으키거나 영향을 미치는 힘.
- **단면**: 물체의 잘라 낸 면.
- **유선형**: 물이나 공기의 저항을 최소한으로 하기 위하여 앞부분을 곡선으로 만들고, 뒤쪽으로 갈수록 뾰족하게 한 형태.
- **수평**: 기울지 않고 평평한 상태.
- **접근하다**: 가까이 다가가다.
- **부딪히다**: 무엇과 무엇이 힘 있게 마주 닿게 되거나 마주 대게 되다.

그림으로 쌓는 배 경 지 식

망치가 못에 힘을 가하면 못도 크기는 같고 방향은 반대인 힘을 망치에 가한다.

▲ 작용 반작용 법칙의 예

정답과 해설 10쪽

5 2문단을 읽고, ㉠~㉤ 중에서 **1**~**4**의 괄호 안에 들어갈 알맞은 기호를 찾아 쓰세요.

㉠ 위쪽	㉡ 방향	㉢ 유선형
㉣ 앞부분	㉤ 작용 반작용의 법칙	

1 비행기나 헬리콥터에서 양력이 발생하는 원리는 어떤 법칙으로 설명할 수 있나요? 　　　　　　　　　　　　(　　)

2 작용 반작용의 법칙은 무엇인가요?

> 모든 작용력에 대해 항상 (　　)이 반대이고 크기가 같은 반작용력이 생긴다.

3 날개 단면은 어떤 모양인가요?

> 보통 (　　)에 위쪽이 아래쪽보다 더 볼록한 모양이다.

4

양력의 발생 원리

↓

날개 단면 모양

- 보통 유선형에 위쪽이 아래쪽보다 더 볼록한 모양
- 날개 (　　)이 위쪽으로 적당하게 들려 있음.

↓

양력의 발생 원리

- 작용 반작용의 법칙으로 설명할 수 있음.
- 날개에 수평으로 접근하는 공기는 날개에 부딪혀 방향이 아래쪽으로 꺾임. 즉 날개가 공기에 아래쪽으로 힘을 작용함. → 작용 반작용의 법칙에 의해 공기는 크기는 같고 방향이 반대인 힘을 날개에 작용함. 즉 공기는 날개에 (　　)으로 힘을 가함.

3 문단 양력은 날개가 공기 속을 움직일 때 발생하므로 날개가 동체에 고정된 비행기는 양력을 얻기 위해 비행기 자체가 움직여야만 한다.▣ 그래서 비행기가 충분한 양력을 얻어 이륙하기 위해서는 일정 속도 이상이 될 때까지 달릴 수 있는 활주로가 필요하다.▣ 마찬가지로 착륙할 때도 일정 속도 이상으로 땅에 닿게 되므로 속도를 줄여 정지할 때까지 달릴 수 있는 활주로가 필요하다.▣ 그리고 비행기는 양력을 얻기 위해 일정 속도 이상으로 계속 앞으로 움직여야 하므로 공중에서 정지해 있을 수 없다.▣

3문단 중심 내용 ☐☐☐의 비행 특징

- **동체**: 항공기의 날개와 꼬리를 제외한 중심 부분.
- **속도**: 물체의 단위 시간 내에서의 위치 변화. 크기와 방향이 있으며, 크기는 단위 시간에 지나간 거리와 같고, 방향은 경로의 접선과 일치한다.
- **활주로**: 비행장에서 비행기가 뜨거나 내릴 때에 달리는 길.
- _____

그림으로 쌓는 **배 경 지 식**

주 날개   동체
수직 꼬리 날개
수평 꼬리 날개

▲ 비행기의 구조

---

6 3문단을 읽고, ㉠~㉤ 중에서 **1**~**4**의 괄호 안에 들어갈 알맞은 기호를 찾아 쓰세요.

| ㉠ 움직 | ㉡ 양력 | ㉢ 정지 |
| ㉣ 속도 | ㉤ 활주로 | |

1 날개가 동체에 고정된 비행기는 어떻게 양력을 얻나요?

비행기 자체가 (   )이면서 양력을 얻는다.

2 비행기가 충분한 양력을 얻어 이륙하기 위해서는 무엇이 필요한가요?   (   )

3 비행기가 공중에서 정지해 있을 수 없는 까닭은 무엇인가요?

(   )을 얻기 위해 일정 속도 이상으로 계속 앞으로 움직여야 하므로

4

비행기의 비행
양력 발생
비행기 자체가 움직이면서 양력 발생
비행기의 이착륙

이륙	충분한 양력을 얻기 위한 활주로가 필요
착륙	( )를 줄여 정지할 때까지 달릴 수 있는 활주로가 필요

비행 특징
공중에서 (   ) 해 있을 수 없음.

4 문단 반면 헬리콥터는 회전 날개를 회전시켜 양력을 얻기 때문에 수직으로 상승과 하강을 할 수 있어 이착륙을 위한 활주로가 필요하지 않다.■ 또 공중에 정지한 채 떠 있을 수 있다.■ 그뿐만 아니라 헬리콥터는 뒤로도 갈 수 있고, 수평 방향으로 왼쪽이나 오른쪽으로 비행할 수도 있다.■

4문단 중심 내용 ☐☐☐☐의 비행 특징

• **이착륙**: 이륙과 착륙을 통틀어 이르는 말.
• _____

🗂 그림으로 쌓는 배 경 지 식

주 회전 날개   꼬리 회전 날개

동체

▲ 헬리콥터의 구조

정답과 해설 10쪽

7 4문단을 읽고, ㉠~㉤ 중에서 ①~④의 괄호 안에 들어갈 알맞은 기호를 찾아 쓰세요.

| ㉠ 수직 | ㉡ 회전 | ㉢ 정지 |
| ㉣ 활주로 | ㉤ 회전 날개 | |

① 헬리콥터는 어떻게 양력을 얻나요?

회전 날개를 ( )시켜서 양력을 얻는다.

② 헬리콥터가 이착륙을 위한 활주로가 필요하지 않은 까닭은 무엇인가요?

회전 날개를 회전시켜 양력을 얻기 때문에 ( )으로 상승과 하강을 할 수 있다.

③ 헬리콥터의 비행 특징은 무엇인가요?

공중에 ( )한 채 떠 있을 수 있다.

④ ┌─ 헬리콥터의 비행 ─┐

양력 발생

( ) 가 회전하면서 양력 발생

헬리콥터의 이착륙

수직으로 상승과 하강을 할 수 있어 이착륙을 위한 ( ) 가 필요하지 않음.

비행 특징

• 공중에 정지한 채 떠 있을 수 있음.
• 뒤로 갈 수 있음.
• 수평 방향으로 왼쪽이나 오른쪽으로 비행할 수 있음.

①문단 비행기와 헬리콥터는 공중을 비행할 수 있는 대표적인 항공기이다. 하늘을 나는 비행기나 헬리콥터에는 <그림 1>과 같이 추력, 항력, 중력, 양력의 네 가지 힘이 작용한다. 추력은 비행기나 헬리콥터를 앞으로 나아가게 하는 힘이다. 항력은 공기 저항 때문에 생기는 힘으로, 추력과 반대 방향으로 작용한다. 중력은 지구가 물체를 당기는 힘으로, 그 크기는 비행기나 헬리콥터의 무게와 같다. 양력은 비행기나 헬리콥터를 공중에 띄우는 힘으로, 비행기의 날개와 헬리콥터의 회전 날개에 의해 생긴다.

<그림 1> 비행기에 작용하는 힘

②문단 비행기나 헬리콥터에서 양력이 발생하는 원리는 ㉠작용 반작용의 법칙으로 설명할 수 있다. 작용 반작용의 법칙은 모든 작용력에 대해 항상 방향이 반대이고 크기가 같은 반작용력이 생긴다는 법칙이다. 비행기의 날개나 헬리콥터의 회전 날개는 단면 모양이 비슷한데, 보통 유선형에 위쪽이 아래쪽보다 더 볼록한 모양이다. 그리고 앞부분이 위쪽으로 적당하게 들려 있다. 날개 앞부분이 위쪽으로 들려 있는 형태이므로 <그림 2>와 같이 날개에 수평으로 접근하는 공기는 날개에 부딪혀 방향이 아래쪽으로 꺾인다. 즉 날개가 공기에 아래쪽으로 힘을 작용한 것이다. 이때 작용 반작용의 법칙에 의해 공기는 크기는 같고 방향이 반대인 힘을 날개에 작용하게 된다. 즉 공기는 날개에 위쪽으로 힘을 가하는데, 이것이 양력이다.

<그림 2> 날개 주위에서 공기의 흐름 변화

③문단 양력은 날개가 공기 속을 움직일 때 발생하므로 날개가 동체에 고정된 비행기는 양력을 얻기 위해 비행기 자체가 움직여야만 한다. 그래서 비행기가 충분한 양력을 얻어 이륙하기 위해서는 일정 속도 이상이 될 때까지 달릴 수 있는 활주로가 필요하다. 마찬가지로 착륙할 때도 일정 속도 이상으로 땅에 닿게 되므로 속도를 줄여 정지할 때까지 달릴 수 있는 활주로가 필요하다. 그리고 비행기는 양력을 얻기 위해 일정 속도 이상으로 계속 앞으로 움직여야 하므로 공중에서 정지해 있을 수 없다.

④문단 반면 헬리콥터는 회전 날개를 회전시켜 양력을 얻기 때문에 수직으로 상승과 하강을 할 수 있어 이착륙을 위한 활주로가 필요하지 않다. 또 공중에 정지한 채 떠 있을 수 있다. 그뿐만 아니라 헬리콥터는 뒤로도 갈 수 있고, 수평 방향으로 왼쪽이나 오른쪽으로 비행할 수도 있다.

＋꿀팁
지문에서는 비행기와 헬리콥터가 날 수 있는 원리를 설명하고, 두 항공기의 차이를 비교하고 있어요. 작용 반작용의 법칙이라는 과학 이론이 양력의 발생이라는 실제 현상에 어떻게 적용되었는지 이해할 수 있어야 해요. 지문의 과학 이론을 실제 사례에 적용하는 문제를 해결하기 위해서는 과학 이론을 정확히 이해하는 것이 중요해요.

8 윗글의 내용과 일치하지 <u>않는</u> 것은?

① 비행기의 날개는 앞부분이 아래쪽으로 약간 내려가 있다.

② 하늘을 나는 비행기에는 공기 저항으로 인해 항력이 발생한다.

③ 헬리콥터는 수직으로 상승과 하강을 할 수 있고, 공중에 정지한 채 떠 있을 수 있다.

④ 비행기는 날개가 동체에 고정되어 있어 양력을 얻기 위해 비행기 자체가 움직여야 한다.

⑤ 움직이는 날개에 수평으로 접근하는 공기는 날개에 부딪혀 방향이 아래쪽으로 꺾이고, 그 반작용으로 공기는 날개에 위쪽으로 힘을 가한다.

9 는 ⊙의 예시이다. ㉮~㉰에 들어갈 말로 적절한 것은?

보기

• 풍선이 공기를 (㉮)로 내뿜으면 그 반작용으로 공기가 풍선을 (㉯)로 민다.

• 포신이 포탄을 앞으로 밀어내면 포탄도 포신을 (㉰) 크기의 힘으로 뒤로 민다.

	㉮	㉯	㉰
①	위	위	같은
②	위	아래	다른
③	아래	위	같은
④	아래	위	다른
⑤	아래	아래	같은

스스로 평가

1회독 ☺ ☹

2회독 ☺ ☹

3회독 ☺ ☹

온몸 순환과 폐순환

1회독 구조 읽기

1문단 우리가 살아가려면 몸 곳곳에 산소와 영양소를 공급하고 이산화 탄소와 노폐물을 거둬들여야 한다. 이러한 기능을 하는 순환계는 심장, 혈관 등으로 구성되어 있다. 사람의 심장은 두 개의 심방과 두 개의 심실로 되어 있고, 수축하고 이완하는 박동을 하여 혈액을 온몸으로 보낸다. 심장에서 나온 혈액은 혈관을 통해 흐르는데, 혈관에는 동맥, 정맥, 모세 혈관이 있다. 동맥은 심장에서 나오는 혈액이 흐르는 혈관으로, 혈관 벽이 두껍다. 정맥은 심장으로 들어가는 혈액이 흐르는 혈관으로, 동맥보다 혈관 벽이 얇다. 모세 혈관은 동맥과 정맥을 연결해 주며 온몸에 그물처럼 분포해 있다. 모세 혈관은 혈관 벽이 한 겹의 세포층으로 되어 있어 주변의 조직 세포와 물질 교환이 이루어진다. 혈액 순환은 심장에서 밀어낸 혈액이 동맥, 모세 혈관, 정맥을 거쳐 다시 심장으로 돌아오는 과정이며, 온몸 순환과 폐순환으로 구분한다.

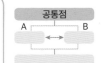

2문단 온몸 순환은 좌심실에서 나간 혈액이 온몸의 모세 혈관을 거쳐 우심방으로 돌아오는 순환을 가리킨다. 온몸 순환은 좌심실에서 시작하는데, 좌심실은 수축하여 혈액을 밀어내고, 이 혈액은 판막을 통과해 우리 몸에서 가장 두꺼운 혈관인 대동맥으로 보내진다. 대동맥의 혈액은 신체 각 부분의 동맥을 거쳐 온몸의 모세 혈관으로 이동한다. 혈액은 모세 혈관을 지나면서 신체의 조직 세포에 산소와 영양소를 전달하고, 세포로부터 이산화 탄소와 노폐물을 받는다. 온몸에서 물질 교환을 마친 혈액은 다시 각 정맥을 거쳐 대정맥으로 흘러들어 우심방에 도달한다.

3문단 폐순환은 우심실에서 나간 혈액이 폐의 모세 혈관을 거쳐 좌심방으로 돌아오는 순환이다. 온몸 순환을 마치고 우심방으로 들어온 혈액은 판막을 통과하여 우심실로 전달되고, 우심실은 수축하여 혈액을 폐동맥으로 내보낸다. 우심실과 폐동맥 사이의 판막은 우심실의 압력이 폐동맥의 압력보다 높아지면 열려 혈액을 폐동맥으로 내보내고, 반대의 경우에는 닫혀 혈액이 거꾸로 흐르는 것을 막는다. 폐동맥을 지난 혈액은 폐의 모세 혈관으로 이동해 기체를 교환한다. 혈액은 폐의 모세 혈관을 지나는 동안 이산화 탄소를 전달하고 산소를 받는다. 이후 혈액은 폐정맥을 통해 좌심방으로 들어간다.

4문단 이러한 온몸 순환과 폐순환에서 흐르는 혈액은 성분에 변화가 있다. 좌심실에서 나와 대동맥을 통해 온몸의 모세 혈관으로 가는 혈액은 산소 함량이 높고 이산화 탄소 함량이 낮은데, 이처럼 산소가 풍부한 선홍색의 혈액을 동맥혈이라고 한다. 반면 온몸의 모세 혈관에서 조직 세포와 물질 교환을 마치고 대정맥을 통해 우심방으로 돌아가는 혈액은 산소 함량이 낮고 이산화 탄소 함량이 높은데, 이처럼 산소가 부족한 검붉은 색의 혈액을 정맥혈이라고 한다. 온몸 순환과는 달리 폐순환에서는 심장에서 폐로 이어지는 폐동맥에는 정맥혈이 흐르고, 폐와 기체 교환을 마친 후 심장으로 돌아가는 폐정맥에는 동맥혈이 흐른다.

➕꿀팁
1회독에서는 지문의 전체 내용이 완벽하게 이해되지 않아도 괜찮아요!

1 윗글과 아래 대화를 읽고 여러분은 윗글의 내용 중 어떤 점에 흥미가 생겼는지 생각해 봅시다.

심장은 정말 중요한 기관인 것 같아. 끊임없이 박동해서 온몸에 혈액을 내보내다니 말이야.

그래. 심장에서 나온 혈액이 온몸 순환을 통해 우리 몸에 꼭 필요한 산소와 영양소를 전달하는 점이 놀라웠어.

응. 폐순환을 통해 우리가 들이마신 산소를 혈액이 받아오는 것도 신기했어.

맞아. 그리고 온몸 순환이냐, 폐순환이냐에 따라 동맥과 정맥에 흐르는 혈액의 성분이 다르다는 점도 처음 알게 되었어.

2 윗글에서 가장 중요한 내용이나 주제어를 아래 빈칸에 써 보세요.

□□ □□과 □□□

3 윗글을 아래와 같은 구조로 정리한다고 할 때 빈칸에 알맞은 말을 써 보세요.

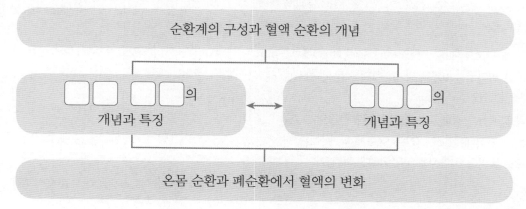

순환계의 구성과 혈액 순환의 개념

□□ □□의 개념과 특징 ↔ □□□의 개념과 특징

온몸 순환과 폐순환에서 혈액의 변화

내용 읽기

❶ 각 문장을 읽고, 잘 이해했으면 ☐에 ✔처럼 체크해 보세요.
❷ 각 문장을 잘 이해하지 못했으면 점선을 따라 밑줄을 그어 보세요.

➡ 밑줄 그은 문장의 앞뒤 문장의 내용을 살펴보면서 다시 천천히 읽어 보세요.
또 문단별 중심 내용의 빈칸을 채워 보세요.

어휘 읽기

❶ 어려운 어휘는 날개에서 그 뜻을 밝혔어요.
❷ 어휘 이외에 잘 모르는 어휘는 스스로 어휘 표시하고 사전에서 뜻을 찾아 써 보세요.

➡ 어휘 뜻을 알고 문장을 다시 읽어 보세요.

❶문단　우리가 살아가려면 몸 곳곳에 산소와 영양소를 공급하고 이산화 탄소와 노폐물을 거둬들여야 한다.☐ 이러한 기능을 하는 순환계는 심장, 혈관 등으로 구성되어 있다.☐ 사람의 심장은 두 개의 심방과 두 개의 심실로 되어 있고, 수축하고 이완하는 박동을 하여 혈액을 온몸으로 보낸다.☐ 심장에서 나온 혈액은 혈관을 통해 흐르는데, 혈관에는 동맥, 정맥, 모세 혈관이 있다.☐ 동맥은 심장에서 나오는 혈액이 흐르는 혈관으로, 혈관 벽이 두껍다.☐ 정맥은 심장으로 들어가는 혈액이 흐르는 혈관으로, 동맥보다 혈관 벽이 얇다.☐ 모세 혈관은 동맥과 정맥을 연결해 주며 온몸에 그물처럼 분포해 있다.☐ 모세 혈관은 혈관 벽이 한 겹의 세포층으로 되어 있어 주변의 조직 세포와 물질 교환이 이루어진다.☐ 혈액 순환은 심장에서 밀어낸 혈액이 동맥, 모세 혈관, 정맥을 거쳐 다시 심장으로 돌아오는 과정이며, 온몸 순환과 폐순환으로 구분한다.☐

• **노폐물**: 생체 내에서 생성된 대사산물 중 생체에서 필요 없는 것.
• **순환계**: 몸 전체에 피를 순환시켜 골고루 영양을 공급하면서 노폐물을 수용하는 계통의 조직.
• **심방**: 심장에 있는 네 개의 방 가운데 위쪽에 있는 좌우의 두 개.
• **심실**: 심장의 네 방 가운데 아래쪽에 있는 두꺼운 벽을 가진 좌우의 두 개.
• **수축하다**: 근육 따위가 오그라들다.
• **이완하다**: 굳어서 뻣뻣하게 된 근육 등이 원래의 상태로 풀어지다.
• **박동**: 장기의 율동적인 수축 운동.
• **조직**: 동일한 기능과 구조를 가진 세포의 집단. 동물에서는 근육 조직, 신경 조직 등이 있다.
• **교환**: 서로 바꿈.
• **순환**: 주기적으로 자꾸 되풀이하여 돎. 또는 그런 과정.
• _____
_____

1문단 중심 내용 순환계의 구성과 ☐☐ ☐☐의 개념

4 1문단을 읽고, ㉠~㉤ 중에서 1~4의 괄호 안에 들어갈 알맞은 기호를 찾아 쓰세요.

| ㉠ 혈액 | ㉡ 심장 | ㉢ 모세 혈관 |
| ㉣ 혈액 순환 | ㉤ 온몸 순환 | |

➕꿀팁 각 문단에서 기호의 단어를 찾아 동그라미 표시하면 더 쉽게 풀 수 있어요!

1 수축하고 이완하는 박동을 하여 혈액을 온몸으로 보내는 것은 무엇인가요?　　　　　　　　　　(　　)

2 동맥과 정맥을 연결해 주는 혈관은 무엇인가요?　(　　)

3 심장에서 밀어낸 혈액이 동맥, 모세 혈관, 정맥을 거쳐 다시 심장으로 돌아오는 과정을 무엇이라고 하나요?　(　　)

4

순환계의 구성과 혈액 순환의 개념	

순환계	
심장	수축하고 이완하는 박동을 하여 혈액을 온몸으로 보냄.
혈관	• 동맥: 심장에서 나오는 혈액이 흐르는 혈관 • 정맥: 심장으로 들어가는 혈액이 흐르는 혈관 • 모세 혈관: 동맥과 정맥을 연결

혈액 순환의 개념
• 심장에서 밀어낸 (　　)이 동맥, 모세 혈관, 정맥을 거쳐 다시 심장으로 돌아오는 과정 • (　　)과 폐순환으로 구분됨.

2문단　온몸 순환은 좌심실에서 나간 혈액이 온몸의 모세 혈관을 거쳐 우심방으로 돌아오는 순환을 가리킨다.▣ 온몸 순환은 좌심실에서 시작하는데, 좌심실은 수축하여 혈액을 밀어내고, 이 혈액은 판막을 통과해 우리 몸에서 가장 두꺼운 혈관인 대동맥으로 보내진다.▣ 대동맥의 혈액은 신체 각 부분의 동맥을 거쳐 온몸의 모세 혈관으로 이동한다.▣ 혈액은 모세 혈관을 지나면서 신체의 조직 세포에 산소와 영양소를 전달하고, 세포로부터 이산화 탄소와 노폐물을 받는다.▣ 온몸에서 물질 교환을 마친 혈액은 다시 각 정맥을 거쳐 대정맥으로 흘러들어 우심방에 도달한다.▣

2문단 중심 내용 ☐☐☐☐의 개념과 특징

・**판막**: 심장이나 혈관 속에서 피가 거꾸로 흐르는 것을 막는 막.

・_____

📷 그림으로 쌓는 배경지식

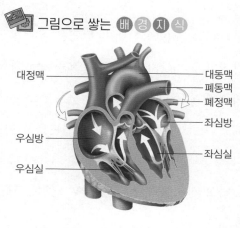

대정맥 ─ 대동맥
　　　　 폐동맥
　　　　 폐정맥
　　　　 좌심방
우심방 ─
　　　　 좌심실
우심실 ─

▲ 심장의 구조

5 2문단을 읽고, ㉠~㉢ 중에서 **1**~**4**의 괄호 안에 들어갈 알맞은 기호를 찾아 쓰세요.

> ㉠ 산소　　　　㉡ 좌심실　　　　㉢ 노폐물
> ㉣ 온몸 순환　　㉤ 이산화 탄소

1 좌심실에서 나간 혈액이 온몸의 모세 혈관을 거쳐 우심방으로 돌아오는 순환을 무엇이라고 하나요?　　　　（　　　）

2 온몸 순환에서 혈액이 이동하는 경로는 무엇인가요?

> （　　　）→ 대동맥 → 온몸의 모세 혈관 → 대정맥 → 우심방

3 온몸 순환에서 온몸의 모세 혈관과 신체의 조직 세포 사이에서는 어떤 교환이 일어나나요?

> 　　　　　　（　　　）, 영양소
> 온몸의 모세 혈관 ⟷ 조직 세포
> 　　　　　이산화 탄소, （　　　）

4　온몸 순환의 개념과 특징

> 온몸 순환의 개념
>
> 좌심실에서 나간 혈액이 온몸의 모세 혈관을 거쳐 우심방으로 돌아오는 순환
>
> 온몸 순환의 경로
>
> 좌심실 → 대동맥 → 온몸의 모세 혈관 → 대정맥 → 우심방
>
> 온몸 순환의 특징
>
> 온몸의 모세 혈관을 지나면서 신체의 조직 세포에 산소와 영양소를 전달하고, 세포로부터 （　　　）와 노폐물을 받음.

③ 문단 폐순환은 우심실에서 나간 혈액이 폐의 모세 혈관을 거쳐 좌심방으로 돌아오는 순환이다.■ 온몸 순환을 마치고 우심방으로 들어온 혈액은 판막을 통과하여 우심실로 전달되고, 우심실은 수축하여 혈액을 폐동맥으로 내보낸다.■ 우심실과 폐동맥 사이의 판막은 우심실의 압력이 폐동맥의 압력보다 높아지면 열려 혈액을 폐동맥으로 내보내고, 반대의 경우에는 닫혀 혈액이 거꾸로 흐르는 것을 막는다.■ 폐동맥을 지난 혈액은 폐의 모세 혈관으로 이동해 기체를 교환한다.■ 혈액은 폐의 모세 혈관을 지나는 동안 이산화 탄소를 전달하고 산소를 받는다.■ 이후 혈액은 폐정맥을 통해 좌심방으로 들어간다.■

3문단 중심 내용 ☐☐☐의 개념과 특징

· **압력**: 두 물체가 접촉면을 경계로 하여 서로 그 면에 수직으로 누르는 단위 면적에서의 힘의 단위.

·_____

📖 그림으로 쌓는 배 경 지 식

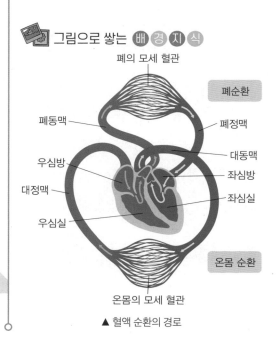

▲ 혈액 순환의 경로

---

6 3문단을 읽고, ㉠~㉤ 중에서 **1**~**4**의 괄호 안에 들어갈 알맞은 기호를 찾아 쓰세요.

> ㉠ 산소 ㉡ 우심실 ㉢ 폐순환
> ㉣ 모세 혈관 ㉤ 이산화 탄소

1 우심실에서 나간 혈액이 폐의 모세 혈관을 거쳐 좌심방으로 돌아오는 순환을 무엇이라고 하나요?　　　　(　　　)

2 폐순환에서 혈액이 이동하는 경로는 무엇인가요?

> (　　　) → 폐동맥 → 폐의 모세 혈관 → 폐정맥 → 좌심방

3 폐순환에서 폐의 모세 혈관과 폐 사이에서는 어떤 기체 교환이 일어나나요?

> 폐의 모세 혈관 　(　　　)→ 폐
> 　　　　　　←산소

4
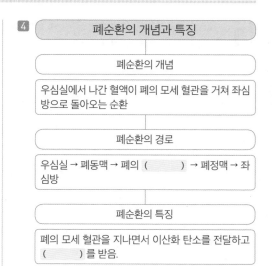

폐순환의 개념과 특징

폐순환의 개념

우심실에서 나간 혈액이 폐의 모세 혈관을 거쳐 좌심방으로 돌아오는 순환

폐순환의 경로

우심실 → 폐동맥 → 폐의 (　　　) → 폐정맥 → 좌심방

폐순환의 특징

폐의 모세 혈관을 지나면서 이산화 탄소를 전달하고 (　　　)를 받음.

4문단 이러한 온몸 순환과 폐순환에서 흐르는 혈액은 성분에 변화가 있다.■ 좌심실에서 나와 대동맥을 통해 온몸의 모세 혈관으로 가는 혈액은 산소 함량이 높고 이산화 탄소 함량이 낮은데, 이처럼 산소가 풍부한 선홍색의 혈액을 동맥혈이라고 한다.■ 반면 온몸의 모세 혈관에서 조직 세포와 물질 교환을 마치고 대정맥을 통해 우심방으로 돌아가는 혈액은 산소 함량이 낮고 이산화 탄소 함량이 높은데, 이처럼 산소가 부족한 검붉은 색의 혈액을 정맥혈이라고 한다.■ 온몸 순환과는 달리 폐순환에서는 심장에서 폐로 이어지는 폐동맥에는 정맥혈이 흐르고, 폐와 기체 교환을 마친 후 심장으로 돌아가는 폐정맥에는 동맥혈이 흐른다.■

4문단 중심 내용 온몸 순환과 폐순환에서 ☐☐의 변화

- **성분**: 유기적인 통일체를 이루고 있는 것의 한 부분.
- **함량**: 물질이 어떤 성분을 포함하고 있는 분량.
- **선홍색**: 밝고 산뜻한 붉은색.
- **동맥혈**: 허파에서 가스 교환 된 혈액. 붉은빛을 띠며, 산소가 풍부하다.
- **정맥혈**: 대정맥에 의하여 심장으로 보내지며, 다시 폐동맥을 거쳐 폐로 보내지는 피. 산소가 부족하고 이산화 탄소가 많아 검붉은 색을 띤다.

- _____

정답과 해설 12쪽

7 4문단을 읽고, ㉠~㉤ 중에서 ■~■의 괄호 안에 들어갈 알맞은 기호를 찾아 쓰세요.

┌─────────────────────────────────────┐
│ ㉠ 산소   ㉡ 정맥혈   ㉢ 동맥혈 │
│ ㉣ 대동맥   ㉤ 검붉은 색   │
└─────────────────────────────────────┘

■ 산소가 풍부한 선홍색의 혈액을 무엇이라고 하나요?
(   )

■ 산소가 부족한 검붉은 색의 혈액을 무엇이라고 하나요?
(   )

■ 온몸 순환에서 대동맥과 대정맥 중에 동맥혈이 흐르는 혈관은 무엇인가요?
(   )

4 ┌ 온몸 순환과 폐순환에서 혈액의 변화 ┐

┌─────────────────────────────┐
│   동맥혈과 정맥혈   │
└─────────────────────────────┘
동맥혈 ( ) 가 풍부한 선홍색의 혈액
정맥혈 산소가 부족한 ( ) 의 혈액

┌─────────────────────────────┐
│ 온몸 순환과 폐순환에서 혈액의 변화 │
└─────────────────────────────┘

온몸 순환	폐순환
좌심실	우심실
↓	↓
대동맥	폐동맥
↓	↓
온몸의 모세 혈관	폐의 모세 혈관
↓	↓
대정맥	폐정맥
↓	↓
우심방	좌심방

→ 동맥혈 → 정맥혈

①문단 우리가 살아가려면 몸 곳곳에 산소와 영양소를 ㉠공급하고 이산화 탄소와 노폐물을 거둬들여야 한다. 이러한 기능을 하는 순환계는 심장, 혈관 등으로 구성되어 있다. 사람의 심장은 두 개의 심방과 두 개의 심실로 되어 있고, 수축하고 이완하는 박동을 하여 혈액을 온몸으로 보낸다. 심장에서 나온 혈액은 혈관을 통해 흐르는데, 혈관에는 동맥, 정맥, 모세 혈관이 있다. 동맥은 심장에서 나오는 혈액이 흐르는 혈관으로, 혈관 벽이 두껍다. 정맥은 심장으로 들어가는 혈액이 흐르는 혈관으로, 동맥보다 혈관 벽이 얇다. 모세 혈관은 동맥과 정맥을 연결해 주며 온몸에 그물처럼 ㉡분포해 있다. 모세 혈관은 혈관 벽이 한 겹의 세포층으로 되어 있어 주변의 조직 세포와 물질 교환이 이루어진다. 혈액 순환은 심장에서 밀어낸 혈액이 동맥, 모세 혈관, 정맥을 거쳐 다시 심장으로 돌아오는 과정이며, 온몸 순환과 폐순환으로 ㉢구분한다.

②문단 온몸 순환은 좌심실에서 나간 혈액이 온몸의 모세 혈관을 거쳐 우심방으로 돌아오는 순환을 가리킨다. 온몸 순환은 좌심실에서 시작하는데, 좌심실은 수축하여 혈액을 밀어내고, 이 혈액은 판막을 통과해 우리 몸에서 가장 두꺼운 혈관인 대동맥으로 보내진다. 대동맥의 혈액은 신체 각 부분의 동맥을 거쳐 온몸의 모세 혈관으로 이동한다. 혈액은 모세 혈관을 지나면서 신체의 조직 세포에 산소와 영양소를 전달하고, 세포로부터 이산화 탄소와 노폐물을 받는다. 온몸에서 물질 교환을 마친 혈액은 다시 각 정맥을 거쳐 대정맥으로 흘러들어 우심방에 ㉣도달한다.

③문단 폐순환은 우심실에서 나간 혈액이 폐의 모세 혈관을 거쳐 좌심방으로 돌아오는 순환이다. 온몸 순환을 마치고 우심방으로 들어온 혈액은 판막을 통과하여 우심실로 전달되고, 우심실은 수축하여 혈액을 폐동맥으로 내보낸다. 우심실과 폐동맥 사이의 판막은 우심실의 압력이 폐동맥의 압력보다 높아지면 열려 혈액을 폐동맥으로 내보내고, 반대의 경우에는 닫혀 혈액이 거꾸로 흐르는 것을 막는다. 폐동맥을 지난 혈액은 폐의 모세 혈관으로 이동해 기체를 ㉤교환한다. 혈액은 폐의 모세 혈관을 지나는 동안 이산화 탄소를 전달하고 산소를 받는다. 이후 혈액은 폐정맥을 통해 좌심방으로 들어간다.

④문단 이러한 온몸 순환과 폐순환에서 흐르는 혈액은 성분에 변화가 있다. 좌심실에서 나와 대동맥을 통해 온몸의 모세 혈관으로 가는 혈액은 산소 함량이 높고 이산화 탄소 함량이 낮은데, 이처럼 산소가 풍부한 선홍색의 혈액을 동맥혈이라고 한다. 반면 온몸의 모세 혈관에서 조직 세포와 물질 교환을 마치고 대정맥을 통해 우심방으로 돌아가는 혈액은 산소 함량이 낮고 이산화 탄소 함량이 높은데, 이처럼 산소가 부족한 검붉은 색의 혈액을 정맥혈이라고 한다. 온몸 순환과는 달리 폐순환에서는 심장에서 폐로 이어지는 폐동맥에는 정맥혈이 흐르고, 폐와 기체 교환을 마친 후 심장으로 돌아가는 폐정맥에는 동맥혈이 흐른다.

+꿀팁
지문에서는 혈액 순환이라는 개념을 제시하며 혈액 순환을 이루는 온몸 순환과 폐순환의 개념을 설명하고 있어요. 온몸 순환과 폐순환에서 혈액이 순환하는 경로를 파악하고, 각각에서 혈액의 성분이 어떻게 변하는지 이해해야 해요.

8 윗글의 내용과 일치하지 않는 것은?

① 동맥은 정맥보다 혈관 벽이 두껍다.

② 판막은 혈액을 한 방향으로만 흐르게 한다.

③ 온몸 순환을 거친 혈액은 다시 온몸 순환을 한다.

④ 심장은 수축과 이완을 반복하여 혈액을 온몸에 순환시킨다.

⑤ 모세 혈관은 온몸에 퍼져 주변의 조직 세포와 물질 교환을 한다.

9 윗글을 바탕으로 다음을 이해한 내용으로 적절하지 않은 것은?

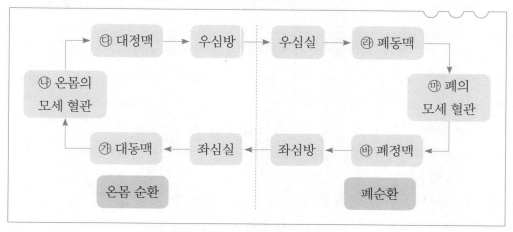

① ㉮와 ㉣에 흐르는 혈액은 성격이 동일하지 않다.

② ㉮와 ㉺에 흐르는 혈액은 성격이 동일하다.

③ ㉯에서 ㉢로 흐르는 혈액은 이산화 탄소 함량이 높다.

④ ㉣에서 ㉱로 흐르는 혈액은 선홍색이다.

⑤ 우심방과 우심실에 흐르는 혈액은 모두 정맥혈에 해당한다.

10 ㉠~㉤을 유사한 의미로 바꾸어 쓴 것으로 적절하지 않은 것은?

① ㉠: 마련하고

② ㉡: 퍼져

③ ㉢: 나눈다

④ ㉣: 다다른다

⑤ ㉤: 바꾼다

스스로
평가

1회독
☺ ☹

2회독
☺ ☹

3회독
☺ ☹

03 화학 발열 반응과 흡열 반응

1 회독 구조 읽기

①문단 두 가지 이상의 물질 사이에 화학 변화가 일어나서 다른 물질로 변화하는 과정을 화학 반응이라고 한다. 화학 반응이 일어날 때는 에너지가 방출되거나 흡수된다. 이 때 에너지를 방출하는 반응을 발열 반응이라고 한다. <그림 1>처럼 화학 반응에 참여하는 반응 물질이 가지고 있는 에너지가 반응을 통해 만들어진 생성 물질이 가지고 있는 에너지보다 클 경우, 반응이 진행되면서 그 차이만큼 에너지를 방출하게 된다. 발열 반응이 일어나면 주변으로 에너지를 방출하므로 주변의 온도가 높아진다.

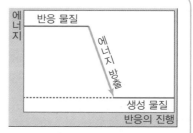

<그림 1> 발열 반응

②문단 발열 반응은 우리 주변에서 쉽게 찾아볼 수 있다. 예를 들어 우리는 가스 등의 연료가 연소할 때 방출하는 열로 음식을 익히거나 난방을 한다. 이는 연료가 산소와 반응하여 열과 빛을 방출하는 연소 반응으로, 대표적인 발열 반응이다. 겨울철 주머니에 넣고 다니는 흔드는 손난로 역시 발열 반응을 활용한 것이다. 흔드는 손난로에는 철 가루가 들어 있는데, 손난로를 흔들거나 주무르면 손난로에 들어 있는 철이 공기 중의 산소와 반응한다. 이때 에너지를 방출하여 손난로가 따뜻해진다. 이 반응은 일상에서 흔히 볼 수 있는 철이 녹스는 현상과 같다. 보통 철이 녹스는 반응은 매우 느리게 일어나서 열이 방출되는 것을 잘 느낄 수 없는데, 손난로에서는 반응이 빠르게 일어나면서 한꺼번에 많은 열을 내는 것이다.

③문단 반면 화학 반응이 일어날 때 에너지를 흡수하는 반응을 흡열 반응이라고 한다. <그림 2>처럼 반응 물질이 가지고 있는 에너지가 반응을 통해 만들어진 생성 물질이 가지고 있는 에너지보다 작을 경우, 그 차이만큼 에너지를 흡수하게 된다. 흡열 반응이 일어나면 주변의 에너지를 흡수하므로 주변의 온도가 낮아진다.

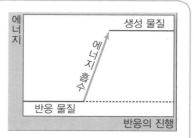

<그림 2> 흡열 반응

④문단 흡열 반응의 대표적인 예는 광합성이다. 광합성은 식물이 뿌리에서 흡수한 물과 잎의 기공을 통해 흡수한 이산화 탄소를 이용하여 포도당과 산소를 만드는 과정이다. 이 과정에서 식물은 태양의 빛에너지를 흡수하여 사용한다. 우리 생활에서 흡열 반응의 원리를 활용한 예로는 질산 암모늄과 물이 반응하면서 주변의 열을 흡수하여 차가워지는 냉찜질 주머니를 들 수 있다. 냉찜질 주머니 속에는 질산 암모늄과 물이 분리되어 들어 있다. 냉찜질 주머니를 세게 치면 물이 들어 있는 주머니가 터지면서 질산 암모늄과 물이 반응하게 된다. 이때 주변의 에너지를 흡수하기 때문에 냉찜질 주머니가 차가워진다.

◆꿀팁
1회독에서는 지문의 전체 내용이 완벽하게 이해되지 않아도 괜찮아요!

1 윗글과 아래 대화를 읽고 여러분은 윗글의 내용 중 어떤 점에 흥미가 생겼는지 생각해 봅시다.

화학 반응이 일어날 때 방출하는 에너지로 요리도 하고, 난방도 하고 있다니…….

응. 화학 반응이 일어날 때 출입하는 에너지가 우리 생활에 다양하게 활용되고 있는 점이 흥미로웠어.

우리가 겨울철에 애용하는 손난로가 발열 반응을 이용한 것이라니 놀랍지 않니?

맞아. 흡열 반응을 이용한 냉찜질 주머니의 원리도 처음 알게 되었어.

2 윗글에서 가장 중요한 내용이나 주제어를 아래 빈칸에 써 보세요.

□□ □□ 과 □□ □□

3 윗글을 아래와 같은 구조로 정리한다고 할 때 빈칸에 알맞은 말을 써 보세요.

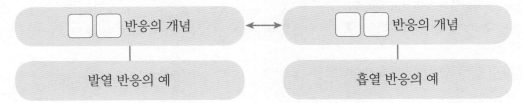

□□ 반응의 개념 ↔ □□ 반응의 개념

발열 반응의 예 / 흡열 반응의 예

내용 읽기

① 각 문장을 읽고, 잘 이해했으면 ☐ 에 ✔ 처럼 체크해 보세요.
② 각 문장을 잘 이해하지 못했으면 점선을 따라 밑줄을 그어 보세요.

➡ 밑줄 그은 문장의 앞뒤 문장의 내용을 살펴보면서 다시 천천히 읽어 보세요.
또 문단별 중심 내용의 빈칸을 채워 보세요.

어휘 읽기

① 어려운 어휘는 날개에서 그 뜻을 밝혔어요.
② 어휘 이외에 잘 모르는 어휘는 스스로 어휘 표시하고 사전에서 뜻을 찾아 써 보세요.

➡ 어휘 뜻을 알고 문장을 다시 읽어 보세요.

①문단 두 가지 이상의 물질 사이에 화학 변화가 일어나서 다른 물질로 변화하는 과정을 화학 반응이라고 한다.☐ 화학 반응이 일어날 때는 에너지가 방출되거나 흡수된다.☐ 이때 에너지를 방출하는 반응을 발열 반응이라고 한다.☐ <그림 1>처럼 화학 반응에 참여하는 반응 물질이 가지고 있는 에너지가 반응을 통해 만들어진 생성 물질이 가지고 있는 에너지보다 클 경우, 반응이 진행되면서 그 차이만큼 에너지를 방출하게 된다.☐ 발열 반응이 일어나면 주변으로 에너지를 방출하므로 주변의 온도가 높아진다.☐

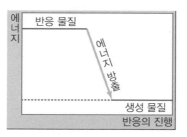
<그림 1> 발열 반응

· **화학 변화**: 물질이 그 자신 또는 다른 물질과 상호 작용을 일으켜 새로운 물질로 바뀌는 일.
· **반응**: 물질 사이에 일어나는 화학적 변화. 물질의 성질이나 구조가 변한다.
· **방출되다**: 입자나 전자기파의 형태로 에너지가 내보내지다.
· **발열**: 열이 남. 또는 열을 냄.
· **반응 물질**: 화학 반응에서 반응에 참여해서 생성 물질을 만들어 내는 물질.
· **생성 물질**: 화학 반응에서 반응 물질로부터 만들어지는 물질.
· **진행되다**: 일 등이 처리되어 나가게 되다.
· _____
_____

1문단 중심 내용 ☐☐☐☐ 의 개념

---

4 1문단을 읽고, ㉠~㉤ 중에서 **1**~**4**의 괄호 안에 들어갈 알맞은 기호를 찾아 쓰세요.

㉠ 방출   ㉡ 높아진다   ㉢ 발열 반응
㉣ 화학 반응   ㉤ 반응 물질

➕꿀팁 각 문단에서 기호의 단어를 찾아 동그라미 표시하면 더 쉽게 풀 수 있어요!

1 두 가지 이상의 물질 사이에 화학 변화가 일어나서 다른 물질로 변화하는 과정을 무엇이라고 하나요?   (   )

2 화학 반응이 일어날 때는 에너지를 방출하는 반응을 무엇이라고 하나요?   (   )

3 발열 반응이 일어나면 주변의 온도가 어떻게 되나요?   (   )

4 ┌─ **발열 반응의 개념** ─┐

┌─ 화학 반응과 에너지 출입 ─┐
· 두 가지 이상의 물질 사이에 화학 변화가 일어나서 다른 물질로 변화하는 과정
· 화학 반응이 일어날 때는 에너지가 방출되거나 흡수됨.

┌─ 발열 반응 ─┐
· 화학 반응이 일어날 때 에너지를 (   ) 하는 반응
· (   ) 의 에너지가 생성 물질의 에너지보다 클 때, 그 차이만큼 에너지를 방출
· 발열 반응이 일어나면 주변의 온도가 높아짐.

2 문단 　발열 반응은 우리 주변에서 쉽게 찾아볼 수 있다.■ 예를 들어 우리는 가스 등의 연료가 연소할 때 방출하는 열로 음식을 익히거나 난방을 한다.■ 이는 연료가 산소와 반응하여 열과 빛을 방출하는 연소 반응으로, 대표적인 발열 반응이다.■ 겨울철 주머니에 넣고 다니는 흔드는 손난로 역시 발열 반응을 활용한 것이다.■ 흔드는 손난로에는 철 가루가 들어 있는데, 손난로를 흔들거나 주무르면 손난로에 들어 있는 철이 공기 중의 산소와 반응한다.■ 이때 에너지를 방출하여 손난로가 따뜻해진다.■ 이 반응은 일상에서 흔히 볼 수 있는 철이 녹스는 현상과 같다.■ 보통 철이 녹스는 반응은 매우 느리게 일어나서 열이 방출되는 것을 잘 느낄 수 없는데, 손난로에서는 반응이 빠르게 일어나면서 한꺼번에 많은 열을 내는 것이다.■

2 문단 중심 내용 ☐☐☐☐의 예

- **연료**: 연소하여 열, 빛, 동력의 에너지를 얻을 수 있는 물질을 통틀어 이르는 말.
- **연소하다**: 물질이 산소와 화합할 때에, 많은 빛과 열을 내다.
- **난방**: 실내의 온도를 높여 따뜻하게 하는 일.
- **반응하다**: 물질 사이에 화학적 변화가 일어나다. 물질의 성질이나 구조가 변한다.
- **녹슬다**: 쇠붙이가 산화하여 빛이 변하다.

그림으로 쌓는 배경지식

▲ 가스의 연소 반응

정답과 해설 14쪽

5 2문단을 읽고, ㉠~㉤ 중에서 ❶~❹의 괄호 안에 들어갈 알맞은 기호를 찾아 쓰세요.

> ㉠ 방출　　　　㉡ 산소　　　　㉢ 연소 반응
> ㉣ 발열 반응　　㉤ 녹스는 현상

❶ 연료가 산소와 반응하여 열과 빛을 방출하는 반응을 무엇이라고 하나요?　　　　　　　　　　　　　　(　)

❷ 흔드는 손난로는 발열 반응과 흡열 반응 중 어떤 반응의 원리를 활용한 것인가요?　　　　　　　　(　)

❸ 흔드는 손난로에서 철이 산소와 반응할 때 에너지의 출입은 어떻게 되나요?

> 에너지가 주변으로 (　) 된다.

❹

발열 반응의 예

연소 반응

- 연료가 산소와 반응하여 열과 빛을 방출하는 반응
- 가스 등의 연료가 연소할 때 방출하는 열로 음식을 익히거나 난방을 함.

흔드는 손난로

- 손난로를 흔들거나 주무르면 손난로에 들어 있는 철이 공기 중의 (　)와 반응. 이때 에너지를 방출하여 손난로가 따뜻해짐.
- 철이 (　)과 같음.

③ 문단 반면 화학 반응이 일어날 때 에너지를 흡수하는 반응을 흡열 반응이라고 한다.■ <그림 2>처럼 반응 물질이 가지고 있는 에너지가 반응을 통해 만들어진 생성 물질이 가지고 있는 에너지보다 작을 경우, 그 차이만큼 에너지를 흡수하게 된다.■ 흡열 반응이 일어나면 주변의 에너지를 흡수하므로 주변의 온도가 낮아진다.■

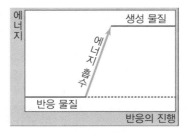

<그림 2> 흡열 반응

3문단 중심 내용 ☐☐☐☐ 의 개념

• **흡열**: 열을 빨아들임.
•

---

6 3문단을 읽고, ㉠~㉤ 중에서 **1**~**4**의 괄호 안에 들어갈 알맞은 기호를 찾아 쓰세요.

> ㉠ 흡수   ㉡ 낮아진다   ㉢ 생성 물질
> ㉣ 흡열 반응   ㉤ 반응 물질

1 화학 반응이 일어날 때 에너지를 흡수하는 반응을 무엇이라고 하나요? ( )

2 흡열 반응에서 반응 물질과 생성 물질 중 가지고 있는 에너지가 더 큰 것은 무엇인가요? ( )

3 흡열 반응이 일어나면 주변의 온도가 어떻게 되나요? ( )

4 흡열 반응의 개념

흡열 반응의 개념

화학 반응이 일어날 때 에너지를 ( ) 하는 반응

반응 물질과 생성 물질의 에너지

( ) 의 에너지가 생성 물질의 에너지보다 작을 때, 그 차이만큼 에너지를 흡수

주변의 온도 변화

흡열 반응이 일어나면 주변의 에너지를 흡수하므로 주변의 온도가 낮아짐.

4문단 흡열 반응의 대표적인 예는 광합성이다.■ 광합성은 식물이 뿌리에서 흡수한 물과 잎의 기공을 통해 흡수한 이산화 탄소를 이용하여 포도당과 산소를 만드는 과정이다.■ 이 과정에서 식물은 태양의 빛에너지를 흡수하여 사용한다.■ 우리 생활에서 흡열 반응의 원리를 활용한 예로는 질산 암모늄과 물이 반응하면서 주변의 열을 흡수하여 차가워지는 냉찜질 주머니를 들 수 있다.■ 냉찜질 주머니 속에는 질산 암모늄과 물이 분리되어 들어 있다.■ 냉찜질 주머니를 세게 치면 물이 들어 있는 주머니가 터지면서 질산 암모늄과 물이 반응하게 된다.■ 이때 주변의 에너지를 흡수하기 때문에 냉찜질 주머니가 차가워진다.■

4문단 중심 내용 　 　 　 　의 예

- **기공**: 식물의 잎이나 줄기의 겉껍질에 있는, 숨쉬기와 증산 작용을 하는 구멍.
- **포도당**: 단당류의 하나. 생물계에 널리 분포하며, 생물 조직 속에서 에너지원으로 소비된다.
- **냉찜질**: 찬물에 적신 천이나 차가운 성질의 약품 등을 사용하는 찜질.
- _____

📷 그림으로 쌓는 **배 경 지 식**

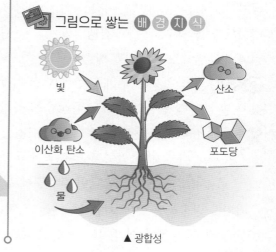

▲ 광합성

정답과 해설 14쪽

7 4문단을 읽고, ㉠~㉤ 중에서 ❶~❸의 괄호 안에 들어갈 알맞은 기호를 찾아 쓰세요.

> ㉠ 흡수　　　　㉡ 광합성　　　　㉢ 빛에너지
> ㉣ 흡열 반응　　㉤ 질산 암모늄

❶ 식물이 태양의 빛에너지를 이용하여 물과 이산화 탄소로 포도당과 산소를 만드는 과정을 무엇이라고 하나요?　(　　)

❷ 냉찜질 주머니는 발열 반응과 흡열 반응 중 어떤 반응의 원리를 활용한 것인가요?　　　　　　　　　　(　　)

❸ 질산 암모늄과 물이 반응할 때 에너지의 출입은 어떻게 되나요?

> 에너지가 주변에서 (　　　　) 된다.

4 ┌──────────────────┐
　　　 흡열 반응의 예
　　└──────────────────┘

┌──────────────────┐
　　　　　광합성
└──────────────────┘

- 식물이 물과 이산화 탄소를 이용하여 포도당과 산소를 만드는 과정
- 이 과정에서 식물은 태양의 (　　　　) 를 흡수하여 사용

┌──────────────────┐
　　　냉찜질 주머니
└──────────────────┘

- (　　　　) 과 물이 반응하면서 주변의 열을 흡수하여 차가워짐.
- 냉찜질 주머니 속에는 질산 암모늄과 물이 분리되어 들어 있음. 냉찜질 주머니를 세게 치면 물이 들어 있는 주머니가 터지면서 질산 암모늄과 물이 반응함.

1 문단 두 가지 이상의 물질 사이에 화학 변화가 일어나서 다른 물질로 변화하는 과정을 화학 반응이라고 한다. 화학 반응이 일어날 때는 에너지가 방출되거나 흡수된다. 이때 에너지를 방출하는 반응을 발열 반응이라고 한다. <그림 1>처럼 화학 반응에 참여하는 반응 물질이 가지고 있는 에너지가 반응을 통해 만들어진 생성 물질이 가지고 있는 에너지보다 클 경우, 반응이 진행되면서 그 차이만큼 에너지를 방출하게 된다. 발열 반응이 일어나면 주변으로 에너지를 방출하므로 주변의 온도가 높아진다.

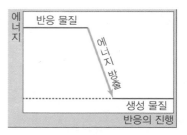

<그림 1> 발열 반응

2 문단 발열 반응은 우리 주변에서 쉽게 찾아볼 수 있다. 예를 들어 우리는 가스 등의 연료가 연소할 때 방출하는 열로 음식을 익히거나 난방을 한다. 이는 연료가 산소와 반응하여 열과 빛을 방출하는 연소 반응으로, 대표적인 발열 반응이다. 겨울철 주머니에 넣고 다니는 ㉠흔드는 손난로 역시 발열 반응을 활용한 것이다. 흔드는 손난로에는 철 가루가 들어 있는데, 손난로를 흔들거나 주무르면 손난로에 들어 있는 철이 공기 중의 산소와 반응한다. 이때 에너지를 방출하여 손난로가 따뜻해진다. 이 반응은 일상에서 흔히 볼 수 있는 철이 녹스는 현상과 같다. 보통 철이 녹스는 반응은 매우 느리게 일어나서 열이 방출되는 것을 잘 느낄 수 없는데, 손난로에서는 반응이 빠르게 일어나면서 한꺼번에 많은 열을 내는 것이다.

3 문단 반면 화학 반응이 일어날 때 에너지를 흡수하는 반응을 흡열 반응이라고 한다. <그림 2>처럼 반응 물질이 가지고 있는 에너지가 반응을 통해 만들어진 생성 물질이 가지고 있는 에너지보다 작을 경우, 그 차이만큼 에너지를 흡수하게 된다. 흡열 반응이 일어나면 주변의 에너지를 흡수하므로 주변의 온도가 낮아진다.

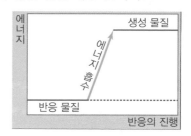

<그림 2> 흡열 반응

4 문단 흡열 반응의 대표적인 예는 광합성이다. 광합성은 식물이 뿌리에서 흡수한 물과 잎의 기공을 통해 흡수한 이산화 탄소를 이용하여 포도당과 산소를 만드는 과정이다. 이 과정에서 식물은 태양의 빛에너지를 흡수하여 사용한다. 우리 생활에서 흡열 반응의 원리를 활용한 예로는 질산 암모늄과 물이 반응하면서 주변의 열을 흡수하여 차가워지는 ㉡냉찜질 주머니를 들 수 있다. 냉찜질 주머니 속에는 질산 암모늄과 물이 분리되어 들어 있다. 냉찜질 주머니를 세게 치면 물이 들어 있는 주머니가 터지면서 질산 암모늄과 물이 반응하게 된다. 이때 주변의 에너지를 흡수하기 때문에 냉찜질 주머니가 차가워진다.

꿀팁
지문에서 발열 반응과 흡열 반응이 제시되어 있어요. 지문에 제시된 그래프를 참고하여 각 화학 반응이 일어날 때 에너지의 출입, 주변의 온도 변화 등이 어떻게 다른지 이해해야 해요. 특히 발열 반응과 흡열 반응의 예를 구분하고, 각각의 예에서 적용된 원리를 이해할 수 있어야 해요.

8 윗글의 내용과 일치하는 것은?

① 발열 반응이 일어나면 주위의 온도는 내려간다.
② 연료가 연소할 때는 주변의 에너지를 흡수한다.
③ 광합성을 할 때 식물은 태양의 빛에너지를 반사한다.
④ 흡열 반응은 주위의 에너지를 흡수하며 일어나는 화학 반응이다.
⑤ 반응 전 물질의 에너지가 반응 후 물질의 에너지보다 큰 경우 흡열 반응이 일어난다.

9 윗글을 읽은 학생이 ⊙과 ⓒ에 대해 정리한 내용이다. 적절하지 <u>않은</u> 것은?

		흔드는 손난로	냉찜질 주머니
①	화학 반응에서 에너지 출입	에너지를 방출	에너지를 흡수
②	반응 물질과 생성 물질의 에너지 비교	반응 물질 < 생성 물질	반응 물질 > 생성 물질
③	주위의 온도 변화	주위의 온도가 높아짐.	주위의 온도가 낮아짐.
④	반응 물질	철과 산소	질산 암모늄과 물
⑤	사용 방법	철과 산소가 반응하도록 손난로를 흔들거나 주물러서 사용함.	물이 들어 있는 주머니가 터지도록 냉찜질 주머니를 세게 쳐서 사용함.

10 윗글을 바탕으로 다음 ㉮와 ㉯에 들어갈 말로 적절한 것은?

화학 반응이 일어날 때 에너지가 방출되거나 흡수되는 것처럼 물질의 상태가 변할 때도 에너지가 출입한다. 다음은 물질의 상태가 변할 때 출입하는 에너지를 활용한 예시이다.

ㅇ 에스키모는 이글루에 물을 뿌려 이글루 내부 온도를 높이는데, 이는 물이 얼면서 열에너지를 (㉮)하기 때문이다.

ㅇ 수영장에서 물 밖으로 나오면 추위를 느끼는 것은 물이 기화하면서 열에너지를 (㉯)하기 때문이다.

	㉮	㉯
①	방출	방출
②	방출	흡수
③	흡수	방출
④	흡수	흡수
⑤	흡수	제거

스스로 평가
1회독 ☺ ☹
2회독 ☺ ☹
3회독 ☺ ☹

04 원시와 근시의 교정

1회독 구조 읽기

①문단   우리는 어떤 과정을 거쳐 물체를 보는 것일까? 우리가 물체를 볼 수 있는 것은 광원에서 나온 빛이 물체에서 반사되어 우리 눈에 들어오기 때문이다. 물체에서 온 빛은 눈의 앞쪽 바깥을 감싸는 투명한 막인 각막과 그 안쪽에 있는 수정체를 통과하면서 굴절된 뒤, 눈 안을 채우고 있는 투명한 물질인 유리체를 지나 망막에 상을 맺는다. 그러면 망막의 시각 세포가 빛 자극을 받아들이고, 이 자극이 시각 신경을 통해 뇌로 전달되어 물체를 볼 수 있게 되는 것이다.

②문단   물체를 선명하게 보기 위해서는 망막에 또렷한 상이 맺혀야 한다. 즉 초점이 잘 맞아야 하는데, 우리 눈에서 초점을 조절하는 역할을 하는 것은 수정체이다. 수정체는 물체와의 거리에 따라 두께가 변하면서 눈에 들어온 빛을 적당하게 굴절시켜 망막에 또렷한 상이 맺히게 한다. 먼 곳을 볼 때는 수정체의 두께가 얇아지고 가까운 곳을 볼 때는 수정체의 두께가 두꺼워지는 것이다. 이때 수정체의 두께는 수정체를 둘러싸고 있는 섬모체에 의해 변한다. 그런데 눈에 이상이 생기면 상이 망막에 맺히지 않고 망막 앞이나 뒤에 맺히는 원시나 근시가 발생한다.

③문단   그렇다면 가까운 곳을 볼 때 상이 망막의 뒤쪽에 맺히는 원시의 경우 어떤 렌즈를 통해 교정할 수 있을까? 원시는 멀리 있는 물체는 잘 볼 수 있지만, 가까이 있는 물체는 잘 볼 수 없는 시력을 말한다. 원시는 안구의 앞뒤 길이가 정상보다 짧거나, 수정체가 정상보다 얇아서 초점이 망막보다 뒤쪽에서 맺힐 때 발생한다. 이럴 경우 볼록 렌즈를 이용해 교정하면 된다. <그림 1>과 같이 볼록 렌즈는 가운데 부분이 볼록한 형태로, 볼록 렌즈에 나란히 들어온 빛은 렌즈를 통과하면서 굴절되어 한 점에 모인다. 볼록 렌즈가 빛을 모아 상이 원래보다 앞에 맺히게 해서 망막에 상이 맺힐 수 있도록 하는 것이다.

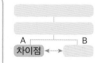

④문단   이와 달리 먼 곳을 볼 때 상이 망막의 앞쪽에 맺히는 근시의 경우에는 어떤 렌즈를 통해 교정할 수 있을까? 근시는 가까이 있는 것은 잘 보이지만, 멀리 있는 것은 초점이 맞지 않아서 흐릿하게 보이는 시력이다. 근시는 안구의 앞뒤 길이가 정상보다 길거나, 수정체가 정상보다 두꺼워서 초점이 망막보다 앞쪽에서 맺힐 때 발생한다. 이때는 오목 렌즈를 이용해 시력을 교정하면 된다. <그림 2>와 같이 오목 렌즈는 가운데 부분이 오목한 형태로, 오목 렌즈에 나란히 들어온 빛은 렌즈를 통과하면서 굴절되어 퍼진다. 오목 렌즈가 빛을 바깥으로 퍼뜨려 상이 원래보다 뒤에 맺히게 하는 것이다.

✚꿀팁
1회독에서는 지문의 전체 내용이 완벽하게 이해되지 않아도 괜찮아요!

<그림 1> 볼록 렌즈에서 빛의 굴절   <그림 2> 오목 렌즈에서 빛의 굴절

1 윗글과 아래 대화를 읽고 여러분은 윗글의 내용 중 어떤 점에 흥미가 생겼는지 생각해 봅시다.

우리 할머니께서는 최근 볼록 렌즈를 이용한 돋보기안경을 맞추셨는데, 안경을 쓰시고 나서는 책 글씨가 잘 보이신다고 좋아하셨어.

시력을 교정해 주는 안경이 있어서 참 다행인 것 같아. 난 안경 외에 우리 주변에서 렌즈가 어떻게 쓰이고 있는지 궁금해졌어.

과학 시간에 사용하는 돋보기나 현미경에도 렌즈가 쓰이잖아. 난 렌즈를 활용하여 빛의 굴절을 조절하는 것이 흥미롭더라. 넌 어때?

나는 원시와 근시의 특성에 따라 시력을 교정하는 방식이 다르다는 점이 가장 흥미로웠어.

2 윗글에서 가장 중요한 내용이나 주제어를 아래 빈칸에 써 보세요.

☐☐와 ☐☐의 교정

3 윗글을 아래와 같은 구조로 정리한다고 할 때 빈칸에 알맞은 말을 써 보세요.

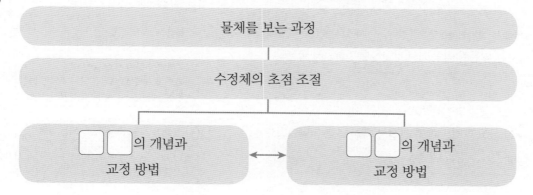

물체를 보는 과정

수정체의 초점 조절

☐☐의 개념과 교정 방법 ↔ ☐☐의 개념과 교정 방법

내용 읽기

❶ 각 문장을 읽고, 잘 이해했으면 □에 ✔처럼 체크해 보세요.
❷ 각 문장을 잘 이해하지 못했으면 점선을 따라 밑줄을 그어 보세요.

➡ 밑줄 그은 문장의 앞뒤 문장의 내용을 살펴보면서 다시 천천히 읽어 보세요.
또 문단별 중심 내용의 빈칸을 채워 보세요.

어휘 읽기

❶ 어려운 어휘는 날개에서 그 뜻을 밝혔어요.
❷ 어휘 이외에 잘 모르는 어휘는 스스로 어휘 표시하고 사전에서 뜻을 찾아 써 보세요.

➡ 어휘 뜻을 알고 문장을 다시 읽어 보세요.

1 문단 우리는 어떤 과정을 거쳐 물체를 보는 것일까?□ 우리가 물체를 볼 수 있는 것은 광원에서 나온 빛이 물체에서 반사되어 우리 눈에 들어오기 때문이다.□ 물체에서 온 빛은 눈의 앞쪽 바깥을 감싸는 투명한 막인 각막과 그 안쪽에 있는 수정체를 통과하면서 굴절된 뒤, 눈 안을 채우고 있는 투명한 물질인 유리체를 지나 망막에 상을 맺는다.□ 그러면 망막의 시각 세포가 빛 자극을 받아들이고, 이 자극이 시각 신경을 통해 뇌로 전달되어 물체를 볼 수 있게 되는 것이다.□

1 문단 중심 내용 ☐☐를 보는 과정

• **각막**: 눈알의 앞쪽 바깥쪽을 이루는 투명한 막.
• **수정체**: 각막과 망막 사이에 있는 두께가 4mm, 지름이 8mm 정도 되는 캡슐 형태의 기관.
• **굴절되다**: 휘어져서 꺾이다.
• **유리체**: 수정체와 망막 사이의 안구 속을 채우고 있는 반고체의 투명한 물질.
• **상**: 광원에서 비치는 빛이 거울이나 렌즈에 의하여 반사하거나 굴절한 뒤에 다시 모여서 생긴 원래 물체의 형상.
• **자극**: 생체에 작용하여 반응을 일으키게 하는 일. 또는 그런 작용의 요인.
• _____

 그림으로 쌓는 배 경 지 식

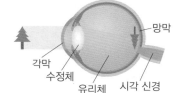

▲ 눈의 구조

---

4 1문단을 읽고, ㉠~㉤ 중에서 **1**~**4**의 괄호 안에 들어갈 알맞은 기호를 찾아 쓰세요.

㉠ 상	㉡ 빛	㉢ 망막
㉣ 수정체	㉤ 시각 세포	

꿀팁 각 문단에서 기호의 단어를 찾아 동그라미 표시하면 더 쉽게 풀 수 있어요!

1 물체에서 온 빛은 우리 눈에서 무엇을 통과하면서 굴절되나요?

각막과 ( )

2 우리 눈에서 물체의 상이 맺히는 곳은 어디인가요? ( )

3 우리 눈에 들어온 빛은 어떤 과정을 거쳐 뇌로 전달되나요?

빛 → 각막 → 수정체 → 유리체 → 망막의 ( ) → 시각 신경 → 뇌

4 물체를 보는 과정

물체를 볼 수 있는 까닭

광원에서 나온 ( )이 물체에서 반사되어 우리 눈에 들어오기 때문에

눈의 구조와 기능

• 각막과 수정체: 빛을 굴절시킴.
• 유리체: 눈 안을 채우고 있는 투명한 물질
• 망막: ( )이 맺히는 부분

빛 자극이 전달되는 경로

빛 → 각막 → 수정체 → 유리체 → 망막의 시각 세포 → 시각 신경 → 뇌

②문단 물체를 선명하게 보기 위해서는 망막에 또렷한 상이 맺혀야 한다.■ 즉 초점이 잘 맞아야 하는데, 우리 눈에서 초점을 조절하는 역할을 하는 것은 수정체이다.■ 수정체는 물체와의 거리에 따라 두께가 변하면서 눈에 들어온 빛을 적당하게 굴절시켜 망막에 또렷한 상이 맺히게 한다.■ 먼 곳을 볼 때는 수정체의 두께가 얇아지고 가까운 곳을 볼 때는 수정체의 두께가 두꺼워지는 것이다.■ 이때 수정체의 두께는 수정체를 둘러싸고 있는 섬모체에 의해 변한다.■ 그런데 눈에 이상이 생기면 상이 망막에 맺히지 않고 망막 앞이나 뒤에 맺히는 원시나 근시가 발생한다.■

2문단 중심 내용 ☐☐☐의 초점 조절

- **초점**: 렌즈나 구면 거울 따위에서 입사 평행 광선이 한곳으로 모이는 점.
- **섬모체**: 눈 안의 수정체를 둘러싸고 있는 근육성의 조직. 줄어들거나 늘어나면서 수정체의 두께를 조절한다.
- **이상**: 정상적인 상태와 다름.

그림으로 쌓는 배 경 지 식

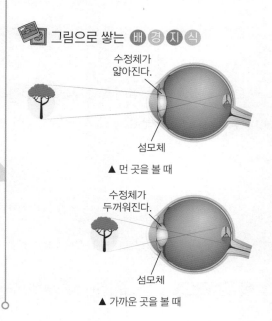

수정체가 얇아진다.

섬모체

▲ 먼 곳을 볼 때

수정체가 두꺼워진다.

섬모체

▲ 가까운 곳을 볼 때

정답과 해설 16쪽

5 2문단을 읽고, ㉠~㉤ 중에서 **1**~**4**의 괄호 안에 들어갈 알맞은 기호를 찾아 쓰세요.

> ㉠ 얇아   ㉡ 두께   ㉢ 망막
> ㉣ 섬모체   ㉤ 수정체

1 물체와의 거리에 따라 눈에 들어온 빛을 적당하게 굴절시켜 망막에 또렷한 상이 맺히게 하는 것은 무엇인가요? (   )

2 먼 곳을 볼 때와 가까운 곳을 볼 때 수정체의 두께는 어떻게 달라지나요?

> 먼 곳을 볼 때는 수정체의 두께가 (   )지고 가까운 곳을 볼 때는 수정체의 두께가 두꺼워진다.

3 눈에서 수정체의 두께를 조절하는 부분의 이름은 무엇인가요? (   )

4

수정체의 초점 조절

수정체의 초점 조절 방법

- 물체를 선명하게 보기 위해서는 망막에 또렷한 상이 맺혀야 함.
- 수정체는 물체와의 거리에 따라 두께가 변하면서 망막에 또렷한 상이 맺히게 함.
- 수정체의 (   )는 섬모체에 의해 변함.

먼 곳을 볼 때	수정체의 두께가 얇아짐.
가까운 곳을 볼 때	수정체의 두께가 두꺼워짐.

원시나 근시의 발생

눈에 이상이 생기면 상이 (   ) 앞이나 뒤에 맺히는 원시나 근시가 발생

3 문단 그렇다면 가까운 곳을 볼 때 상이 망막의 뒤쪽에 맺히는 원시의 경우 어떤 렌즈를 통해 교정할 수 있을까?■ 원시는 멀리 있는 물체는 잘 볼 수 있지만, 가까이 있는 물체는 잘 볼 수 없는 시력을 말한다.■ 원시는 안구의 앞뒤 길이가 정상보다 짧거나, 수정체가 정상보다 얇아서 초점이 망막보다 뒤쪽에서 맺힐 때 발생한다.■ 이럴 경우 볼록 렌즈를 이용해 교정하면 된다.■ <그림 1>과 같이 볼록 렌즈는 가운데 부분이 볼록한 형태로, 볼록 렌즈에 나란히 들어온 빛은 렌즈를 통과하면서 굴절되어 한 점에 모인다.■ 볼록 렌즈가 빛을 모아 상이 원래보다 앞에 맺히게 해서 망막에 상이 맺힐 수 있도록 하는 것이다.■

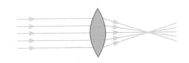

<그림 1> 볼록 렌즈에서 빛의 굴절

3문단 중심 내용 ☐☐의 개념과 교정 방법

- **교정하다:** 틀어지거나 잘못된 것을 바로잡다.
- **시력:** 물체의 존재나 형상을 인식하는 눈의 능력.
- **안구:** 척추동물의 시각 기관인 눈구멍 안에 박혀 있는 공 모양의 기관.
- **볼록 렌즈:** 가운데가 볼록한 렌즈.

그림으로 쌓는 배 경 지 식

수정체   망막

원시

볼록 렌즈   교정 후

▲ 원시의 교정 방법

---

6 3문단을 읽고, ㉠~㉤ 중에서 ▮~▮의 괄호 안에 들어갈 알맞은 기호를 찾아 쓰세요.

㉠ 앞	㉡ 뒤	㉢ 원시
㉣ 얇은	㉤ 볼록 렌즈	

▮ 멀리 있는 물체는 잘 볼 수 있지만 가까이 있는 물체는 잘 볼 수 없는 시력을 무엇이라고 하나요?　　　　(　　　)

▮ 원시가 발생하는 원인은 무엇인가요?

- 안구의 앞뒤 길이가 정상보다 짧은 경우
- 수정체가 정상보다 (　　　) 경우

▮ 원시를 교정하기 위해 사용하는 렌즈는 무엇인가요? (　　　)

4

원시의 개념과 교정 방법

원시의 개념

- 멀리 있는 물체는 잘 볼 수 있지만 가까이 있는 물체는 잘 볼 수 없는 시력
- 안구의 앞뒤 길이가 정상보다 짧거나, 수정체가 정상보다 얇아서 초점이 망막보다 (　　　) 쪽에서 맺힐 때 발생

원시의 교정 방법

- 볼록 렌즈를 이용해 교정
- 볼록 렌즈에 나란히 들어온 빛은 렌즈를 통과하면서 굴절되어 한 점에 모임.
- 볼록 렌즈가 빛을 모아 상이 원래보다 (　　　)에 맺히게 해서 망막에 상이 맺힐 수 있도록 함.

4문단 이와 달리 먼 곳을 볼 때 상이 망막의 앞쪽에 맺히는 근시의 경우에는 어떤 렌즈를 통해 교정할 수 있을까?▨ 근시는 가까이 있는 것은 잘 보이지만, 멀리 있는 것은 초점이 맞지 않아서 흐릿하게 보이는 시력이다.▨ 근시는 안구의 앞뒤 길이가 정상보다 길거나, 수정체가 정상보다 두꺼워서 초점이 망막보다 앞쪽에서 맺힐 때 발생한다.▨ 이때는 오목 렌즈를 이용해 시력을 교정하면 된다.▨ <그림 2>와 같이 오목 렌즈는 가운데 부분이 오목한 형태로, 오목 렌즈에 나란히 들어온 빛은 렌즈를 통과하면서 굴절되어 퍼진다.▨ 오목 렌즈가 빛을 바깥으로 퍼뜨려 상이 원래보다 뒤에 맺히게 하는 것이다.▨

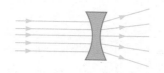

<그림 2> 오목 렌즈에서 빛의 굴절

4문단 중심 내용 [ ][ ]의 개념과 교정 방법

• **흐릿하다**: 조금 흐린 듯하다.
• **오목 렌즈**: 가운데가 얇고 가장자리로 갈수록 두꺼워지는 렌즈. 빛을 발산하는 작용을 하므로 근시의 교정 등에 쓴다.

그림으로 쌓는 배 경 지 식

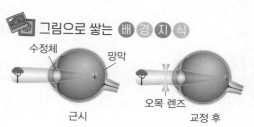
수정체   망막

오목 렌즈
근시   교정 후

▲ 근시의 교정 방법

정답과 해설 16쪽

7 4문단을 읽고, ㉠~㉤ 중에서 ■~■의 괄호 안에 들어갈 알맞은 기호를 찾아 쓰세요.

| ㉠ 앞 | ㉡ 뒤 | ㉢ 근시 |
| ㉣ 두꺼운 | ㉤ 오목 렌즈 | |

1 가까이 있는 것은 잘 보이지만 멀리 있는 것은 잘 보이지 않는 시력을 무엇이라고 하나요?　　　　　(　　)

2 근시가 발생하는 원인은 무엇인가요?

　• 안구의 앞뒤 길이가 정상보다 긴 경우
　• 수정체가 정상보다 (　　) 경우

3 근시를 교정하기 위해 사용하는 렌즈는 무엇인가요? (　　)

4 　　　　　근시의 개념과 교정 방법

　　　　　근시의 개념

• 가까이 있는 것은 잘 보이지만, 멀리 있는 것은 잘 보이지 않는 시력
• 안구의 앞뒤 길이가 정상보다 길거나, 수정체가 정상보다 두꺼워서 초점이 망막보다 (　　) 쪽에 맺힐 때 발생

　　　　　근시의 교정 방법

• 오목 렌즈를 이용해 교정
• 오목 렌즈에 나란히 들어온 빛은 렌즈를 통과하면서 굴절되어 퍼짐.
• 오목 렌즈가 빛을 바깥으로 퍼뜨려 상이 원래보다 (　　) 에 맺히게 함.

①문단 우리는 어떤 과정을 거쳐 물체를 보는 것일까? 우리가 물체를 볼 수 있는 것은 광원에서 나온 빛이 물체에서 반사되어 우리 눈에 들어오기 때문이다. 물체에서 온 빛은 눈의 앞쪽 바깥을 감싸는 투명한 막인 각막과 그 안쪽에 있는 수정체를 통과하면서 굴절된 뒤, 눈 안을 채우고 있는 투명한 물질인 유리체를 지나 망막에 상을 맺는다. 그러면 망막의 시각 세포가 빛 자극을 받아들이고, 이 자극이 시각 신경을 통해 뇌로 전달되어 물체를 볼 수 있게 되는 것이다.

②문단 물체를 선명하게 보기 위해서는 망막에 또렷한 상이 맺혀야 한다. 즉 초점이 잘 맞아야 하는데, 우리 눈에서 초점을 조절하는 역할을 하는 것은 수정체이다. 수정체는 물체와의 거리에 따라 두께가 변하면서 눈에 들어온 빛을 적당하게 굴절시켜 망막에 또렷한 상이 맺히게 한다. 먼 곳을 볼 때는 수정체의 두께가 얇아지고 가까운 곳을 볼 때는 수정체의 두께가 두꺼워지는 것이다. 이때 수정체의 두께는 수정체를 둘러싸고 있는 섬모체에 의해 변한다. 그런데 눈에 이상이 생기면 상이 망막에 맺히지 않고 망막 앞이나 뒤에 맺히는 원시나 근시가 발생한다.

③문단 그렇다면 가까운 곳을 볼 때 상이 망막의 뒤쪽에 맺히는 원시의 경우 어떤 렌즈를 통해 교정할 수 있을까? 원시는 멀리 있는 물체는 잘 볼 수 있지만, 가까이 있는 물체는 잘 볼 수 없는 시력을 말한다. 원시는 안구의 앞뒤 길이가 정상보다 짧거나, 수정체가 정상보다 얇아서 초점이 망막보다 뒤쪽에서 맺힐 때 발생한다. 이럴 경우 볼록 렌즈를 이용해 교정하면 된다. <그림 1>과 같이 볼록 렌즈는 가운데 부분이 볼록한 형태로, 볼록 렌즈에 나란히 들어온 빛은 렌즈를 통과하면서 굴절되어 한 점에 모인다. 볼록 렌즈가 빛을 모아 상이 원래보다 앞에 맺히게 해서 망막에 상이 맺힐 수 있도록 하는 것이다.

④문단 이와 달리 먼 곳을 볼 때 상이 망막의 앞쪽에 맺히는 근시의 경우에는 어떤 렌즈를 통해 교정할 수 있을까? 근시는 가까이 있는 것은 잘 보이지만, 멀리 있는 것은 초점이 맞지 않아서 흐릿하게 보이는 시력이다. 근시는 안구의 앞뒤 길이가 정상보다 길거나, 수정체가 정상보다 두꺼워서 초점이 망막보다 앞쪽에서 맺힐 때 발생한다. 이때는 오목 렌즈를 이용해 시력을 교정하면 된다. <그림 2>와 같이 오목 렌즈는 가운데 부분이 오목한 형태로, 오목 렌즈에 나란히 들어온 빛은 렌즈를 통과하면서 굴절되어 퍼진다. 오목 렌즈가 빛을 바깥으로 퍼뜨려 상이 원래보다 뒤에 맺히게 하는 것이다.

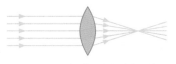

<그림 1> 볼록 렌즈에서 빛의 굴절

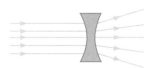

<그림 2> 오목 렌즈에서 빛의 굴절

✦꿀팁
지문에서 설명한 원시와 근시의 개념을 이해하고, 지문에 제시된 그림을 참고하여 각각의 교정 방법을 파악해야 해요. 눈의 구조와 기능을 다루는 생명과학과 렌즈의 특성을 다루는 물리학이 융합된 지문이므로 각각의 개념을 정확히 이해하고 적용할 수 있어야 해요.

8 윗글의 내용과 일치하지 <u>않는</u> 것은?

① 섬모체는 수정체의 두께를 조절한다.

② 물체를 선명하게 보기 위해서는 망막에 상이 또렷하게 맺혀야 한다.

③ 눈과 물체 사이의 거리에 따라 수정체의 두께가 변하면서 초점을 맞춘다.

④ 수정체가 정상보다 얇아서 초점이 망막보다 뒤에 맺힐 경우 원시가 발생한다.

⑤ 오목 렌즈에 나란히 들어온 빛은 렌즈를 통과하면서 굴절되어 한 점에 모인다.

9 보기 는 빛 자극이 전달되는 경로를 나타낸 것이다. ⓐ~ⓔ에 대한 설명으로 적절하지 <u>않은</u> 것은?

보기

빛 → 각막 → 수정체 → 유리체 → 망막의 시각 세포 → 시각 신경 → 뇌
⋮   ⋮   ⋮   ⋮   ⋮   ⋮
ⓐ   ⓑ   ⓒ   ⓓ   ⓔ

① ⓐ는 눈의 앞쪽에 있는 투명한 막이다.

② ⓑ는 빛을 굴절시킨다.

③ ⓒ는 눈 속을 채우고 있는 투명한 물질이다.

④ ⓓ는 빛의 양을 조절한다.

⑤ ⓔ는 빛 자극을 뇌로 전달한다.

10 윗글을 바탕으로 다음의 ㉠, ㉡에 대해 이해한 내용으로 적절하지 <u>않은</u> 것은?

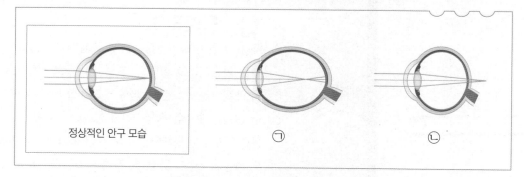

① ㉠과 ㉡은 모두 망막에 상이 정확히 맺히지 못하고 있다.

② ㉠은 안구의 앞뒤 길이가 정상보다 길고, ㉡은 안구의 앞뒤 길이가 정상보다 짧다.

③ ㉠은 멀리 있는 물체가 잘 보이지 않고, ㉡은 가까이 있는 물체가 잘 보이지 않는다.

④ ㉠을 교정할 때는 오목 렌즈를 이용하여 상이 원래보다 뒤에 맺히게 해야 한다.

⑤ ㉡을 교정할 때는 볼록 렌즈를 이용하여 빛을 바깥으로 퍼뜨려 상이 원래보다 앞에 맺히도록 해야 한다.

스스로
평가

1회독
☺ ☹

2회독
☺ ☹

3회독
☺ ☹

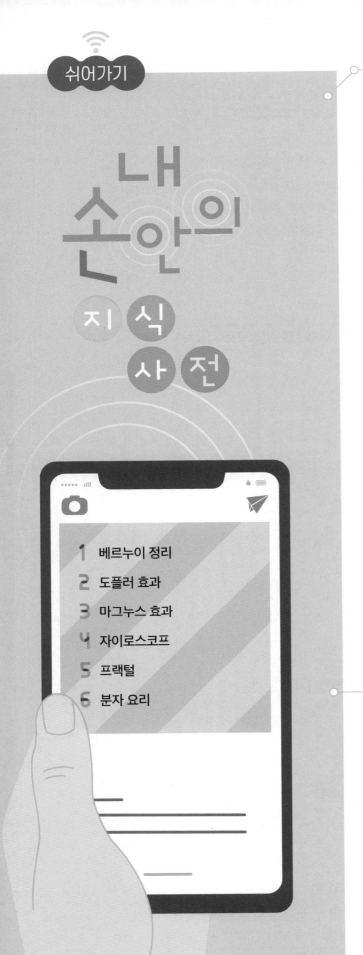

내 손안의 지식 사전

1 베르누이 정리

액체와 기체를 아울러 유체라고 합니다. 실제 유체는 점성과 압축성이 있어 유체의 운동을 분석하고 다루기가 어렵습니다. 그래서 점성이나 압축성이 없는 가상의 유체를 가정하는데, 이를 이상 유체라고 합니다. 베르누이 정리는 이상 유체에 대하여 유체의 속도가 빨라지면 압력이 낮아진다는 정리입니다. 1738년에 스위스의 물리학자 베르누이가 발표하였습니다. 예를 들어 얇은 종이의 한쪽을 손으로 잡고 종이의 위쪽을 세게 불면 종이가 위로 올라갑니다. 입으로 바람을 불면 종이의 위쪽에 있는 공기가 빨리 흐르면서 압력이 낮아져 종이가 위로 올라가는 것입니다. 베르누이 정리를 적용할 수 있는 또 다른 예로는 비행기의 날개가 있습니다. 비행기가 공기 속에서 움직이면 날개 위쪽의 공기가 날개 아래쪽의 공기보다 빠르게 흐르면서 날개 위쪽과 아래쪽에 압력 차이가 발생합니다. 즉 날개 위쪽의 압력이 낮아져 날개는 위쪽으로 양력을 받아 하늘을 날 수 있습니다.

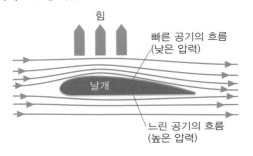

힘 / 빠른 공기의 흐름 (낮은 압력) / 날개 / 느린 공기의 흐름 (높은 압력)

2 도플러 효과

한곳에서 만들어진 진동이 주위로 퍼져 나가는 것을 파동이라고 합니다. 그리고 파동을 전달하는 물질을 매질이라고 하는데, 파동이 진행할 때 매질이 1초 동안 진동한 횟수를 진동수라고 합니다. 도플러 효과는 파동을 일으키는 물체와 관측자 사이의 거리가 가까워질수록 파동의 진동수가 높게, 거리가 멀어질수록 파동의 진동수가 낮게 관측되는 현상입니다. 1842년에 오스트리아의 물리학자인 도플러가 발견하였습니다. 소리의 경우 진동수가 높을수록 높은 소리가 나는데, 사이렌을 울리며 달려오는 구급차의 사이렌 소리가 높게 들리다가 지나가면 소리가 낮아지는 현상은 도플러 효과에 의한 것입니다.

3 마그누스 효과

공기와 같은 유체 속에서 물체가 회전하면서 지나갈 때, 압력 차이로 인해 물체의 경로가 휘어지는 현상입니다. 1852년에 독일의 물리학자인 마그누스가 포탄의 탄도를 연구하다가 발견했습니다. 마그누스 효과에 의해 나타나는 대표적인 현상에는 야구의 커브 볼이나 축구의 바나나킥 등이 있습니다. 공을 던지거나 찰 때 인위적으로 공에 회전을 주어 공의 경로를 휘어지게 만드는 것입니다. 예를 들어 축구공을 찰 때 중앙보다 오른쪽을 차면 공이 시계 반대 방향으로 회전하며 나아가게 됩니다. 그러면 공의 왼쪽은 공의 회전 방향과 같은 방향으로 공기가 흐르므로 공기의 흐름이 빨라지고, 공의 오른쪽은 공의 회전 방향과 반대 방향으로 공기가 흐르므로 공기 저항이 생겨 공기의 흐름이 느려집니다. 베르누이 정리에 의하면 공기의 흐름이 빠른 공의 왼쪽은 압력이 낮아지고, 공기의 흐름이 느린 공의 오른쪽은 압력이 높아집니다. 따라서 마그누스 힘은 왼쪽으로 작용하게 되고 공은 왼쪽으로 휘어집니다.

4 자이로스코프

바퀴의 축을 삼중의 고리에 연결해 어느 방향이든 회전할 수 있도록 만든 장치를 자이로스코프라고 합니다. 바퀴가 회전할 때 기계의 방향이 바뀌더라도 회전축이 일정하게 유지되는데, 이런 성질을 이용하여 자이로스코프는 방향을 알아내고 유지하는 데 쓰입니다. 주로 로켓, 항공기, 선박 등의 자세를 제어하는 데 사용되며, 최근에는 초소형 전자 부품으로 만들어져 스마트폰 등 전자 기기에 널리 사용되고 있습니다.

5 프랙털

작은 부분이 전체의 형태와 닮은 도형을 프랙털이라고 합니다. 프랙털이란 말은 '부서지다'라는 뜻의 라틴어에서 따온 말입니다. 프랑스의 수학자 망델브로가 제시한 개념입니다. 고사리 잎, 브로콜리, 번개, 복잡한 모양의 해안선 등 자연에서도 프랙털 구조를 발견할 수 있습니다. 예를 들어 고사리 잎을 살펴보면 전체 잎은 자신을 닮은 작은 잎으로 이루어져 있고, 작은 잎은 더 작은 잎으로 이루어져 있습니다.

6 분자 요리

분자 요리란 음식의 맛이나 질감, 요리법 등을 과학적으로 분석해 변형시키거나 새롭게 창조하는 것을 말합니다. 음식을 분자 수준까지 연구하고 분석한다고 해서 붙여진 이름입니다. 알긴산 나트륨이나 액체 질소 등을 이용하여 새로운 맛과 질감을 가진 분자 요리를 만들어 냅니다.

사례 구조

생활기술

01 적정 기술

1회독 구조 읽기

①문단 적정 기술이란 기술이 사용되는 지역의 환경적, 사회적, 문화적 조건에 맞는 기술로, 궁극적으로 지역 주민의 삶의 질을 향상할 수 있는 기술을 말한다. 제삼 세계 등 소외된 지역의 문제를 해결하기 위해 도입된 선진국의 첨단 기술이 문제를 해결하기보다 오히려 지역에 해를 끼친 데 대한 반성으로 등장한 개념이다. 적정 기술은 현지의 재료와 자원을 활용해 비용이 저렴하고, 현지의 노동력을 활용하며, 누구나 쉽게 사용하고 관리할 수 있는 것이 특징이다. 적정 기술의 사례로는 와카 워터, 쉐플러 조리기, 항아리 냉장고 등이 있다.

주제

②문단 와카 워터는 공기 중의 수증기를 모아 물을 얻는 기구이다. 에티오피아를 여행하던 한 디자이너가 물 부족 문제에 시달리는 사람들을 목격하고 이들을 돕기 위해 와카 워터를 고안했다. 와카 워터는 10m 정도 높이의 탑으로, 대나무 등을 엮어 만든 틀 안에 나일론 그물이 매달려 있는 구조이다. 그리고 바닥 가운데는 물을 모을 수 있는 그릇이 있다. 와카 워터는 낮과 밤의 기온 차가 큰 아프리카의 지역적 특성을 활용하여, 공기 중의 수증기가 응결하여 물방울이 되는 원리를 이용한 것이다. 공기 중에는 수증기가 포함되어 있는데, 이 수증기가 차가운 공기 등을 만나면 응결하여 물방울로 변한다. 밤새 그물에 맺힌 물방울은 그물을 타고 내려가 바닥에 있는 그릇에 모인다.

사례 1

③문단 쉐플러 조리기는 태양열을 이용해 음식을 익히는 기구이다. 독일의 발명가 볼프강 쉐플러는 오랜 시간 땔감을 구하러 다니고 불을 땔 때 나오는 연기로 폐 질환에 걸리는 사람들을 돕기 위해 쉐플러 조리기를 고안했다. 쉐플러 조리기는 커다란 포물면 모양의 반사판으로 태양열을 한곳에 모아 음식을 익힌다. 태양이 비추는 방향에 맞추어 반사판이 스스로 움직이도록 설계되어 있어 태양열을 계속해서 한곳에 모을 수 있다. 쉐플러는 누구나 쉐플러 조리기를 사용할 수 있도록 특허를 내지 않고, 인도와 아프리카 등에 기술을 전수했다. 쉐플러 조리기는 태양열을 이용하기 때문에 연료가 필요 없고, 오염 물질을 배출하지 않아 친환경적이다.

사례 2

④문단 항아리 냉장고는 전기를 사용하지 않고 음식을 오래 보관할 수 있는 기구이다. 나이지리아의 한 교사가 냉장고를 사용할 수 없는 지역 주민을 위해 항아리 냉장고를 고안했다. 항아리 냉장고는 큰 항아리 안에 작은 항아리가 들어 있고, 두 항아리 사이에는 젖은 모래가 채워져 있는 구조이다. 작은 항아리 안에 과일이나 채소 등 보관할 식료품을 넣고 입구를 젖은 천으로 덮어 사용한다. 두 항아리 사이의 젖은 모래에서 물이 증발하면서 작은 항아리 내부의 열을 빼앗아가 온도가 낮아지는 원리이다. 항아리 냉장고의 사용으로 판매할 식료품의 보관 기간이 늘어나면서 농부들의 판매 수입이 증가했다. 또 항아리 냉장고를 현지에서 생산하면서 지역 내 일자리도 창출되었다.

사례 3

✚꿀팁
1회독에서는 지문의 전체 내용이 완벽하게 이해되지 않아도 괜찮아요!

1 윗글과 아래 대화를 읽고 여러분은 윗글의 내용 중 어떤 점에 흥미가 생겼는지 생각해 봅시다.

텔레비전에서 다큐멘터리를 봤는데, 세계 곳곳에 물이 부족한 곳이나 깨끗한 식수를 구하기 어려운 곳이 많더라.

흠. 그러면 깨끗한 물이 나오는 최신 정수기를 주면 도움이 되지 않을까?

하지만 정수기를 사용하려면 전기가 필요하고, 필터 청소 등 지속적인 관리가 필요하잖아.

그러면 전기도 필요 없고, 필터도 자주 교체할 필요가 없는 정수기가 있으면 좋겠는데……

2 윗글에서 가장 중요한 내용이나 주제어를 아래 빈칸에 써 보세요.

□ □ □ □

3 윗글을 아래와 같은 구조로 정리한다고 할 때 빈칸에 알맞은 말을 써 보세요.

적정 기술

□ □ □ □

쉐플러 조리기

항아리 □ □ □

내용 읽기

① 각 문장을 읽고, 잘 이해했으면 □에 ✔처럼 체크해 보세요.
② 각 문장을 잘 이해하지 못했으면 점선을 따라 밑줄을 그어 보세요.

➡ 밑줄 그은 문장의 앞뒤 문장의 내용을 살펴보면서 다시 천천히 읽어 보세요.
또 문단별 중심 내용의 빈칸을 채워 보세요.

어휘 읽기

① 어려운 어휘는 날개에서 그 뜻을 밝혔어요.
② 어휘 이외에 잘 모르는 어휘는 스스로 어휘 표시하고 사전에서 뜻을 찾아 써 보세요.

➡ 어휘 뜻을 알고 문장을 다시 읽어 보세요.

①문단 적정 기술이란 기술이 사용되는 지역의 환경적, 사회적, 문화적 조건에 맞는 기술로, 궁극적으로 지역 주민의 삶의 질을 향상할 수 있는 기술을 말한다.□ 제삼 세계 등 소외된 지역의 문제를 해결하기 위해 도입된 선진국의 첨단 기술이 문제를 해결하기보다 오히려 지역에 해를 끼친 데 대한 반성으로 등장한 개념이다.□ 적정 기술은 현지의 재료와 자원을 활용해 비용이 저렴하고, 현지의 노동력을 활용하며, 누구나 쉽게 사용하고 관리할 수 있는 것이 특징이다.□ 적정 기술의 사례로는 와카 워터, 쉐플러 조리기, 항아리 냉장고 등이 있다.□

- **궁극적**: 더할 나위 없는 지경에 도달하는 것.
- **제삼 세계**: 제이 차 세계 대전 후, 아시아·아프리카·라틴 아메리카의 개발 도상국을 이르는 말.
- **선진국**: 다른 나라보다 정치·경제·문화 등의 발달이 앞선 나라.
- **첨단**: 시대 사조, 학문, 유행 등의 맨 앞장.
- **노동력**: 생산품을 만드는 데에 소요되는 인간의 정신적·육체적인 모든 능력.
- **사례**: 어떤 일이 전에 실제로 일어난 예.
- _____

1문단 중심 내용 □□□□의 개념과 특징

---

4 1문단을 읽고, ㉠~㉤ 중에서 ■~■의 괄호 안에 들어갈 알맞은 기호를 찾아 쓰세요.

| ㉠ 삶 | ㉡ 재료 | ㉢ 환경적 |
| ㉣ 노동력 | ㉤ 적정 기술 | |

꿀팁 각 문단에서 기호의 단어를 찾아 동그라미 표시하면 더 쉽게 풀 수 있어요!

1 기술이 사용되는 지역의 환경적, 사회적, 문화적 조건에 맞는 기술을 무엇이라고 하나요? ( )

2 적정 기술의 궁극적인 목표는 무엇인가요?

지역 주민의 ( ) 의 질을 향상할 수 있는 기술

3 적정 기술의 특징은 무엇인가요?

현지의 ( ) 와 자원을 활용해 비용이 저렴하고, 현지의 노동력을 활용하며, 누구나 쉽게 사용하고 관리할 수 있다.

4 적정 기술의 개념과 특징

적정 기술의 개념
- 기술이 사용되는 지역의 ( ) , 사회적, 문화적 조건에 맞는 기술
- 궁극적으로 지역 주민의 삶의 질을 향상할 수 있는 기술

적정 기술의 특징
- 현지의 재료와 자원을 활용해 비용이 저렴
- 현지의 ( ) 을 활용
- 누구나 쉽게 사용하고 관리할 수 있음.

적정 기술의 사례
와카 워터, 쉐플러 조리기, 항아리 냉장고 등

2문단   와카 워터는 공기 중의 수증기를 모아 물을 얻는 기구이다.■ 에티오피아를 여행하던 한 디자이너가 물 부족 문제에 시달리는 사람들을 목격하고 이들을 돕기 위해 와카 워터를 고안했다.■ 와카 워터는 10m 정도 높이의 탑으로, 대나무 등을 엮어 만든 틀 안에 나일론 그물이 매달려 있는 구조이다.■ 그리고 바닥 가운데는 물을 모을 수 있는 그릇이 있다.■ 와카 워터는 낮과 밤의 기온 차가 큰 아프리카의 지역적 특성을 활용하여, 공기 중의 수증기가 응결하여 물방울이 되는 원리를 이용한 것이다.■ 공기 중에는 수증기가 포함되어 있는데, 이 수증기가 차가운 공기 등을 만나면 응결하여 물방울로 변한다.■ 밤새 그물에 맺힌 물방울은 그물을 타고 내려가 바닥에 있는 그릇에 모인다.■

2문단 중심 내용 적정 기술 사례 ①

- ☐☐☐☐의 구조와 원리

- **목격하다**: 눈으로 직접 보다.
- **고안하다**: 연구하여 새로운 안을 생각해 내다.
- **나일론**: 폴리아마이드 계열의 합성 섬유. 가볍고 부드럽고 탄력성이 강하나 습기를 빨아들이는 힘이 약하다.
- **응결하다**: 포화 증기의 온도 저하 또는 압축에 의하여 증기의 일부가 액체로 변하다.

📷 그림으로 쌓는 (배)(경)(지)(식)

▲ 응결 현상의 예 - 풀잎에 맺힌 이슬

정답과 해설 18쪽

5   2문단을 읽고, ㉠~㉣ 중에서 **1**~**4**의 괄호 안에 들어갈 알맞은 기호를 찾아 쓰세요.

㉠ 기온	㉡ 응결	㉢ 그물
㉣ 와카 워터	㉤ 물 부족 문제	

1 적정 기술의 사례 중 공기 중의 수증기를 모아 물을 얻는 기구는 무엇인가요?   (   )

2 와카 워터는 어떤 문제를 해결하기 위해 고안되었나요?
    (   )

3 와카 워터의 원리는 무엇인가요?

> 낮과 밤의 기온 차가 클 때 공기 중의 수증기가 (   ) 하여 물방울이 되는 원리

4 ┌─ 적정 기술 사례 ① - 와카 워터 ─┐

- 공기 중의 수증기를 모아 물을 얻는 기구
- 한 디자이너가 물 부족 문제에 시달리는 사람들을 돕기 위해 고안

와카 워터의 구조와 원리

구조	• 대나무 등을 엮어 만든 틀 안에 나일론 ( ) 이 매달려 있음. • 바닥 가운데는 물을 모을 수 있는 그릇이 있음.
원리	• 낮과 밤의 ( ) 차가 큰 아프리카의 지역적 특성을 활용 • 공기 중의 수증기가 응결하여 물방울이 되는 원리를 이용

❸문단 쉐플러 조리기는 태양열을 이용해 음식을 익히는 기구이다.■ 독일의 발명가 볼프강 쉐플러는 오랜 시간 땔감을 구하러 다니고 불을 땔 때 나오는 연기로 폐 질환에 걸리는 사람들을 돕기 위해 쉐플러 조리기를 고안했다.■ 쉐플러 조리기는 커다란 포물면 모양의 반사판으로 태양열을 한곳에 모아 음식을 익힌다.■ 태양이 비추는 방향에 맞추어 반사판이 스스로 움직이도록 설계되어 있어 태양열을 계속해서 한곳에 모을 수 있다.■ 쉐플러는 누구나 쉐플러 조리기를 사용할 수 있도록 특허를 내지 않고, 인도와 아프리카 등에 기술을 전수했다.■ 쉐플러 조리기는 태양열을 이용하기 때문에 연료가 필요 없고, 오염 물질을 배출하지 않아 친환경적이다.■

3문단 중심 내용 적정 기술 사례 ②
- ☐☐☐☐☐☐의 구조와 원리

- **태양열**: 태양에서 나와 지구에 도달하는 열.
- **땔감**: 불을 때는 데 쓰는 재료.
- **포물면**: 이차 곡면 중 하나. 포물면 거울의 경우 축과 평행하게 들어온 빛은 전부 거울에 반사되어 초점에 모이는 특성이 있다.
- **친환경적**: 자연환경을 오염하지 않고 자연 그대로의 환경과 잘 어울리는 것.

그림으로 쌓는 **배 경 지 식**

▲ 포물면의 이용 - 포물면 안테나

---

6 3문단을 읽고, ㉠~㉤ 중에서 **1**~**4**의 괄호 안에 들어갈 알맞은 기호를 찾아 쓰세요.

| ㉠ 태양 | ㉡ 태양열 | ㉢ 포물면 |
| ㉣ 볼프강 쉐플러 | ㉤ 쉐플러 조리기 | |

1 적정 기술의 사례 중 태양열을 이용해 음식을 익히는 기구는 무엇인가요?　　　　　　　　　　(　)

2 쉐플러 조리기를 고안한 사람은 누구인가요?　　(　)

3 쉐플러 조리기의 원리는 무엇인가요?

> 커다란 포물면 모양의 반사판으로 (　　　　)을 한곳에 모아 음식을 익힌다.

4 적정 기술 사례 ② - 쉐플러 조리기

- 태양열을 이용해 음식을 익히는 기구
- 독일의 발명가 볼프강 쉐플러가 오랜 시간 땔감을 구하러 다니고 불을 땔 때 나오는 연기로 폐 질환에 걸리는 사람들을 돕기 위해 고안

쉐플러 조리기의 구조와 원리

- 커다란 (　　　　) 모양의 반사판으로 태양열을 한곳에 모아 음식을 익힘.
- (　　　　) 이 비추는 방향에 맞추어 반사판이 스스로 움직임.
- 연료가 필요 없고, 오염 물질을 배출하지 않아 친환경적

④문단 항아리 냉장고는 전기를 사용하지 않고 음식을 오래 보관할 수 있는 기구이다.■ 나이지리아의 한 교사가 냉장고를 사용할 수 없는 지역 주민을 위해 항아리 냉장고를 고안했다.■ 항아리 냉장고는 큰 항아리 안에 작은 항아리가 들어 있고, 두 항아리 사이에는 젖은 모래가 채워져 있는 구조이다.■ 작은 항아리 안에 과일이나 채소 등 보관할 식료품을 넣고 입구를 젖은 천으로 덮어 사용한다.■ 두 항아리 사이의 젖은 모래에서 물이 증발하면서 작은 항아리 내부의 열을 빼앗아가 온도가 낮아지는 원리이다.■ 항아리 냉장고의 사용으로 판매할 식료품의 보관 기간이 늘어나면서 농부들의 판매 수입이 증가했다.■ 또 항아리 냉장고를 현지에서 생산하면서 지역 내 일자리도 창출되었다.■

4문단 중심 내용 적정 기술 사례 ③
- ☐☐☐☐☐☐의 구조와 원리

- **보관하다**: 물건을 맡아서 간직하고 관리하다.
- **식료품**: 음식의 재료가 되는 물품.
- **증발하다**: 어떤 물질이 액체 상태에서 기체 상태로 변하다.
- **일자리**: 생계를 꾸려 나갈 수 있는 수단으로서의 직업.
- **창출되다**: 전에 없던 것이 처음으로 생각되어 지어내어지거나 만들어지다.
- _____

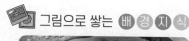 그림으로 쌓는 배경지식

▲ 항아리 냉장고

정답과 해설 18쪽

7 4문단을 읽고, ㉠~㉤ 중에서 **1**~**4**의 괄호 안에 들어갈 알맞은 기호를 찾아 쓰세요.

㉠ 증발 　　　㉡ 모래 　　　㉢ 증가
㉣ 일자리 　　㉤ 항아리 냉장고

1 적정 기술의 사례 중 전기를 사용하지 않고 음식을 오래 보관할 수 있는 기구는 무엇인가요? 　(　)

2 항아리 냉장고의 원리는 무엇인가요?

두 항아리 사이의 젖은 모래에서 물이 (　　)하면서 작은 항아리 내부의 열을 빼앗아가 온도가 낮아지는 원리

3 항아리 냉장고는 지역 주민의 삶에 어떤 영향을 주었나요?

농부들의 판매 수입 (　　)와 지역 내 일자리 창출

4 적정 기술 사례 ③ - 항아리 냉장고

- 전기를 사용하지 않고 음식을 오래 보관할 수 있는 기구
- 나이지리아의 한 교사가 냉장고를 사용할 수 없는 지역 주민을 위해 고안

항아리 냉장고의 구조와 원리

구조	큰 항아리 안에 작은 항아리가 들어 있고, 두 항아리 사이에는 젖은 (　　)가 채워져 있음.
원리	젖은 모래에서 물이 증발하면서 작은 항아리 내부의 열을 빼앗아가 온도가 낮아지는 원리

항아리 냉장고의 영향

- 판매할 식료품의 보관 기간이 늘어나면서 농부들의 판매 수입이 증가
- 항아리 냉장고를 현지에서 생산하면서 지역 내 (　　) 창출

①문단 적정 기술이란 기술이 사용되는 지역의 환경적, 사회적, 문화적 조건에 맞는 기술로, 궁극적으로 지역 주민의 삶의 질을 향상할 수 있는 기술을 말한다. 제삼 세계 등 소외된 지역의 문제를 해결하기 위해 도입된 선진국의 첨단 기술이 문제를 해결하기보다 오히려 지역에 해를 끼친 데 대한 반성으로 등장한 개념이다. 적정 기술은 현지의 재료와 자원을 활용해 비용이 저렴하고, 현지의 노동력을 활용하며, 누구나 쉽게 사용하고 관리할 수 있는 것이 특징이다. 적정 기술의 사례로는 와카 워터, 쉐플러 조리기, 항아리 냉장고 등이 있다.

②문단 와카 워터는 공기 중의 수증기를 모아 물을 얻는 기구이다. 에티오피아를 여행하던 한 디자이너가 물 부족 문제에 시달리는 사람들을 목격하고 이들을 돕기 위해 와카 워터를 고안했다. 와카 워터는 10m 정도 높이의 탑으로, 대나무 등을 엮어 만든 틀 안에 나일론 그물이 매달려 있는 구조이다. 그리고 바닥 가운데는 물을 모을 수 있는 그릇이 있다. 와카 워터는 낮과 밤의 기온 차가 큰 아프리카의 지역적 특성을 활용하여, 공기 중의 수증기가 응결하여 물방울이 되는 원리를 이용한 것이다. 공기 중에는 수증기가 포함되어 있는데, 이 수증기가 차가운 공기 등을 만나면 응결하여 물방울로 변한다. 밤새 그물에 맺힌 물방울은 그물을 타고 내려가 바닥에 있는 그릇에 모인다.

③문단 쉐플러 조리기는 태양열을 이용해 음식을 익히는 기구이다. 독일의 발명가 볼프강 쉐플러는 오랜 시간 땔감을 구하러 다니고 불을 땔 때 나오는 연기로 폐 질환에 걸리는 사람들을 돕기 위해 쉐플러 조리기를 고안했다. 쉐플러 조리기는 커다란 포물면 모양의 반사판으로 태양열을 한곳에 모아 음식을 익힌다. 태양이 비추는 방향에 맞추어 반사판이 스스로 움직이도록 설계되어 있어 태양열을 계속해서 한곳에 모을 수 있다. 쉐플러는 누구나 쉐플러 조리기를 사용할 수 있도록 특허를 내지 않고, 인도와 아프리카 등에 기술을 전수했다. 쉐플러 조리기는 태양열을 이용하기 때문에 연료가 필요 없고, 오염 물질을 배출하지 않아 친환경적이다.

④문단 항아리 냉장고는 전기를 사용하지 않고 음식을 오래 보관할 수 있는 기구이다. 나이지리아의 한 교사가 냉장고를 사용할 수 없는 지역 주민을 위해 항아리 냉장고를 고안했다. 항아리 냉장고는 큰 항아리 안에 작은 항아리가 들어 있고, 두 항아리 사이에는 젖은 모래가 채워져 있는 구조이다. 작은 항아리 안에 과일이나 채소 등 보관할 식료품을 넣고 입구를 젖은 천으로 덮어 사용한다. 두 항아리 사이의 젖은 모래에서 물이 증발하면서 작은 항아리 내부의 열을 빼앗아가 온도가 낮아지는 원리이다. 항아리 냉장고의 사용으로 판매할 식료품의 보관 기간이 늘어나면서 농부들의 판매 수입이 증가했다. 또 항아리 냉장고를 현지에서 생산하면서 지역 내 일자리도 창출되었다.

◆꿀팁
지문에서 설명한 적정 기술의 개념을 이해하고 구체적인 사례를 파악할 수 있어야 해요. 특히 각 사례에서 나타난 기구의 구조와 원리에 주목해야 해요. 각 기구의 구조를 그림에 적용한 문제를 해결하려면 기구의 원리를 정확히 이해하는 것이 중요해요.

8 윗글의 내용과 일치하지 않는 것은?

① 적정 기술은 현지에서 얻을 수 있는 재료와 자원을 활용한다.

② 항아리 냉장고를 현지에서 생산하면서 지역 내 새로운 일자리가 생겼다.

③ 쉐플러 조리기는 태양열을 이용하므로 연료가 필요 없고, 오염 물질을 배출하지 않는다.

④ 기술이 사용되는 지역의 환경적, 사회적, 문화적 조건을 고려한 기술을 적정 기술이 라고 한다.

⑤ 와카 워터는 낮과 밤의 기온 차가 작은 아프리카의 지역적 특성을 고려하여 물 부족 문제를 해결하기 위해 고안되었다.

9 보기 는 적정 기술 사례에 관한 자료이다. 윗글을 바탕으로 ㉠~㉤에 대해 이해한 내용으로 적절하지 않은 것은?

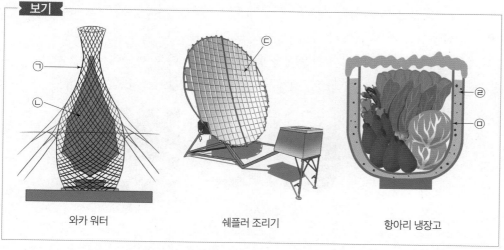

와카 워터   쉐플러 조리기   항아리 냉장고

① ㉠은 대나무 등을 엮어 만든 틀이다.

② ㉡은 나일론 그물로, 공기 중의 수증기가 응결하여 물방울이 맺히는 곳이다.

③ ㉢은 포물면 모양의 반사판으로, 태양이 비추는 방향에 맞추어 스스로 움직이면서 태양열을 한곳에 모은다.

④ ㉣은 두 항아리 사이의 젖은 모래로, 젖은 모래에서 물이 증발하면서 열을 외부로 방출한다.

⑤ ㉤은 두 항아리 중 작은 항아리로, 보관할 식료품을 넣는 곳이다.

스스로
평가
1회독
😊 😞
2회독
😊 😞
3회독
😊 😞

생명 과학

02 착시 현상

1회독 구조 읽기

1문단 산 위에 뜬 달이 중천에 뜬 달보다 더 커 보이는 경험을 한 적이 있을 것이다. 달의 크기가 같다는 것을 알아도 크기가 다르게 보이는데, 이는 달 착시라고 알려진 현상이다. 착시란 시각적인 착각 현상으로, 눈으로 사물을 볼 때 사물의 실제 모습과는 다르게 느끼는 현상을 말한다. 착시는 대상을 주의 깊게 관찰하더라도 발생할 수 있는 현상이다. 착시가 일어나는 것은 우리가 사물을 볼 때 단순히 시각 작용만 일어나는 것이 아니라 복잡한 뇌의 작용도 함께 일어나기 때문이다. 우리는 주변에서 다양한 착시 현상을 찾아볼 수 있다.

주제

2문단 우선 도형의 크기, 길이, 방향, 각도 등이 실제와 다르게 보이는 기하학적 착시가 있다. <그림 1>의 예를 살펴보자. 두 선 중 어느 쪽이 더 길까? 위쪽에 있는 선이 더 길어 보이지만, 실제로 두 선의 길이는 같다. 이는 화살표가 벌어져 있는 방향이 선의 길이를 판단하는 데 영향을 주기 때문이다. <그림 2>를 보면 오른쪽 그림의 가운데 원이 더 커 보이지만 실제로 두 그림의 가운데 원의 크기는 같다. 이는 우리가 두 대상을 비교할 때 대상만을 비교하는 것이 아니라, 대상의 주위와 비교해 판단하기 때문에 벌어지는 현상이다.

사례 1

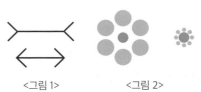

<그림 1>   <그림 2>

3문단 다음으로 사물의 색이나 밝기 등을 실제와 다르게 인지하는 색 착시가 있다. <그림 3>을 보면 왼쪽의 중심에서 빛이 나오는 것처럼 더 밝게 보인다. 하지만 실제 두 그림의 중심은 같은 밝기이다. 꽃잎 모양 무늬의 색이 가운데를 향해 옅어지면 마치 가운데서 빛이 나와 사방으로 퍼지는 듯한 효과를 주는 것이다. <그림 4>를 보면 체크무늬에서 A가 더 어둡고 B가 더 밝아 보이지만, 실제로 A와 B는 같은 밝기의 회색이다. 바닥의 체크무늬와 공의 그림자 등 주변의 여러 정보에 의해 뇌가 실제와는 다르게 색의 밝기를 판단하는 것이다.

사례 2

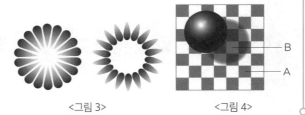

<그림 3>   <그림 4>

4문단 마지막으로 실제로는 움직이지 않는 대상이 특정한 조건에서 움직이는 것처럼 보이는 운동 착시가 있다. 예를 들어 우리가 보는 애니메이션에 나타나는 대상은 실제로는 움직이는 것이 아니다. 모습이 조금씩 다른 정지된 여러 사진이 연속적으로 빠르게 제시되면 마치 움직이는 것처럼 보이는 것이다. 우리 눈에는 하나의 사진을 본 후 잔상이 잠깐 남게 되는데, 이 잔상이 사라지기 전에 다음 사진을 보면 두 사진이 겹쳐 움직이는 것처럼 보인다. 이러한 잔상 효과를 이용한 애니메이션이나 영화는 사람들에게 또 다른 흥미로운 경험을 제공한다.

사례 3

꿀팁
1회독에서는 지문의 전체 내용이 완벽하게 이해되지 않아도 괜찮아요!

1 윗글과 아래 대화를 읽고 여러분은 윗글의 내용 중 어떤 점에 흥미가 생겼는지 생각해 봅시다.

응. 최근에 제주도 여행을 다녀왔는데 내리막길이 오르막길로 보이는 신비한 도로가 있었어. 이것도 주변 지형 때문에 그렇게 보이는 착시 현상이래.

눈에 보이는 것이 모두 사실이 아닐 수 있다는 게 놀라워. 뇌는 눈을 속일 수 있구나.

난 착시 현상 중에 색의 밝기가 다르게 보이는 착시가 신기했어. 주변 정보를 가리고 보니까 같은 밝기로 보이더라. 너는?

나는 애니메이션이 착시 현상 중의 하나라는 게 놀라웠어. 연속적인 사진이 움직이는 것처럼 보였다니 말이야.

2 윗글에서 가장 중요한 내용이나 주제어를 아래 빈칸에 써 보세요.

3 윗글을 아래와 같은 구조로 정리한다고 할 때 빈칸에 알맞은 말을 써 보세요.

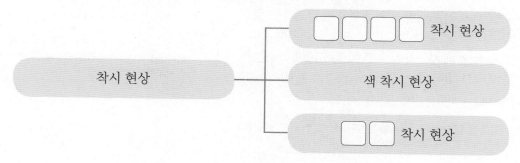

내용 읽기

① 각 문장을 읽고, 잘 이해했으면 □에 ✔처럼 체크해 보세요.
② 각 문장을 잘 이해하지 못했으면 점선을 따라 밑줄을 그어 보세요.

➡ 밑줄 그은 문장의 앞뒤 문장의 내용을 살펴보면서 다시 천천히 읽어 보세요. 또 문단별 중심 내용의 빈칸을 채워 보세요.

어휘 읽기

① 어려운 어휘는 날개에서 그 뜻을 밝혔어요.
② 어휘 이외에 잘 모르는 어휘는 스스로 어휘 표시하고 사전에서 뜻을 찾아 써 보세요.

➡ 어휘 뜻을 알고 문장을 다시 읽어 보세요.

①문단 산 위에 뜬 달이 중천에 뜬 달보다 더 커 보이는 경험을 한 적이 있을 것이다.□ 달의 크기가 같다는 것을 알아도 크기가 다르게 보이는데, 이는 달 착시라고 알려진 현상이다.□ 착시란 시각적인 착각 현상으로, 눈으로 사물을 볼 때 사물의 실제 모습과는 다르게 느끼는 현상을 말한다.□ 착시는 대상을 주의 깊게 관찰하더라도 발생할 수 있는 현상이다.□ 착시가 일어나는 것은 우리가 사물을 볼 때 단순히 시각 작용만 일어나는 것이 아니라 복잡한 뇌의 작용도 함께 일어나기 때문이다.□ 우리는 주변에서 다양한 착시 현상을 찾아볼 수 있다.□

- **중천**: 하늘의 한가운데.
- **시각적**: 눈으로 보는 것.
- **시각**: 눈을 통해 빛의 자극을 받아들이는 감각 작용.
- **작용**: 어떠한 현상을 일으키거나 영향을 미침.
- _____

1문단 중심 내용 [ ][ ] 현상의 개념

4 1문단을 읽고, ㉠~㉢ 중에서 **1**~**4**의 괄호 안에 들어갈 알맞은 기호를 찾아 쓰세요.

| ㉠ 뇌 | ㉡ 실제 | ㉢ 시각 |
| ㉣ 착시 | ㉤ 산 위에 뜬 달 | |

✚꿀팁 각 문단에서 기호의 단어를 찾아 동그라미 표시하면 더 쉽게 풀 수 있어요!

1 달 착시 현상에서 산 위에 뜬 달과 중천에 뜬 달 중 어느 것이 더 커 보이나요? ( )

2 눈으로 사물을 볼 때 사물의 실제 모습과는 다르게 느끼는 현상을 무엇이라고 하나요? ( )

3 착시가 일어나는 까닭은 무엇인가요?

> 우리가 사물을 볼 때 단순히 시각 작용만 일어나는 것이 아니라 복잡한 ( )의 작용도 함께 일어나기 때문에

4 착시 현상의 개념

> 착시의 개념

- 시각적인 착각 현상
- 눈으로 사물을 볼 때 사물의 ( ) 모습과는 다르게 느끼는 현상

> 착시가 일어나는 까닭

우리가 사물을 볼 때 단순히 ( ) 작용만 일어나는 것이 아니라 복잡한 뇌의 작용도 함께 일어나기 때문에

2 문단　우선 도형의 크기, 길이, 방향, 각도 등이 실제와 다르게 보이는 기하학적 착시가 있다.■ <그림 1>의 예를 살펴보자.■ 두 선 중 어느 쪽이 더 길까?■ 위쪽에 있는 선이 더 길어 보이지만, 실제로 두 선의 길이는 같다.■ 이는 화살표가 벌어져 있는 방향이 선의 길이를 판단하는 데 영향을 주기 때문이다.■ <그림 2>를 보면 오른쪽 그림의 가운데 원이 더 커 보이지만 실제로 두 그림의 가운데 원의 크기는 같다.■ 이는 우리가 두 대상을 비교할 때 대상만을 비교하는 것이 아니라, 대상의 주위와 비교해 판단하기 때문에 벌어지는 현상이다.■

<그림 1>　　　<그림 2>

2 문단 중심 내용 ▢▢▢▢▢▢의 개념과 사례

- **기하학적**: 도형 및 공간의 성질과 관련이 있거나 바탕을 두고 있는 것.
- **판단하다**: 사물을 인식하여 논리나 기준 등에 따라 판정을 내리다.

그림으로 쌓는 **배 경 지 식**

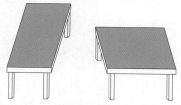

왼쪽 책상이 더 길쭉해 보이지만 실제 두 책상의 모양과 크기는 같다.

▲ 기하학적 착시 사례 ①

A보다 B가 더 길어 보이지만 실제 두 그림의 모양과 크기는 같다.

▲ 기하학적 착시 사례 ②

정답과 해설 20쪽

5 2문단을 읽고, ㉠~㉤ 중에서 **1**~**4**의 괄호 안에 들어갈 알맞은 기호를 찾아 쓰세요.

┌─────────────────────────────────┐
│ ㉠ 각도　　　 ㉡ 크기　　　 ㉢ 길이 │
│ ㉣ 주위　　　 ㉤ 기하학적 착시 │
└─────────────────────────────────┘

1 도형의 크기, 길이, 방향, 각도 등이 실제와 다르게 보이는 것을 무엇이라고 하나요?　　　　　　　　（　　　）

2 <그림 1>과 같이 화살표가 벌어져 있는 방향이 다르면 두 선의 무엇이 실제와 다르게 보이나요?　　　　　　（　　　）

<그림 1>

3 <그림 2>와 같이 주변의 원의 크기에 따라 두 그림의 가운데 원의 무엇이 실제와 다르게 보이나요?　　（　　　）

<그림 2>

4　┌─────────────────────────┐
　　│ 기하학적 착시의 개념과 사례 │
　　└─────────────────────────┘

┌─────────────────────────┐
│ 기하학적 착시의 개념 │
└─────────────────────────┘

도형의 크기, 길이, 방향, （　　　） 등이 실제와 다르게 보이는 것

┌─────────────────────────┐
│ 기하학적 착시 현상의 사례 │
└─────────────────────────┘

- 화살표가 벌어져 있는 방향에 따라 선의 길이가 달라 보임.
 → 화살표가 벌어져 있는 방향이 선의 길이를 판단하는 데 영향을 주기 때문에
- 주변의 원의 크기에 따라 가운데 있는 원의 크기가 달라 보임.
 → 두 대상을 비교할 때 대상만을 비교하는 것이 아니라, 대상의 （　　　）와 비교해 판단하기 때문에

③문단 다음으로 사물의 색이나 밝기 등을 실제와 다르게 인지하는 색 착시가 있다.■ <그림 3>을 보면 왼쪽의 중심에서 빛이 나오는 것처럼 더 밝게 보인다.■ 하지만 실제 두 그림의 중심은 같은 밝기이다.■ 꽃잎 모양 무늬의 색이 가운데를 향해 열어지면 마치 가운데서 빛이 나와 사방으로 퍼지는 듯한 효과를 주는 것이다.■ <그림 4>를 보면 체크무늬에서 A가 더 어둡고 B가 더 밝아 보이지만, 실제로 A와 B는 같은 밝기의 회색이다.■ 바닥의 체크무늬와 공의 그림자 등 주변의 여러 정보에 의해 뇌가 실제와는 다르게 색의 밝기를 판단하는 것이다.■

- **인지하다**: 어떤 사실을 인정하여 알다.
- **사방**: 여러 곳.
- **효과**: 어떤 목적을 지닌 행위에 의하여 드러나는 보람이나 좋은 결과.
- **체크무늬**: 바둑판 모양의 무늬.
- **정보**: 관찰이나 측정을 통하여 수집한 자료를 실제 문제에 도움이 될 수 있도록 정리한 지식. 또는 그 자료.

그림으로 쌓는 **배 경 지 식**

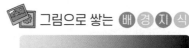

왼쪽 점이 오른쪽 점보다 더 어두워 보이지만 실제 두 점의 밝기는 같다.

▲ 색 착시 사례

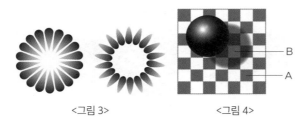

<그림 3> <그림 4>

3문단 중심 내용 ☐ ☐ ☐의 개념과 사례

---

6 3문단을 읽고, ㉠~㉤ 중에서 **1**~**4**의 괄호 안에 들어갈 알맞은 기호를 찾아 쓰세요.

| ㉠ 색 | ㉡ 밝기 | ㉢ 같다 |
| ㉣ 정보 | ㉤ 색 착시 | |

1 사물의 색이나 밝기 등을 실제와 다르게 인지하는 것을 무엇이라고 하나요? (   )

2 <그림 3>에서 두 그림의 중심의 무엇이 실제와 다르게 보이나요? (   )

<그림 3>

3 <그림 4>에서 A와 B의 실제 밝기는 어떤가요? (   )

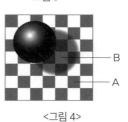

<그림 4>

4 ┌─ 색 착시의 개념과 사례 ─┐

색 착시의 개념

사물의 (   )이나 밝기 등을 실제와 다르게 인지하는 것

색 착시 현상의 사례

- 같은 밝기의 두 대상이지만 밝기가 달라 보일 수 있음.
- 주변의 여러 (   )에 의해 뇌가 실제와는 다르게 색의 밝기를 판단함.

4 문단 　마지막으로 실제로는 움직이지 않는 대상이 특정한 조건에서 움직이는 것처럼 보이는 운동 착시가 있다.■ 예를 들어 우리가 보는 애니메이션에 나타나는 대상은 실제로는 움직이는 것이 아니다.■ 모습이 조금씩 다른 정지된 여러 사진이 연속적으로 빠르게 제시되면 마치 움직이는 것처럼 보이는 것이다.■ 우리 눈에는 하나의 사진을 본 후 잔상이 잠깐 남게 되는데, 이 잔상이 사라지기 전에 다음 사진을 보면 두 사진이 겹쳐 움직이는 것처럼 보인다.■ 이러한 잔상 효과를 이용한 애니메이션이나 영화는 사람들에게 또 다른 흥미로운 경험을 제공한다.■

4 문단 중심 내용 □□□□의 개념과 사례

- **제시되다**: 어떠한 의사가 말이나 글로 나타내어져 보이다.
- **잔상**: 외부 자극이 사라진 뒤에도 감각 경험이 지속되어 나타나는 상. 촛불을 한참 바라본 뒤에 눈을 감아도 그 촛불의 상이 나타나는 현상 등이 있다.

7 4문단을 읽고, ㉠~㉤ 중에서 **1**~**4**의 괄호 안에 들어갈 알맞은 기호를 찾아 쓰세요.

┌───┐
│ ㉠ 잔상　　　　　㉡ 영화　　　　　㉢ 연속적 │
│ ㉣ 운동 착시　　　㉤ 애니메이션 │
└───┘

1 실제로는 움직이지 않는 대상이 특정한 조건에서 움직이는 것처럼 보이는 것을 무엇이라고 하나요?　　　　　(　　　)

2 애니메이션에 나타나는 대상이 움직이는 것처럼 보이는 까닭은 무엇인가요?

> 모습이 조금씩 다른 정지된 여러 사진이 (　　　)으로 빠르게 제시되면 마치 움직이는 것처럼 보인다.

3 영화 외에 잔상 효과를 이용하여 사람들에게 또 다른 흥미로운 경험을 제공하는 것에는 무엇이 있나요?　　(　　　)

4 ┌──── 운동 착시의 개념과 사례 ────┐

　　　　　　　운동 착시의 개념

> 실제로는 움직이지 않는 대상이 특정한 조건에서 움직이는 것처럼 보이는 것

　　　　　　　운동 착시 현상의 사례

- 애니메이션이나 (　　　)
- 모습이 조금씩 다른 정지된 여러 사진이 연속적으로 빠르게 제시되면 마치 움직이는 것처럼 보임.
- 우리 눈에는 하나의 사진을 본 후 (　　　)이 잠깐 남게 되는데, 이 잔상이 사라지기 전에 다음 사진을 보면 두 사진이 겹쳐 움직이는 것처럼 보임.

꿀팁
지문에서 다양한 착시 현상의 예를 제시하고 있어요. 지문에 제시된 시각 자료를 참고하여 다양한 착시 현상의 개념과 원리를 이해하는 것이 중요해요.

1문단: 산 위에 뜬 달이 중천에 뜬 달보다 더 커 보이는 경험을 한 적이 있을 것이다. 달의 크기가 같다는 것을 알아도 크기가 다르게 보이는데, 이는 달 착시라고 알려진 현상이다. 착시란 시각적인 착각 현상으로, 눈으로 사물을 볼 때 사물의 실제 모습과는 다르게 느끼는 현상을 말한다. 착시는 대상을 주의 깊게 관찰하더라도 발생할 수 있는 현상이다. 착시가 일어나는 것은 우리가 사물을 볼 때 단순히 시각 작용만 일어나는 것이 아니라 복잡한 뇌의 작용도 함께 일어나기 때문이다. 우리는 주변에서 다양한 착시 현상을 찾아볼 수 있다.

2문단: 우선 도형의 크기, 길이, 방향, 각도 등이 실제와 다르게 보이는 기하학적 착시가 있다. <그림 1>의 예를 살펴보자. 두 선 중 어느 쪽이 더 길까? 위쪽에 있는 선이 더 길어 보이지만, 실제로 두 선의 길이는 같다. 이는 화살표가 벌어져 있는 방향이 선의 길이를 판단하는 데 영향을 주기 때문이다. <그림 2>를 보면 오른쪽 그림의 가운데 원이 더 커 보이지만 실제로 두 그림의 가운데 원의 크기는 같다. 이는 우리가 두 대상을 비교할 때 대상만을 비교하는 것이 아니라, 대상의 주위와 비교해 판단하기 때문에 벌어지는 현상이다.

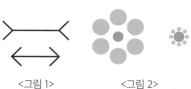

<그림 1>　　　<그림 2>

3문단: 다음으로 사물의 색이나 밝기 등을 실제와 다르게 인지하는 색 착시가 있다. <그림 3>을 보면 왼쪽의 중심에서 빛이 나오는 것처럼 더 밝게 보인다. 하지만 실제 두 그림의 중심은 같은 밝기이다. 꽃잎 모양 무늬의 색이 가운데를 향해 옅어지면 마치 가운데서 빛이 나와 사방으로 퍼지는 듯한 효과를 주는 것이다. <그림 4>를 보면 체크무늬에서 A가 더 어둡고 B가 더 밝아 보이지만, 실제로 A와 B는 같은 밝기의 회색이다. 바닥의 체크무늬와 공의 그림자 등 주변의 여러 정보에 의해 뇌가 실제와는 다르게 색의 밝기를 판단하는 것이다.

<그림 3>　　　<그림 4>

4문단: 마지막으로 실제로는 움직이지 않는 대상이 특정한 조건에서 움직이는 것처럼 보이는 운동 착시가 있다. 예를 들어 우리가 보는 애니메이션에 나타나는 대상은 실제로는 움직이는 것이 아니다. 모습이 조금씩 다른 정지된 여러 사진이 연속적으로 빠르게 제시되면 마치 움직이는 것처럼 보이는 것이다. 우리 눈에는 하나의 사진을 본 후 잔상이 잠깐 남게 되는데, 이 잔상이 사라지기 전에 다음 사진을 보면 두 사진이 겹쳐 움직이는 것처럼 보인다. 이러한 잔상 효과를 이용한 애니메이션이나 영화는 사람들에게 또 다른 흥미로운 경험을 제공한다.

8 **윗글의 내용과 일치하지 <u>않는</u> 것은?**

① 착시는 대상을 주의 깊게 관찰해도 나타날 수 있는 현상이다.

② 색 착시는 사물의 색이나 밝기 등을 실제와 다르게 보는 현상을 말한다.

③ 기하학적 착시는 도형의 크기, 길이 등을 주위와 분리하여 보려는 현상을 의미한다.

④ 뇌가 대상을 판단하고자 할 때 대상 주변의 여러 정보가 영향을 미쳐 착시 현상이 발생할 수 있다.

⑤ 크기가 같은 두 원은 두 원의 주위를 둘러싸고 있는 원의 크기에 따라 실제와 크기가 다르게 보인다.

9 **보기 의 밑줄 친 부분에 들어갈 학생의 반응으로 가장 적절한 것은?**

보기

(A)

(B)

선생님: (A)는 움직이는 강아지 동영상 장면 중의 하나입니다. 그런데 (B)를 살펴보면 이 영상이 정지된 사진들이 모여서 만들어진 착시 현상이라는 것을 알 수 있습니다. 왜 이런 현상이 나타나는 것일까요?

학생: _____

① 뇌에서 강아지의 움직이는 방향을 인식하지 못하고 있기 때문입니다.

② 강아지의 움직임을 판단할 때 강아지의 크기와 색깔이 영향을 주기 때문입니다.

③ 강아지가 움직일 때 강아지가 속해 있는 배경을 분리해서 판단하지 못하기 때문입니다.

④ 동일한 사진이 연속적으로 제시되면서 동작이 끊어지지 않고 움직이는 형태로 인식되기 때문입니다.

⑤ 사진이 연속적으로 제시될 때 이전 사진이 잔상으로 남아 있어 서로 연결되는 듯한 착각을 가져오기 때문입니다.

스스로
평가
1회독
☺ ☹
2회독
☺ ☹
3회독
☺ ☹

과학기술

03 생체 모방 기술

1회독 구조 읽기

1문단 '모방은 창조의 어머니'라는 말이 있다. 이는 다른 대상을 모방함으로써 보다 나은 새로운 것을 만들어 낼 수 있다는 뜻이다. 이 말은 인간이 자연을 모방하며 살아온 모습에도 적용해 볼 수 있다. 인간은 식물이나 동물에서 얻은 아이디어를 활용하여 새로운 제품을 만들어 삶의 편의를 높여 왔다. 이처럼 생물의 형태나 구조, 행동 등을 모방하여 인간 생활에 적용하는 기술을 생체 모방 기술이라고 한다. 생체 모방 기술은 항공기, 로봇, 의료 등 여러 분야에서 활용되고 있다. 지금부터 생체 모방 기술의 사례를 살펴보자.

주제

2문단 스위스의 전기 기술자인 조르주 드 메스트랄은 사냥을 하다가 벨크로 테이프를 발명하게 되었다. 사냥개를 뒤쫓아 달리던 그는 도꼬마리 덤불에 들어갔다가 옷에 붙은 도꼬마리 열매가 잘 떨어지지 않는다는 사실을 알게 되었다. 호기심이 많았던 메스트랄은 집에 돌아와서 현미경으로 도꼬마리 열매를 관찰했고, 도꼬마리 열매의 가시 끝부분이 갈고리 모양이라는 것을 발견하였다. 그는 이것을 모방하여 한쪽에는 갈고리가 있고, 다른 쪽에는 작은 고리가 있는 벨크로 테이프를 만들었다. 벨크로 테이프는 단추나 지퍼에 비해 잘 파손되지 않고 여닫기 편리하다는 장점 때문에 현재까지도 많이 사용되고 있다.

사례 1

3문단 비가 내릴 때 연잎을 보면 빗방울이 연잎을 적시지 못하고 동그랗게 맺혀 있거나 굴러떨어지는 것을 볼 수 있다. 이처럼 연잎이 물에 젖지 않는 것은 연잎 표면에 나 있는 수많은 미세 돌기 때문이다. 연잎의 표면은 미세 돌기로 덮여 있어 연잎 위로 떨어진 물은 돌기 위에 떠 있게 되므로 연잎 표면과 접촉하는 면적이 매우 작다. 따라서 물방울이 연잎 속으로 스며들지 못하고 흘러내린다. 이때 물방울이 흘러내리면서 연잎 위의 오염물이 함께 씻겨 내려가게 되므로 연잎은 항상 깨끗한 상태를 유지한다. 이러한 연잎의 특성을 모방하여 물을 뿌리면 오염물이 깨끗하게 떨어지는 방수 페인트가 개발되었다. 방수 페인트를 칠하면 페인트가 마르면서 표면에 미세 돌기가 생긴다. 이 표면에 물을 뿌리면 물방울이 미세 돌기에 의해 표면에 스며들지 못하고 흘러내리게 된다.

사례 2

4문단 도마뱀붙이는 발바닥이 특이한 구조로 되어 있어 벽이나 천장에 쉽게 올라간다. 도마뱀붙이의 발바닥에는 주름이 있는데, 주름은 미세한 털로 덮여 있다. 이 미세한 털을 확대하면 털 끝부분에 작은 돌기가 수없이 나 있는 것을 확인할 수 있다. 이 작은 돌기에서 발생하는 인력*으로 인해 도마뱀붙이는 벽에 붙을 수 있는 것이다. 스티키봇은 이러한 도마뱀붙이의 특징을 모방하여 만든 로봇이다. 스티키봇의 발에 붙은 접착 패드는 도마뱀붙이의 발바닥 구조를 모방하여, 한쪽으로 힘을 가하면 붙고 다른 방향에서 당기면 쉽게 떨어지는 특징을 가진다. 그로 인해 스티키봇은 유리 벽 위에서도 자유자재로 움직일 수 있다.

사례 3

+꿀팁
1회독에서는 지문의 전체 내용이 완벽하게 이해되지 않아도 괜찮아요!

*인력: 공간적으로 떨어져 있는 물체끼리 서로 끌어당기는 힘.

1 윗글과 아래 대화를 읽고 여러분은 윗글의 내용 중 어떤 점에 흥미가 생겼는지 생각해 봅시다.

우리가 주변에서 흔히 볼 수 있는 기술 중에 식물이나 동물을 모방한 것들이 이렇게 많다는 게 정말 신기한 것 같아.

그래 맞아. 내가 자주 쓰는 모자에도 벨크로 테이프가 붙어 있는데, 이게 도꼬마리 열매에서 영감을 받은 것이었다니.

이 글에 언급된 것 이외에도 자연에서 아이디어를 얻어 발명된 제품이 많이 있을 것 같아. 한번 조사해 보고 싶어.

응. 나도 이제부터 주변의 동식물을 유심히 살펴보고 뭔가 편리한 것을 발명해 보고 싶은 꿈이 생겼어.

2 윗글에서 가장 중요한 내용이나 주제어를 아래 빈칸에 써 보세요.

3 윗글을 아래와 같은 구조로 정리한다고 할 때 빈칸에 알맞은 말을 써 보세요.

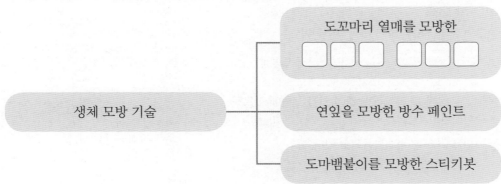

도꼬마리 열매를 모방한 □□□ □□□

생체 모방 기술

연잎을 모방한 방수 페인트

도마뱀붙이를 모방한 스티키봇

내용 읽기

❶ 각 문장을 읽고, 잘 이해했으면 ☐에 ✔처럼 체크해 보세요.
❷ 각 문장을 잘 이해하지 못했으면 점선을 따라 밑줄을 그어 보세요.

➡ 밑줄 그은 문장의 앞뒤 문장의 내용을 살펴보면서 다시 천천히 읽어 보세요.
또 문단별 중심 내용의 빈칸을 채워 보세요.

어휘 읽기

❶ 어려운 어휘는 날개에서 그 뜻을 밝혔어요.
❷ 어휘 이외에 잘 모르는 어휘는 스스로 어휘 표시하고 사전에서 뜻을 찾아 써 보세요.

➡ 어휘 뜻을 알고 문장을 다시 읽어 보세요.

1문단 '모방은 창조의 어머니'라는 말이 있다.☐ 이는 다른 대상을 모방함으로써 보다 나은 새로운 것을 만들어 낼 수 있다는 뜻이다.☐ 이 말은 인간이 자연을 모방하며 살아온 모습에도 적용해 볼 수 있다.☐ 인간은 식물이나 동물에서 얻은 아이디어를 활용하여 새로운 제품을 만들어 삶의 편의를 높여 왔다.☐ 이처럼 생물의 형태나 구조, 행동 등을 모방하여 인간 생활에 적용하는 기술을 생체 모방 기술이라고 한다.☐ 생체 모방 기술은 항공기, 로봇, 의료 등 여러 분야에서 활용되고 있다.☐ 지금부터 생체 모방 기술의 사례를 살펴보자.☐

1문단 중심 내용 ☐☐☐☐☐☐의 개념 및 의의

· **모방**: 다른 것을 본뜨거나 본받음.
· **적용하다**: 알맞게 이용하거나 맞추어 쓰다.
· **편의**: 형편이나 조건 따위가 편하고 좋음.
· **구조**: 부분이나 요소가 어떤 전체를 짜 이룸.
· ＿＿＿＿＿＿＿＿＿＿＿＿＿
＿＿＿＿＿＿＿＿＿＿＿＿＿

4 1문단을 읽고, ㉠～㉢ 중에서 **1**～**4**의 괄호 안에 들어갈 알맞은 기호를 찾아 쓰세요.

㉠ 로봇	㉡ 식물	㉢ 모방
㉣ 형태	㉤ 생체 모방 기술	

✦꿀팁 각 문단에서 기호의 단어를 찾아 동그라미 표시하면 더 쉽게 풀 수 있어요!

1 '모방은 창조의 어머니'라는 말의 뜻은 무엇인가요?

다른 대상을 ( )함으로써 보다 나은 새로운 것을 만들어 낼 수 있다.

2 생물의 형태나 구조, 행동 등을 모방하여 인간 생활에 적용하는 기술을 무엇이라고 하나요? ( )

3 생체 모방 기술은 어느 분야에 활용되고 있나요?

항공기, ( ), 의료 등

4 생체 모방 기술의 개념 및 의의

생체 모방 기술의 개념

생물의 ( )나 구조, 행동 등을 모방하여 인간 생활에 적용하는 기술

생체 모방 기술의 의의

인간은 ( )이나 동물에서 얻은 아이디어를 활용하여 새로운 제품을 만들어 삶의 편의를 높여 왔음.

생체 모방 기술의 활용 분야

항공기, 로봇, 의료 등

2문단 스위스의 전기 기술자인 조르주 드 메스트랄은 사냥을 하다가 벨크로 테이프를 발명하게 되었다.■ 사냥개를 뒤쫓아 달리던 그는 도꼬마리 덤불에 들어갔다가 옷에 붙은 도꼬마리 열매가 잘 떨어지지 않는다는 사실을 알게 되었다.■ 호기심이 많았던 메스트랄은 집에 돌아와서 현미경으로 도꼬마리 열매를 관찰했고, 도꼬마리 열매의 가시 끝부분이 갈고리 모양이라는 것을 발견하였다.■ 그는 이것을 모방하여 한쪽에는 갈고리가 있고, 다른 쪽에는 작은 고리가 있는 벨크로 테이프를 만들었다.■ 벨크로 테이프는 단추나 지퍼에 비해 잘 파손되지 않고 여닫기 편리하다는 장점 때문에 현재까지도 많이 사용되고 있다.■

2문단 중심 내용 생체 모방 기술의 사례 ①
- 도꼬마리 열매를 모방한 ☐☐☐☐☐☐

- **벨크로**: 옷이나 신발 따위의 두 폭을 한데 떼었다 붙였다 하는 물건. 단추나 끈과 같은 역할을 한다.
- **도꼬마리**: 국화과의 한해살이풀. 줄기는 높이가 1.5m 정도이고 온몸에 거친 털이 많으며, 잎은 삼각형으로 가장자리에 톱니가 있다.
- **덤불**: 어수선하게 엉클어진 수풀.
- **갈고리**: 끝이 뾰족하고 꼬부라진 물건. 흔히 쇠로 만들어 물건을 걸고 당기는 데 쓴다.
- **파손되다**: 깨어져 못 쓰게 되다.
- _____

그림으로 쌓는 배경지식

▲ 도꼬마리 열매

▲ 벨크로 테이프

정답과 해설 22쪽

5 2문단을 읽고, ㉠~㉤ 중에서 **1**~**4**의 괄호 안에 들어갈 알맞은 기호를 찾아 쓰세요.

㉠ 고리   ㉡ 가시   ㉢ 갈고리
㉣ 도꼬마리 열매   ㉤ 벨크로 테이프

1 조르주 드 메스트랄이 사냥을 하다가 발명하게 된 물건의 이름은 무엇인가요?   (   )

2 옷에 붙은 도꼬마리 열매가 잘 떨어지지 않은 까닭은 무엇인가요?

도꼬마리 열매의 가시 끝부분이 (   ) 모양이기 때문에

3 벨크로 테이프는 어떤 형태를 하고 있나요?

한쪽에는 갈고리가 있고, 다른 쪽에는 작은 (   ) 가 있다.

4 생체 모방 기술의 사례 ① - 벨크로 테이프

도꼬마리 열매의 특징
- (   ) 끝부분이 갈고리 모양
- 옷에 붙으면 잘 떨어지지 않음.

벨크로 테이프의 특징
- 스위스의 전기 기술자 조르주 드 메스트랄이 발명
- 가시 끝부분이 갈고리 모양인 (   )를 모방하여 만듦.
- 한쪽에는 갈고리가 있고, 다른 쪽에는 작은 고리가 있음.
- 잘 파손되지 않고 여닫기 편리한 장점 때문에 현재까지도 많이 사용됨.

③ 문단 비가 내릴 때 연잎을 보면 빗방울이 연잎을 적시지 못하고 동그랗게 맺혀 있거나 굴러떨어지는 것을 볼 수 있다.■ 이처럼 연잎이 물에 젖지 않는 것은 연잎 표면에 나 있는 수많은 미세 돌기 때문이다.■ 연잎의 표면은 미세 돌기로 덮여 있어 연잎 위로 떨어진 물은 돌기 위에 떠 있게 되므로 연잎 표면과 접촉하는 면적이 매우 작다.■ 따라서 물방울이 연잎 속으로 스며들지 못하고 흘러내린다.■ 이때 물방울이 흘러내리면서 연잎 위의 오염물이 함께 씻겨 내려가게 되므로 연잎은 항상 깨끗한 상태를 유지한다.■ 이러한 연잎의 특성을 모방하여 물을 뿌리면 오염물이 깨끗하게 떨어지는 방수 페인트가 개발되었다.■ 방수 페인트를 칠하면 페인트가 마르면서 표면에 미세 돌기가 생긴다.■ 이 표면에 물을 뿌리면 물방울이 미세 돌기에 의해 표면에 스며들지 못하고 흘러내리게 된다.■

- **연잎**: 연꽃의 잎.
- **미세**: 분간하기 어려울 정도로 아주 작음.
- **스며들다**: 속으로 배어들다.
- **오염물**: 오염된 물질이나 물건 따위.
- **방수**: 스며들거나 새거나 넘쳐흐르는 물을 막음.
- _____

그림으로 쌓는 배 경 지 식

▲ 연잎

3문단 중심 내용 생체 모방 기술의 사례 ②
- 연잎을 모방한 ☐☐☐☐☐

---

6 3문단을 읽고, ㉠~㉤ 중에서 **1**~**4**의 괄호 안에 들어갈 알맞은 기호를 찾아 쓰세요.

> ㉠ 접촉 ㉡ 연잎 ㉢ 표면
> ㉣ 물방울 ㉤ 미세 돌기

1 연잎이 물에 젖지 않는 것은 연잎 표면에 나 있는 무엇 때문인가요? ( )

2 연잎이 항상 깨끗한 상태를 유지하는 까닭은 무엇인가요?
> ( ) 이 흘러내리면서 연잎 위의 오염물이 함께 씻겨 내려가기 때문에

3 물을 뿌리면 오염물이 깨끗하게 떨어지는 방수 페인트는 무엇을 모방하여 만들어졌나요? ( )

4 생체 모방 기술의 사례 ② - 방수 페인트

> **연잎의 특징**
> - 물에 젖지 않음.
> - 연잎의 표면은 미세 돌기로 덮여 있어 연잎 위로 떨어진 물은 연잎 표면과 ( ) 하는 면적이 매우 작음. → 물방울이 연잎 속으로 스며들지 못하고 흘러내림.
> - 물방울이 흘러내리면서 연잎 위의 오염물이 함께 씻겨 내려가게 되므로 연잎은 항상 깨끗한 상태를 유지

> **방수 페인트의 특징**
> - 물에 젖지 않는 연잎의 특성을 모방하여 만듦.
> - 페인트가 마르면서 ( ) 에 미세 돌기가 생김.
> - 물을 뿌리면 물방울이 미세 돌기에 의해 표면에 스며들지 못하고 흘러내리게 됨.

4문단 도마뱀붙이는 발바닥이 특이한 구조로 되어 있어 벽이나 천장에 쉽게 올라간다.■ 도마뱀붙이의 발바닥에는 주름이 있는데, 주름은 미세한 털로 덮여 있다.■ 이 미세한 털을 확대하면 털 끝부분에 작은 돌기가 수없이 나 있는 것을 확인할 수 있다.■ 이 작은 돌기에서 발생하는 인력*으로 인해 도마뱀붙이는 벽에 붙을 수 있는 것이다.■ 스티키봇은 이러한 도마뱀붙이의 특징을 모방하여 만든 로봇이다.■ 스티키봇의 발에 붙은 접착 패드는 도마뱀붙이의 발바닥 구조를 모방하여, 한쪽으로 힘을 가하면 붙고 다른 방향에서 당기면 쉽게 떨어지는 특징을 가진다.■ 그로 인해 스티키봇은 유리 벽 위에서도 자유자재로 움직일 수 있다.■

*인력: 공간적으로 떨어져 있는 물체끼리 서로 끌어당기는 힘.

4문단 중심 내용 생체 모방 기술의 사례 ③
 - 도마뱀붙이를 모방한 ☐☐☐☐

- **미세하다**: 분간하기 어려울 정도로 아주 작다.
- **인력**: 공간적으로 떨어져 있는 물체끼리 서로 끌어당기는 힘. 질량을 가진 모든 물체 사이나 서로 다른 부호를 가진 전하들 사이에 작용하며, 핵력 때문에 소립자들 사이에서도 생긴다.
- **접착**: 두 물체의 표면이 접촉하여 떨어지지 아니하게 됨. 또는 그런 일.
- **자유자재**: 거침없이 자기 마음대로 할 수 있음.
- _____

그림으로 쌓는 배 경 지 식

▲ 도마뱀붙이 발바닥

정답과 해설 22쪽

7 4문단을 읽고, ㉠~㉤ 중에서 1~5의 괄호 안에 들어갈 알맞은 기호를 찾아 쓰세요.

> ㉠ 돌기 ㉡ 인력 ㉢ 미세한 털
> ㉣ 스티키봇 ㉤ 도마뱀붙이

1 발바닥이 특이한 구조로 되어 있어 벽이나 천장에 쉽게 올라가는 동물은 무엇인가요? ( )

2 도마뱀붙이의 발바닥의 주름은 무엇으로 덮여 있나요?
( )

3 도마뱀붙이가 벽에 붙을 수 있는 까닭은 무엇인가요?

> 발바닥의 털 끝부분에 나 있는 작은 돌기에서 발생하는 ( ) 으로 인해

4 도마뱀붙이의 특징을 모방하여 만든 로봇의 이름은 무엇인가요? ( )

5 생체 모방 기술의 사례 ③ - 스티키봇

도마뱀붙이의 특징
- 발바닥이 특이한 구조로 되어 있어 벽이나 천장에 쉽게 올라감.
- 발바닥에는 주름이 있는데, 주름은 미세한 털로 덮여 있음. 이 미세한 털 끝부분에 작은 ( ) 가 수없이 나 있음. 이 작은 돌기에서 발생하는 인력으로 인해 도마뱀붙이는 벽에 붙을 수 있음.

스티키봇의 특징
- 도마뱀붙이의 특징을 모방하여 만든 로봇
- 스티키봇의 발에 붙은 접착 패드는 도마뱀붙이의 발바닥 구조를 모방하여, 한쪽으로 힘을 가하면 붙고 다른 방향에서 당기면 쉽게 떨어짐.

①문단 '모방은 창조의 어머니'라는 말이 있다. 이는 다른 대상을 모방함으로써 보다 나은 새로운 것을 만들어 낼 수 있다는 뜻이다. 이 말은 인간이 자연을 모방하며 살아온 모습에도 적용해 볼 수 있다. 인간은 식물이나 동물에서 얻은 아이디어를 활용하여 새로운 제품을 만들어 삶의 편의를 높여 왔다. 이처럼 생물의 형태나 구조, 행동 등을 모방하여 인간 생활에 적용하는 기술을 생체 모방 기술이라고 한다. 생체 모방 기술은 항공기, 로봇, 의료 등 여러 분야에서 활용되고 있다. 지금부터 생체 모방 기술의 사례를 살펴보자.

②문단 스위스의 전기 기술자인 조르주 드 메스트랄은 사냥을 하다가 벨크로 테이프를 발명하게 되었다. 사냥개를 뒤쫓아 달리던 그는 도꼬마리 덤불에 들어갔다가 옷에 붙은 도꼬마리 열매가 잘 떨어지지 않는다는 사실을 알게 되었다. 호기심이 많았던 메스트랄은 집에 돌아와서 현미경으로 도꼬마리 열매를 관찰했고, 도꼬마리 열매의 가시 끝부분이 갈고리 모양이라는 것을 발견하였다. 그는 이것을 모방하여 한쪽에는 갈고리가 있고, 다른 쪽에는 작은 고리가 있는 벨크로 테이프를 만들었다. 벨크로 테이프는 단추나 지퍼에 비해 잘 파손되지 않고 여닫기 편리하다는 장점 때문에 현재까지도 많이 사용되고 있다.

③문단 비가 내릴 때 연잎을 보면 빗방울이 연잎을 적시지 못하고 동그랗게 맺혀 있거나 굴러떨어지는 것을 볼 수 있다. 이처럼 연잎이 물에 젖지 않는 것은 연잎 표면에 나 있는 수많은 미세 돌기 때문이다. 연잎의 표면은 미세 돌기로 덮여 있어 연잎 위로 떨어진 물은 돌기 위에 떠 있게 되므로 연잎 표면과 접촉하는 면적이 매우 작다. 따라서 물방울이 연잎 속으로 스며들지 못하고 흘러내린다. 이때 물방울이 흘러내리면서 연잎 위의 오염물이 함께 씻겨 내려가게 되므로 연잎은 항상 깨끗한 상태를 유지한다. 이러한 연잎의 특성을 모방하여 물을 뿌리면 오염물이 깨끗하게 떨어지는 방수 페인트가 개발되었다. 방수 페인트를 칠하면 페인트가 마르면서 표면에 미세 돌기가 생긴다. 이 표면에 물을 뿌리면 물방울이 미세 돌기에 의해 표면에 스며들지 못하고 흘러내리게 된다.

④문단 도마뱀붙이는 발바닥이 특이한 구조로 되어 있어 벽이나 천장에 쉽게 올라간다. 도마뱀붙이의 발바닥에는 주름이 있는데, 주름은 미세한 털로 덮여 있다. 이 미세한 털을 확대하면 털 끝부분에 작은 돌기가 수없이 나 있는 것을 확인할 수 있다. 이 작은 돌기에서 발생하는 인력*으로 인해 도마뱀붙이는 벽에 붙을 수 있는 것이다. 스티키봇은 이러한 도마뱀붙이의 특징을 모방하여 만든 로봇이다. 스티키봇의 발에 붙은 접착 패드는 도마뱀붙이의 발바닥 구조를 모방하여, 한쪽으로 힘을 가하면 붙고 다른 방향에서 당기면 쉽게 떨어지는 특징을 가진다. 그로 인해 스티키봇은 유리 벽 위에서도 자유자재로 움직일 수 있다.

*인력: 공간적으로 떨어져 있는 물체끼리 서로 끌어당기는 힘.

✦꿀팁
지문에서 생체 모방 기술의 개념을 설명하고 다양한 사례를 제시하고 있어요. 각 사례에서 모방한 생물의 형태나 구조 등을 이해하고 어떻게 적용되었는지 파악해야 해요. 특히 모방한 생물의 핵심 구조를 그림으로 제시한 문제를 해결하려면 각 생체 모방 기술의 원리를 정확하게 이해하는 것이 중요해요.

8 윗글의 내용과 일치하지 <u>않는</u> 것은?

① 생체 모방 기술은 항공기, 로봇, 의료 등 다양한 분야에서 활용되고 있다.

② 생체 모방 기술은 생물의 특성을 모방하여 인간 생활에 적용하는 기술이다.

③ 벨크로 테이프는 잘 파손되지 않고 여닫기 편리하여 현재도 많이 사용되고 있다.

④ 방수 페인트를 칠한 표면에는 미세 돌기가 생겨 물이 스며들지 못하고 흘러내린다.

⑤ 스티키봇의 발에 붙은 접착 패드는 벽에 붙으면 어느 방향으로도 잘 떨어지지 않는다.

9 윗글을 바탕으로 할 때, 보기 의 ㉠~㉤에 대한 설명으로 적절하지 <u>않은</u> 것은?

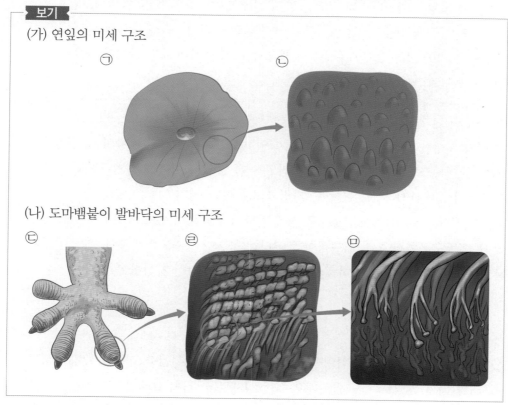

보기

(가) 연잎의 미세 구조

㉠   ㉡

(나) 도마뱀붙이 발바닥의 미세 구조

㉢   ㉣   ㉤

① ㉠: 연잎은 물에 젖지 않는다.

② ㉡: 연잎의 표면은 수많은 미세 돌기로 덮여 있다.

③ ㉢: 도마뱀붙이의 발바닥에는 주름이 있다.

④ ㉣: 발바닥의 주름은 미세한 털로 덮여 있다.

⑤ ㉤: 털 끝부분의 돌기에서 접착 물질이 나온다.

스스로
평가

1회독
😊 😟

2회독
😊 😟

3회독
😊 😟

04 신소재

산업 기술

1회독 구조 읽기

1문단 새로운 소재의 등장은 인간의 삶에 큰 영향을 끼친다. 석기 시대는 청동이라는 신소재의 등장으로 완전히 변화하게 되었고, 20세기 초 플라스틱이라는 신소재의 등장 역시 사람들의 생활 방식을 크게 바꾸어 놓았다. 신소재란 이전의 재료에는 없는 뛰어난 특성을 지닌 소재를 아우르는 말로, 기존 소재의 결점을 보완하거나 완전히 새로운 특성을 띠고 있어 다양한 기능을 실현하게 해 준다. 이 때문에 더 편리하고 더 강한 소재를 만들기 위하여 신소재 개발에 관한 연구가 꾸준히 진행되고 있다.

주제

2문단 형상 기억 합금은 변형이 일어나도 일정 온도가 되면 원래의 형태로 돌아가는 신소재이다. 1960년대 미국 해군 연구소에서 니켈과 타이타늄의 합금으로 만든 파이프가 열에 의해 원래 모양으로 돌아가는 것을 우연히 발견하고 형상 기억 합금을 개발하게 되었다. 형상 기억 합금은 저온일 때 원하는 형태를 만들어 고온으로 가열해 그 모양을 기억시킨다. 그러면 후에 힘이 작용해 변형이 일어나더라도 열을 가해 원래의 형태로 되돌릴 수 있다. 다양한 금속으로 형상 기억 합금을 만들 수 있는데, 그중에서 니켈과 타이타늄의 합금이 대표적이다. 형상 기억 합금은 치아 교정 장치에 사용되는데, 느슨하게 설치된 교정 장치가 체온에 의해 원래 모양으로 돌아가면서 치아를 단단히 죄어 주는 역할을 한다.

사례 1

3문단 초전도체는 1910년대 초에 네덜란드의 물리학자 오너스에 의해 처음으로 발견되었다. 그는 수은의 전기 저항을 측정하는 실험을 하다가 영하 269℃에서 전기 저항이 갑자기 없어지는 현상을 발견하였고, 이를 초전도 현상이라고 이름 붙였다. 초전도체는 이처럼 매우 낮은 온도에서 전기 저항이 0이 되는 성질을 가진 신소재이다. 전기 저항이 없기 때문에 에너지를 손실 없이 전달할 수 있다. 초전도 현상이 일어나기 위해서는 온도가 매우 낮아야 하는데, 최근에 비교적 고온에서 초전도 현상이 일어나는 물질이 발견되면서 활용 가능성이 커졌다. 초전도체를 이용하면 강한 자석을 만들 수 있기 때문에 강한 자석이 필요한 자기 공명 영상 장치에 사용되고 있다.

사례 2

4문단 연필심으로 쓰이는 흑연은 탄소 원자가 육각형의 벌집 모양으로 배열된 평면이 겹겹이 쌓인 구조로 되어 있는데, 이 중 한 겹의 막을 떼어 낸 것을 그래핀이라고 한다. 그래핀의 존재는 예전부터 알려져 있었으나 두께가 매우 얇아 실제로 한 겹의 그래핀을 얻기는 힘들었다. 그런데 2004년에 두 명의 물리학자가 아주 간단한 방법으로 그래핀을 만들어 냈다. 바로 흑연에 셀로판테이프를 붙였다 떼는 것을 반복하여 그래핀을 얻어 낸 것이다. 그래핀은 투명하고, 강철보다 200배 이상 강하며 구리보다 100배 이상 전기가 잘 통한다. 또 구부러지거나 휘어져도 전기가 통한다. 이러한 그래핀의 특성을 활용하면 투명한 디스플레이 장치나 감거나 접는 디스플레이 장치를 만들 수 있다.

사례 3

꿀팁
1회독에서는 지문의 전체 내용이 완벽하게 이해되지 않아도 괜찮아요!

1 윗글과 아래 대화를 읽고 여러분은 윗글의 내용 중 어떤 점에 흥미가 생겼는지 생각해 봅시다.

플라스틱이 없는 생활은 상상하기 어려운데, 널리 쓰이는 플라스틱도 사람들의 삶을 바꾼 신소재라는 점이 놀라웠어.

맞아. 또 어떤 신소재가 등장해서 우리의 삶을 변화시킬지 정말 기대가 돼!

알고 보니 우리 엄마가 쓰시는 안경의 안경테가 형상 기억 합금으로 만든 것이었어. 안경테가 구부러져도 다시 원래 형태로 돌아오는 게 신기했었거든.

그렇구나. 난 그래핀이 빨리 상용화돼서 투명한 디스플레이 장치를 사용할 수 있으면 좋겠어. 영화에서 나오는 것처럼 말이야.

2 윗글에서 가장 중요한 내용이나 주제어를 아래 빈칸에 써 보세요.

3 윗글을 아래와 같은 구조로 정리한다고 할 때 빈칸에 알맞은 말을 써 보세요.

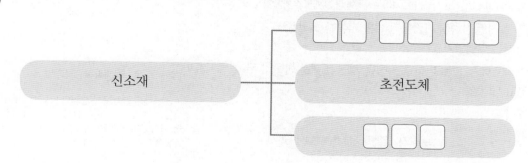

내용 읽기

❶ 각 문장을 읽고, 잘 이해했으면 □에 ✔처럼 체크해 보세요.
❷ 각 문장을 잘 이해하지 못했으면 점선을 따라 밑줄을 그어 보세요.

➡ 밑줄 그은 문장의 앞뒤 문장의 내용을 살펴보면서 다시 천천히 읽어 보세요.
또 문단별 중심 내용의 빈칸을 채워 보세요.

어휘 읽기

❶ 어려운 어휘는 날개에서 그 뜻을 밝혔어요.
❷ 어휘 이외에 잘 모르는 어휘는 스스로 어휘 표시하고 사전에서 뜻을 찾아 써 보세요.

➡ 어휘 뜻을 알고 문장을 다시 읽어 보세요.

1 문단 　새로운 소재의 등장은 인간의 삶에 큰 영향을 끼친다.□ 석기 시대는 청동이라는 신소재의 등장으로 완전히 변화하게 되었고, 20세기 초 플라스틱이라는 신소재의 등장 역시 사람들의 생활 방식을 크게 바꾸어 놓았다.□ 신소재란 이전의 재료에는 없는 뛰어난 특성을 지닌 소재를 아우르는 말로, 기존 소재의 결점을 보완하거나 완전히 새로운 특성을 띠고 있어 다양한 기능을 실현하게 해 준다.□ 이 때문에 더 편리하고 더 강한 소재를 만들기 위하여 신소재 개발에 관한 연구가 꾸준히 진행되고 있다.□

1 문단 중심 내용 □□□의 개념

- **석기**: 돌로 만든 여러 가지 생활 도구. 주로 선사 시대에 만들어진 돌 접시, 돌살촉, 돌도끼 등의 유물을 이른다.
- **청동**: 구리와 주석의 합금.
- **신소재**: 종래의 재료에는 없는 뛰어난 특성을 지닌 소재를 통틀어 이르는 말.
- **아우르다**: 여럿을 모아 한 덩어리나 한 판이 되게 하다.
- **기존**: 이미 존재함.
- **보완하다**: 모자라거나 부족한 것을 보충하여 완전하게 하다.
- **띠다**: 어떤 성질을 가지다.
- **실현하다**: 꿈, 기대 등을 실제로 이루다.

---

4 1문단을 읽고, ㉠~㉤ 중에서 **1**~**4**의 괄호 안에 들어갈 알맞은 기호를 찾아 쓰세요.

| ㉠ 결점 | ㉡ 청동 | ㉢ 특성 |
| ㉣ 신소재 | ㉤ 플라스틱 | |

➕꿀팁 각 문단에서 기호의 단어를 찾아 동그라미 표시하면 더 쉽게 풀 수 있어요!

1 20세기 초에 등장하여 사람들의 생활 방식을 크게 바꾸어 놓은 신소재는 무엇인가요? 　　　　　(　　)

2 이전의 재료에는 없는 뛰어난 특성을 지닌 소재를 아울러 무엇이라고 하나요? 　　　　　(　　)

3 신소재의 특징은 무엇인가요?

기존 소재의 (　　)을 보완하거나 완전히 새로운 특성을 띠고 있다.

4

신소재

새로운 소재의 등장

인간의 삶에 큰 영향을 끼침.
예 (　　) , 플라스틱 등

신소재의 개념

이전의 재료에는 없는 뛰어난 (　　)을 지닌 소재

신소재의 특징과 개발

- 기존 소재의 결점을 보완하거나 완전히 새로운 특성을 띠고 있어 다양한 기능을 실현하게 해 줌.
- 더 편리하고 더 강한 소재를 만들기 위해 신소재 개발에 대한 연구가 진행 중

2문단 형상 기억 합금은 변형이 일어나도 일정 온도가 되면 원래의 형태로 돌아가는 신소재이다.■ 1960년대 미국 해군 연구소에서 니켈과 타이타늄의 합금으로 만든 파이프가 열에 의해 원래 모양으로 돌아가는 것을 우연히 발견하고 형상 기억 합금을 개발하게 되었다.■ 형상 기억 합금은 저온일 때 원하는 형태를 만들어 고온으로 가열해 그 모양을 기억시킨다.■ 그러면 후에 힘이 작용해 변형이 일어나더라도 열을 가해 원래의 형태로 되돌릴 수 있다.■ 다양한 금속으로 형상 기억 합금을 만들 수 있는데, 그중에서 니켈과 타이타늄의 합금이 대표적이다.■ 형상 기억 합금은 치아 교정 장치에 사용되는데, 느슨하게 설치된 교정 장치가 체온에 의해 원래 모양으로 돌아가면서 치아를 단단히 죄어 주는 역할을 한다.■

2문단 중심 내용 신소재 사례 ①
- ☐☐☐☐☐☐ 의 개념과 특성

- **합금**: 하나의 금속에 성질이 다른 하나 이상의 금속이나 비금속을 섞어서 녹여 새로운 성질의 금속을 만듦. 또는 그렇게 만든 금속.
- **변형**: 모양이나 형태가 달라지거나 달라지게 함. 또는 그 달라진 형태.
- **니켈**: 은백색 금속 원소의 하나. 강한 자성을 가진다.
- **타이타늄**: 티탄족에 속하는 원소의 하나. 암석이나 흙 속에 들어 있는 윤이 나는 흰색 금속 원소.
- **교정**: 틀어지거나 잘못된 것을 바로잡음.
- _____

그림으로 쌓는 배경지식

원래 모양 → 힘을 가해 모양을 변형 → 열을 가하면 원래 모양으로 돌아옴.

▲ 형상 기억 합금

5 2문단을 읽고, ㉠~㉤ 중에서 ①~④의 괄호 안에 들어갈 알맞은 기호를 찾아 쓰세요.

> ㉠ 온도   ㉡ 저온   ㉢ 고온
> ㉣ 타이타늄   ㉤ 형상 기억 합금

① 변형이 일어나도 일정 온도가 되면 원래의 형태로 돌아가는 신소재는 무엇인가요?   (   )

② 형상 기억 합금의 원리는 무엇인가요?

> 저온일 때 원하는 형태를 만듦. → (   ) 으로 가열해 그 모양을 기억시킴. → 힘이 작용해 변형이 일어나더라도 열을 가해 원래의 형태로 되돌릴 수 있음.

③ 형상 기억 합금을 만들 수 있는 대표적 합금은 무엇인가요?

> 니켈과 (   ) 의 합금

④ 신소재 사례 ① - 형상 기억 합금

개념	변형이 일어나도 일정 ( ) 가 되면 원래의 형태로 돌아가는 신소재
발견	1960년대 미국 해군 연구소에서 우연히 발견하여 개발됨.
특성	• ( ) 일 때 원하는 형태를 만들어 고온으로 가열해 그 모양을 기억시킴. • 이후에 힘이 작용해 변형이 일어나도 열을 가해 원래의 형태로 되돌릴 수 있음.
활용	• 니켈과 타이타늄의 합금이 대표적 • 치아 교정 장치에 사용됨.

3 문단 초전도체는 1910년대 초에 네덜란드의 물리학자 오너스에 의해 처음으로 발견되었다.■ 그는 수은의 전기 저항을 측정하는 실험을 하다가 영하 269℃에서 전기 저항이 갑자기 없어지는 현상을 발견하였고, 이를 초전도 현상이라고 이름 붙였다.■ 초전도체는 이처럼 매우 낮은 온도에서 전기 저항이 0이 되는 성질을 가진 신소재이다.■ 전기 저항이 없기 때문에 에너지를 손실 없이 전달할 수 있다.■ 초전도 현상이 일어나기 위해서는 온도가 매우 낮아야 하는데, 최근에 비교적 고온에서 초전도 현상이 일어나는 물질이 발견되면서 활용 가능성이 커졌다.■ 초전도체를 이용하면 강한 자석을 만들 수 있기 때문에 강한 자석이 필요한 자기 공명 영상 장치에 사용되고 있다.■

3문단 중심 내용 신소재 사례 ②
- ☐☐☐☐의 개념과 특성

- **전기 저항**: 도체에 전류가 흐르는 것을 방해하는 작용. 전압을 전류로 나눈 값으로 나타낸다.
- **손실**: 잃어버리거나 축나서 손해를 봄. 또는 그 손해.
- **자기 공명 영상 장치**: 균일한 자기장 내에 생명체를 넣고 조직 내 수소 핵의 핵자기 공명을 관찰하여 의료 진단용 영상을 얻는 장치.
- _____

그림으로 쌓는 배 경 지 식

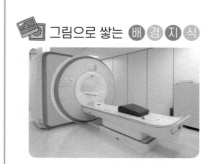

▲ 자기 공명 영상 장치

---

6 3문단을 읽고, ㉠~㉤ 중에서 **1**~**4**의 괄호 안에 들어갈 알맞은 기호를 찾아 쓰세요.

> ㉠ 자석 ㉡ 저항 ㉢ 에너지
> ㉣ 초전도체 ㉤ 초전도 현상

1 매우 낮은 온도에서 전기 저항이 0이 되는 성질을 가진 신소재는 무엇인가요? ( )

2 초전도체의 특성은 무엇인가요?

전기 저항이 없기 때문에 ( )를 손실 없이 전달할 수 있다.

3 초전도체가 사용되는 예는 무엇인가요?

강한 ( ) 이 필요한 자기 공명 영상 장치

4 신소재 사례 ② - 초전도체

개념	매우 낮은 온도에서 전기 ( ) 이 0 이 되는 성질을 가진 신소재
발견	1910년대 초에 네덜란드의 물리학자 오너스가 영하 269℃에서 수은의 전기 저항이 갑자기 없어지는 현상을 발견하고, ( ) 이라고 이름 붙임.
특성	• 전기 저항이 없기 때문에 에너지를 손실 없이 전달할 수 있음. • 초전도 현상이 일어나기 위해서는 온도가 매우 낮아야 함. • 최근에 비교적 고온에서 초전도 현상이 일어나는 물질이 발견됨.
활용	강한 자석이 필요한 자기 공명 영상 장치에 사용됨.

④ 문단 연필심으로 쓰이는 흑연은 탄소 원자가 육각형의 벌집 모양으로 배열된 평면이 겹겹이 쌓인 구조로 되어 있는데, 이 중 한 겹의 막을 떼어 낸 것을 그래핀이라고 한다.■ 그래핀의 존재는 예전부터 알려져 있었으나 두께가 매우 얇아 실제로 한 겹의 그래핀을 얻기는 힘들었다.■ 그런데 2004년에 두 명의 물리학자가 아주 간단한 방법으로 그래핀을 만들어 냈다.■ 바로 흑연에 셀로판테이프를 붙였다 떼는 것을 반복하여 그래핀을 얻어 낸 것이다.■ 그래핀은 투명하고, 강철보다 200배 이상 강하며 구리보다 100배 이상 전기가 잘 통한다. 또 구부러지거나 휘어져도 전기가 통한다.■ 이러한 그래핀의 특성을 활용하면 투명한 디스플레이 장치나 감거나 접는 디스플레이 장치를 만들 수 있다.■

4문단 중심 내용 신소재 사례 ③
- ☐☐☐의 개념과 특성

• **흑연**: 순수한 탄소로 이루어진 광물의 하나. 연필심으로 쓰인다.
• **탄소**: 주기율표 제14족에 속하는 비금속 원소의 하나. 숯·석탄 등으로 산출된다.
• **디스플레이 장치**: 컴퓨터 출력 장치의 하나. 컴퓨터의 처리 결과를 직접 눈으로 볼 수 있도록 텔레비전과 같은 화면에 문자나 도형을 표시한다.

그림으로 쌓는 배 경 지 식

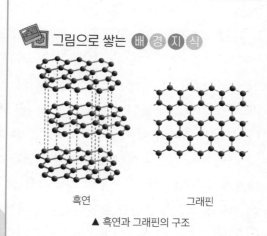

흑연   그래핀
▲ 흑연과 그래핀의 구조

정답과 해설 24쪽

7 4문단을 읽고, ㉠~㉤ 중에서 ▮~◢의 괄호 안에 들어갈 알맞은 기호를 찾아 쓰세요.

| ㉠ 탄소 | ㉡ 전기 | ㉢ 두께 |
| ㉣ 흑연 | ㉤ 그래핀 | |

▮ 탄소 원자가 육각형의 벌집 모양으로 배열된 평면이 겹겹이 쌓인 구조로 되어 있는 것은 무엇인가요?　　　　(　　)

◪ 흑연에서 한 겹의 막을 떼어 낸 것을 무엇이라고 하나요?
　　　　　　　　　　　　　　　　　　　(　　)

◫ 그래핀의 특성은 무엇인가요?
• (　　　) 가 매우 얇다.
• 구리보다 100배 이상 (　　　) 가 잘 통한다.

④ 신소재 사례 ③ - 그래핀

개념	• 흑연: (　　　) 원자가 육각형의 벌집 모양으로 배열된 평면이 겹겹이 쌓인 구조로 되어 있음. • 그래핀: 흑연에서 한 겹의 막을 떼어 낸 것
발견	2004년 두 명의 물리학자가 흑연에 셀로판테이프를 붙였다 떼는 것을 반복하여 그래핀을 얻어 냄.
특성	• 두께가 매우 얇고 투명함. • 강철보다 200배 이상 강함. • 구리보다 100배 이상 전기가 잘 통함. • 구부러지거나 휘어져도 전기가 통함.
활용	• 투명한 디스플레이 장치 • 감거나 접는 디스플레이 장치

1문단 새로운 소재의 등장은 인간의 삶에 큰 영향을 끼친다. 석기 시대는 청동이라는 신소재의 등장으로 완전히 변화하게 되었고, 20세기 초 플라스틱이라는 신소재의 등장 역시 사람들의 생활 방식을 크게 바꾸어 놓았다. 신소재란 이전의 재료에는 없는 뛰어난 특성을 지닌 소재를 아우르는 말로, 기존 소재의 결점을 보완하거나 완전히 새로운 특성을 띠고 있어 다양한 기능을 실현하게 해 준다. 이 때문에 더 편리하고 더 강한 소재를 만들기 위하여 신소재 개발에 관한 연구가 꾸준히 진행되고 있다.

2문단 ㉠형상 기억 합금은 변형이 일어나도 일정 온도가 되면 원래의 형태로 돌아가는 신소재이다. 1960년대 미국 해군 연구소에서 니켈과 타이타늄의 합금으로 만든 파이프가 열에 의해 원래 모양으로 돌아가는 것을 우연히 발견하고 형상 기억 합금을 개발하게 되었다. 형상 기억 합금은 저온일 때 원하는 형태를 만들어 고온으로 가열해 그 모양을 기억시킨다. 그러면 후에 힘이 작용해 변형이 일어나더라도 열을 가해 원래의 형태로 되돌릴 수 있다. 다양한 금속으로 형상 기억 합금을 만들 수 있는데, 그중에서 니켈과 타이타늄의 합금이 대표적이다. 형상 기억 합금은 치아 교정 장치에 사용되는데, 느슨하게 설치된 교정 장치가 체온에 의해 원래 모양으로 돌아가면서 치아를 단단히 죄어 주는 역할을 한다.

3문단 ㉡초전도체는 1910년대 초에 네덜란드의 물리학자 오너스에 의해 처음으로 발견되었다. 그는 수은의 전기 저항을 측정하는 실험을 하다가 영하 269℃에서 전기 저항이 갑자기 없어지는 현상을 발견하였고, 이를 초전도 현상이라고 이름 붙였다. 초전도체는 이처럼 매우 낮은 온도에서 전기 저항이 0이 되는 성질을 가진 신소재이다. 전기 저항이 없기 때문에 에너지를 손실 없이 전달할 수 있다. 초전도 현상이 일어나기 위해서는 온도가 매우 낮아야 하는데, 최근에 비교적 고온에서 초전도 현상이 일어나는 물질이 발견되면서 활용 가능성이 커졌다. 초전도체를 이용하면 강한 자석을 만들 수 있기 때문에 강한 자석이 필요한 자기 공명 영상 장치에 사용되고 있다.

4문단 연필심으로 쓰이는 흑연은 탄소 원자가 육각형의 벌집 모양으로 배열된 평면이 겹겹이 쌓인 구조로 되어 있는데, 이 중 한 겹의 막을 떼어 낸 것을 ㉢그래핀이라고 한다. 그래핀의 존재는 예전부터 알려져 있었으나 두께가 매우 얇아 실제로 한 겹의 그래핀을 얻기는 힘들었다. 그런데 2004년에 두 명의 물리학자가 아주 간단한 방법으로 그래핀을 만들어 냈다. 바로 흑연에 셀로판테이프를 붙였다 떼는 것을 반복하여 그래핀을 얻어 낸 것이다. 그래핀은 투명하고, 강철보다 200배 이상 강하며 구리보다 100배 이상 전기가 잘 통한다. 또 구부러지거나 휘어져도 전기가 통한다. 이러한 그래핀의 특성을 활용하면 투명한 디스플레이 장치나 감거나 접는 디스플레이 장치를 만들 수 있다.

꿀팁
지문에서 신소재의 개념을 설명하고 다양한 개발 사례를 제시하고 있어요. 지문에 제시된 세 가지 신소재의 개념과 특징을 이해할 수 있어야 해요. 특히 형상 기억 합금이 변하는 과정이 그림으로 제시된 문제를 해결하려면 신소재의 원리를 정확하게 파악하는 것이 중요해요.

8 윗글을 통해 확인할 수 있는 내용이 <u>아닌</u> 것은?

① 그래핀의 활용 가능성

② 신소재의 정의와 장점

③ 초전도 현상이 일어나기 위한 조건

④ 형상 기억 합금을 만들 수 있는 금속

⑤ 일반 금속과 형상 기억 합금의 공통점

9 윗글을 바탕으로 보기 와 같이 형상 기억 합금이 원래의 형태로 돌아가는 과정을 정리하였다. ⓐ~ⓒ에 들어갈 말로 적절한 것은?

보기

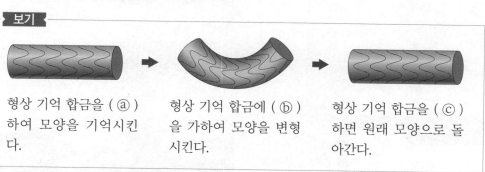

형상 기억 합금을 (ⓐ) 하여 모양을 기억시킨다.

형상 기억 합금에 (ⓑ)을 가하여 모양을 변형시킨다.

형상 기억 합금을 (ⓒ) 하면 원래 모양으로 돌아간다.

	ⓐ	ⓑ	ⓒ
①	가열	열	가열
②	가열	힘	가열
③	가열	힘	냉각
④	냉각	열	냉각
⑤	냉각	힘	가열

10 ㉠~㉢에 관하여 학생이 이해한 내용으로 적절한 것만을 골라 묶은 것은?

가. ㉠을 활용해 만든 물체는 큰 힘을 가하거나 온도를 변화시켜도 형태가 바뀌지 않겠구나.

나. ㉡을 다양하게 활용하기 위해서는 초전도 현상이 일어나는 온도 조건을 맞추는 것이 중요하겠구나.

다. ㉢과 흑연은 구성 성분은 동일하지만 다른 특성을 가지고 있겠구나.

① 가

② 나

③ 가, 나

④ 나, 다

⑤ 가, 나, 다

스스로 평가

1회독 ☺ ☹

2회독 ☺ ☹

3회독 ☺ ☹

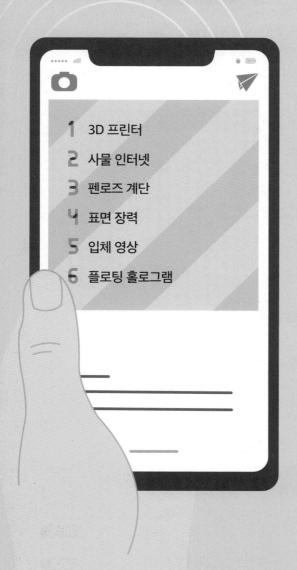

1 3D 프린터

입력된 설계도를 바탕으로 3차원의 입체적인 물건을 만드는 프린터를 3D 프린터라고 합니다. 1980년대 미국의 3D 시스템즈라는 회사에서 액체 상태의 플라스틱을 굳혀 입체 물건을 만드는 프린터를 개발하였는데, 이것이 3D 프린터의 시초로 여겨집니다. 3D 프린터는 바닥부터 아주 얇은 막을 한 층씩 쌓아 물건을 인쇄하는 방식과 커다란 덩어리를 깎아 물건을 인쇄하는 방식이 있습니다. 얇은 막을 쌓아 물건을 인쇄하는 방식은 층층이 쌓아서 만들기 때문에 곡선 부분을 자세히 보면 매끄럽지 않고 계단처럼 되어 있습니다. 반면 덩어리를 깎아 물건을 인쇄하는 방식은 곡선 부분이 비교적 매끄럽습니다. 하지만 컵처럼 오목하게 들어간 모양은 날이 안쪽까지 들어가지 않아 만들기 어렵습니다. 3D 프린터는 제조, 건축, 의료 등 다양한 분야에서 활용되고 있습니다.

2 사물 인터넷

사물 인터넷(Internet of Things, IoT)은 사람, 사물, 공간 등 모든 것이 인터넷으로 연결되어 서로 정보를 주고받을 수 있는 시스템을 의미합니다. 사람의 도움 없이도 사물들끼리 서로 정보를 주고받을 수 있고, 기존의 개별 사물들이 제공하지 못했던 새로운 서비스를 제공할 수 있습니다.

3 펜로즈 계단

2차원 평면에 그린 3차원 계단으로, 물리학자 라이오넬 펜로즈와 그의 아들 로저 펜로즈가 고안했습니다. 펜로즈 계단은 처음과 끝이 서로 연결되어 영원히 올라가거나 내려갈 수 있습니다. 2차원 평면에서는 그릴 수 있지만 3차원에서 실제로 구현하는 것은 불가능합니다. 펜로즈 계단처럼, 2차원 그림으로는 가능하지만 3차원으로는 구현할 수 없는 '펜로즈 삼각형'도 있습니다.

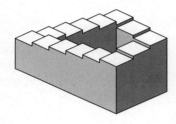

5 입체 영상

3차원 공간에 있는 것처럼 보이는 영상을 말합니다. 우리의 두 눈은 약간 떨어져 있기 때문에 두 눈이 보는 시야가 다릅니다. 이렇게 양쪽 눈의 망막에 맺히는 상의 차이를 양안 시차라고 합니다. 우리는 양안 시차 때문에 입체감을 느낄 수 있습니다. 대부분의 입체 영상은 이 양안 시차를 이용하여 한 쌍의 2D 영상을 양쪽 눈에 제시하여 하나의 입체 영상으로 보이게 하는 기술을 사용합니다. 입체 영상을 볼 때는 입체 영상 방식에 따라 색 필터 안경, 편광 안경 등을 사용합니다.

4 표면 장력

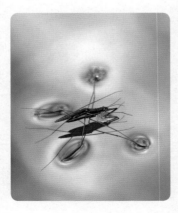

액체의 표면이 스스로 수축하여 가능한 한 작은 면적을 취하려는 힘을 표면 장력이라고 합니다. 액체 내부에 있는 분자들은 모든 방향으로 같은 힘을 받지만, 표면에 있는 분자들은 액체의 내부 방향으로 힘을 받게 되면서 생기는 현상입니다. 소금쟁이가 수면 위를 떠다닐 수 있는 것, 풀잎에 물방울이 동그랗게 맺히는 것, 물 위에 클립을 띄울 수 있는 것 등은 모두 표면 장력 때문입니다.

6 플로팅 홀로그램

영상이 투명한 막에 투영되어 마치 공중에 떠 있는 듯한 효과를 내는 기술을 플로팅 홀로그램이라고 합니다. 무대 천장에 설치된 프로젝터가 무대 바닥의 스크린에 영상을 비추고, 바닥의 스크린에 반사된 영상이 무대 위에 45° 각도로 설치된 투명한 막에 맺혀 허공에 떠 있는 것처럼 보입니다. 플로팅 홀로그램은 1860년대에 상연된 '페퍼의 유령'이라는 이름의 공연에서 시작되었습니다. 이 공연에서는 45° 각도로 설치된 투명한 막에 유령이 비치도록 하였습니다. 플로팅 홀로그램은 투명한 막에 영상을 맺히게 한다는 점에서 허공에 입체 영상을 재현하는 진정한 홀로그램이라고 보기는 어렵습니다. 플로팅 홀로그램은 현재 케이 팝 콘서트를 비롯한 다양한 공연과 전시 등에서 사용되고 있습니다.

IV

과정 구조

누리호 발사 과정

① 문단 2021년 10월 21일 오후 5시, 전남 고흥의 나로 우주 센터에서 한국형 발사체 누리호(KSLV-Ⅱ)의 1차 발사가 이루어졌다. 발사체란 인공위성과 같은 탑재물을 우주로 옮기는 데 사용되는 로켓을 말한다. 누리호는 1.5톤급 실용 위성*을 고도 600~800km의 궤도에 실어 나를 수 있는 발사체를 개발하고, 우주 발사체 기술을 확보하기 위해 개발되었다. 누리호는 한국 항공 우주 연구원 등이 국내 기술로 개발한 무게 200t, 길이 47.2m, 지름 3.5m의 3단 로켓이다. 1단은 75톤급 추력을 내는 엔진 4개, 2단은 75톤급 추력을 내는 엔진 1개, 3단은 7톤급 추력을 내는 엔진 1개로 구성되어 있다. 또 누리호는 액체 연료와 산화제를 추진제로 사용하는 액체 로켓으로, 연료는 등유인 케로신을 사용하고 산화제는 영하 183℃의 액체 산소를 사용한다. 연료가 연소하려면 산소가 필요한데, 산화제는 연료에 산소를 공급하는 역할을 한다.

주제

② 문단 발사 전 준비 과정을 살펴보면, 발사 전날 나로 우주 센터 내 조립동에서 누리호는 차량에 실려 발사대로 이동된 다음 수직으로 세워졌다. 발사 당일 누리호는 각종 전자 장비를 점검하고, 연료와 산화제를 차례로 충전했다. 발사 약 30분 전 누리호를 수직으로 세워 지지해 주던 발사체 기립 장치가 분리되고, 발사 10분 전 컴퓨터의 발사 자동 운용 프로그램이 가동됐다. 발사 자동 운용 중 이상이 발견되면 발사는 자동으로 취소되는데, 누리호는 5시 정각에 정상적으로 발사됐다.

과정 1

③ 문단 누리호의 비행 과정은 이륙, 1단 분리, 페어링 분리, 2단 분리, 위성 모사체 분리의 5단계로 이루어졌다. 위성 모사체란 위성의 기능은 없지만, 실제 위성과 같은 크기와 무게로 제작되어 발사체의 성능을 검증하기 위한 위성을 말한다. 먼저 누리호는 1단 엔진이 점화되어 이륙했다. 1단은 무거운 발사체를 쏘아 올리기 위해 큰 추력을 내야 한다. 이륙한 지 127초 후 고도 59km에서 연소를 마친 1단이 분리됐다. 곧이어 2단 엔진이 점화됐으며, 발사 233초 후 고도 191km에서 위성 모사체를 보호하는 덮개인 페어링이 분리됐다. 발사체가 공기와의 마찰이 거의 없는 고도에 이르면 무게를 줄이기 위해 페어링을 분리한다. 발사 274초 후 고도 258km에서 2단이 분리됐다. 곧이어 3단 엔진이 점화됐고, 발사 후 967초가 지난 오후 5시 16분쯤 누리호는 고도 700km에 도착해 위성 모사체를 분리하는 데 성공했다.

과정 2

④ 문단 누리호는 전 비행 과정을 정상적으로 수행했고, 목표 고도인 700km에 도달했다. 다만 목표 속도인 7.5km/s에는 도달하지 못해 위성 모사체가 궤도에 안착하지 못했다. 이는 3단 엔진이 목표했던 521초 동안 연소하지 않고 475초 만에 연소를 끝냈기 때문이다. 누리호의 2차 발사는 2022년에 예정되어 있으며, 이후 추가 발사가 이어질 예정이다.

과정 3

꿀팁
1회독에서는 지문의 전체 내용이 완벽하게 이해되지 않아도 괜찮아요!

*실용 위성: 실생활이나 산업에 직접 사용하는 인공위성.

1 윗글과 아래 대화를 읽고 여러분은 윗글의 내용 중 어떤 점에 흥미가 생겼는지 생각해 봅시다.

민호야! 드디어 우리나라도 우리 기술로 발사체를 쏠 수 있게 되었어!

응. 나도 가족과 함께 발사 과정을 텔레비전으로 지켜봤어. 누리호가 이륙하는 장면은 정말 멋지더라.

저렇게 크고 무거운 누리호를 우주로 보내다니 개발에 참여한 많은 과학자나 기술자들이 대단한 것 같아.

위성 모사체가 아니라 진짜 위성을 싣고 우주로 가는 날이 빨리 왔으면 좋겠어.

2 윗글에서 가장 중요한 내용이나 주제어를 아래 빈칸에 써 보세요.

3 윗글을 아래와 같은 구조로 정리한다고 할 때 빈칸에 알맞은 말을 써 보세요.

누리호의 목적과 특징

↓

누리호의 발사 전 준비 과정

↓

누리호의 [ ][ ] 과정

↓

누리호의 비행 평가 및 향후 일정

내용 읽기

- ❶ 각 문장을 읽고, 잘 이해했으면 □에 ✔처럼 체크해 보세요.
- ❷ 각 문장을 잘 이해하지 못했으면 점선을 따라 밑줄을 그어 보세요.

➡ 밑줄 그은 문장의 앞뒤 문장의 내용을 살펴보면서 다시 천천히 읽어 보세요.
또 문단별 중심 내용의 빈칸을 채워 보세요.

어휘 읽기

- ❶ 어려운 어휘는 날개에서 그 뜻을 밝혔어요.
- ❷ 어휘 이외에 잘 모르는 어휘는 스스로 어휘 표시하고 사전에서 뜻을 찾아 써 보세요.

➡ 어휘 뜻을 알고 문장을 다시 읽어 보세요.

❶ 문단 2021년 10월 21일 오후 5시, 전남 고흥의 나로 우주 센터에서 한국형 발사체 누리호(KSLV-II)의 1차 발사가 이루어졌다.□ 발사체란 인공위성과 같은 탑재물을 우주로 옮기는 데 사용되는 로켓을 말한다.□ 누리호는 1.5톤급 실용 위성*을 고도 600~800km의 궤도에 실어 나를 수 있는 발사체를 개발하고, 우주 발사체 기술을 확보하기 위해 개발되었다.□ 누리호는 한국 항공 우주 연구원 등이 국내 기술로 개발한 무게 200t, 길이 47.2m, 지름 3.5m의 3단 로켓이다.□ 1단은 75톤급 추력을 내는 엔진 4개, 2단은 75톤급 추력을 내는 엔진 1개, 3단은 7톤급 추력을 내는 엔진 1개로 구성되어 있다.□ 또 누리호는 액체 연료와 산화제를 추진제로 사용하는 액체 로켓으로, 연료는 등유인 케로신을 사용하고 산화제는 영하 183℃의 액체 산소를 사용한다.□ 연료가 연소하려면 산소가 필요한데, 산화제는 연료에 산소를 공급하는 역할을 한다.□

*실용 위성: 실생활이나 산업에 직접 사용하는 인공위성.

- **탑재물**: 배, 비행기, 차 등에 실은 물건.
- **실용 위성**: 실생활이나 산업에 직접 사용하는 인공위성. 통신 위성, 기상 위성 등이 있다.
- **고도**: 평균 해수면을 0으로 하여 측정한 대상 물체의 높이.
- **궤도**: 행성, 혜성, 인공위성 등이 중력의 영향을 받아 다른 천체의 둘레를 돌면서 그리는 곡선의 길.
- **추력**: 물체를 운동 방향으로 밀어붙이는 힘.
- **추진제**: 로켓 등을 추진하는 데에 쓰는 연료와 산화제.
- **연소하다**: 물질이 산소와 화합할 때에, 많은 빛과 열을 내다.

1문단 중심 내용 □□□의 목적과 특징

4 1문단을 읽고, ㉠~㉤ 중에서 ❶~❹의 괄호 안에 들어갈 알맞은 기호를 찾아 쓰세요.

| ㉠ 4 | ㉡ 3단 | ㉢ 누리호 |
| ㉣ 액체 산소 | ㉤ 실용 위성 | |

➕꿀팁 각 문단에서 기호의 단어를 찾아 동그라미 표시하면 더 쉽게 풀 수 있어요!

❶ 2021년 10월 21일 오후 5시, 전남 고흥의 나로 우주 센터에서 발사된 발사체는 무엇인가요?　　　　　（　　）

❷ 누리호는 몇 단 로켓인가요?　　　　　　　　（　　）

❸ 누리호의 연료와 산화제는 무엇인가요?

연료: 케로신, 산화제: （　　　　）

4 ┌─ 누리호의 목적과 특징 ─┐

┌─ 누리호의 개발 목적 ─┐

- 1.5톤급 （　　　　）을 고도 600~800km의 궤도에 실어 나를 수 있는 발사체를 개발하기 위해
- 우주 발사체 기술을 확보하기 위해

┌─ 누리호의 특징 ─┐

- 무게: 200t, 길이: 47.2m, 지름: 3.5m
- 3단 로켓: 1단은 75톤급 엔진 （　　　）개, 2단은 75톤급 엔진 1개, 3단은 7톤급 엔진 1개로 구성
- 액체 로켓: 연료는 케로신, 산화제는 액체 산소를 사용

2 문단   발사 전 준비 과정을 살펴보면, 발사 전날 나로 우주 센터 내 조립동에서 누리호는 차량에 실려 발사대로 이동된 다음 수직으로 세워졌다.■ 발사 당일 누리호는 각종 전자 장비를 점검하고, 연료와 산화제를 차례로 충전했다.■ 발사 약 30분 전 누리호를 수직으로 세워 지지해 주던 발사체 기립 장치가 분리되고, 발사 10분 전 컴퓨터의 발사 자동 운용 프로그램이 가동됐다.■ 발사 자동 운용 중 이상이 발견되면 발사는 자동으로 취소되는데, 누리호는 5시 정각에 정상적으로 발사됐다.■

2문단 중심 내용 누리호의 □□ 전 준비 과정

• **발사대**: 미사일, 로켓 등을 쏘기 위하여 고정시켜 놓는 받침대.
• **점검하다**: 낱낱이 검사하다.
• **기립**: 일어나서 섬.
• **운용**: 무엇을 움직이게 하거나 부리어 씀.
• **가동되다**: 사람이나 기계 등이 움직여 일하다.
• **이상**: 정상적인 상태와 다름.
• _____

정답과 해설 26쪽

5 2문단을 읽고, ㉠~㉤ 중에서 **1**~**4**의 괄호 안에 들어갈 알맞은 기호를 찾아 쓰세요.

| ㉠ 연료 | ㉡ 수직 | ㉢ 발사대 |
| ㉣ 산화제 | ㉤ 발사 자동 운용 | |

1 발사 전날 누리호는 조립동에서 어디로 이동하나요?
(   )

2 발사 당일 충전하는 것은 무엇인가요?
연료와 (   )

3 발사 10분 전에 가동하는 컴퓨터 프로그램은 무엇인가요?
(   )

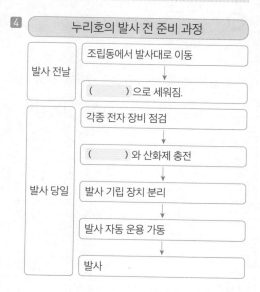

4   누리호의 발사 전 준비 과정

발사 전날	조립동에서 발사대로 이동
	( )으로 세워짐.
발사 당일	각종 전자 장비 점검
	( )와 산화제 충전
	발사 기립 장치 분리
	발사 자동 운용 가동
	발사

3문단 　누리호의 비행 과정은 이류, 1단 분리, 페어링 분리, 2단 분리, 위성 모사체 분리의 5단계로 이루어졌다.■ 위성 모사체란 위성의 기능은 없지만, 실제 위성과 같은 크기와 무게로 제작되어 발사체의 성능을 검증하기 위한 위성을 말한다.■ 먼저 누리호는 1단 엔진이 점화되어 이류했다.■ 1단은 무거운 발사체를 쏘아 올리기 위해 큰 추력을 내야 한다.■ 이류한 지 127초 후 고도 59km에서 연소를 마친 1단이 분리됐다.■ 곧이어 2단 엔진이 점화됐으며, 발사 233초 후 고도 191km에서 위성 모사체를 보호하는 덮개인 페어링이 분리됐다.■ 발사체가 공기와의 마찰이 거의 없는 고도에 이르면 무게를 줄이기 위해 페어링을 분리한다.■ 발사 274초 후 고도 258km에서 2단이 분리됐다.■ 곧이어 3단 엔진이 점화됐고, 발사 후 967초가 지난 오후 5시 16분쯤 누리호는 고도 700km에 도착해 위성 모사체를 분리하는 데 성공했다.■

3문단 중심 내용 누리호의 ☐☐ 과정

- **이류**: 비행기 등이 날기 위하여 땅에서 떠오름.
- **위성**: 지구 등의 행성 둘레를 돌도록 로켓을 이용하여 쏘아 올린 인공의 장치.
- **성능**: 기계 등이 지닌 성질이나 기능.
- **검증하다**: 검사하여 증명하다.
- **점화되다**: 내연 기관에서 실린더 안의 연료를 폭발시킬 목적으로 가스체에 가열 또는 전기 불꽃이 접촉되다.
- **마찰**: 접촉하고 있는 두 물체가 상대 운동을 할 때, 그 접촉면에서 운동을 방해하려고 하는 방향으로 힘이 작용하는 현상.

그림으로 쌓는 배경지식

산화제 탱크
연료 탱크 — 3단
산화제 탱크
연료 탱크 — 2단
산화제 탱크
연료 탱크 — 1단

▲ 액체 로켓의 내부 구조

---

6 3문단을 읽고, ㉠~㉤ 중에서 ①~④의 괄호 안에 들어갈 알맞은 기호를 찾아 쓰세요.

| ㉠ 1단 | ㉡ 엔진 | ㉢ 고도 |
| ㉣ 페어링 | ㉤ 위성 모사체 | |

① 위성의 기능은 없지만, 실제 위성과 같은 크기와 무게로 제작되어 발사체의 성능을 검증하기 위한 위성을 무엇이라고 하나요? 　　　　　　　(　　)

② 무거운 발사체를 쏘아 올리기 위해 큰 추력을 내야 하는 것은 몇 단인가요? 　　　　　　　(　　)

③ 위성 모사체를 보호하는 덮개를 무엇이라고 하나요?
　　　　　　　(　　)

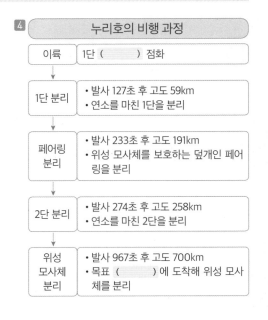

④ 누리호의 비행 과정

이류	1단 (　　) 점화
1단 분리	• 발사 127초 후 고도 59km • 연소를 마친 1단을 분리
페어링 분리	• 발사 233초 후 고도 191km • 위성 모사체를 보호하는 덮개인 페어링을 분리
2단 분리	• 발사 274초 후 고도 258km • 연소를 마친 2단을 분리
위성 모사체 분리	• 발사 967초 후 고도 700km • 목표 (　　)에 도착해 위성 모사체를 분리

④ 문단 누리호는 전 비행 과정을 정상적으로 수행했고, 목표 고도인 700km에 도달했다.■ 다만 목표 속도인 7.5km/s에는 도달하지 못해 위성 모사체가 궤도에 안착하지 못했다.■ 이는 3단 엔진이 목표했던 521초 동안 연소하지 않고 475초 만에 연소를 끝냈기 때문이다.■ 누리호의 2차 발사는 2022년에 예정되어 있으며, 이후 추가 발사가 이어질 예정이다.■

- **수행하다**: 생각하거나 계획한 대로 일을 해내다.
- **안착하다**: 어떤 곳에 무사하게 잘 도착하다.
- _____

4문단 중심 내용 누리호의 [ ][ ] 평가 및 향후 일정

7 4문단을 읽고, ㉠~㉤ 중에서 1~4의 괄호 안에 들어갈 알맞은 기호를 찾아 쓰세요.

| ㉠ 7.5km/s | ㉡ 700km | ㉢ 3단 엔진 |
| ㉣ 목표 속도 | ㉤ 위성 모사체 | |

1 누리호의 목표 고도는 몇 km인가요? ( )

2 누리호의 목표 속도는 몇 km/s인가요? ( )

3 위성 모사체가 궤도에 안착하지 못한 까닭은 무엇인가요?

( ) 이 목표했던 521초 동안 연소하지 않고 475초 만에 연소를 끝냈기 때문에

4 ▸ 누리호의 비행 평가 및 향후 일정

누리호의 비행 평가

- 전 비행 과정을 정상적으로 수행했고, 목표 고도인 700km에 도달했음.
- 다만 ( )인 7.5km/s에는 도달하지 못해 ( )가 궤도에 안착하지 못했음.

향후 일정

- 누리호의 2차 발사는 2022년에 예정되어 있음.
- 이후 추가 발사가 이어질 예정

①문단 2021년 10월 21일 오후 5시, 전남 고흥의 나로 우주 센터에서 한국형 발사체 누리호(KSLV-II)의 1차 발사가 이루어졌다. 발사체란 인공위성과 같은 탑재물을 우주로 옮기는 데 사용되는 로켓을 말한다. 누리호는 1.5톤급 실용 위성*을 고도 600~800km의 궤도에 실어 나를 수 있는 발사체를 개발하고, 우주 발사체 기술을 확보하기 위해 개발되었다. 누리호는 한국 항공 우주 연구원 등이 국내 기술로 개발한 무게 200t, 길이 47.2m, 지름 3.5m의 3단 로켓이다. 1단은 75톤급 추력을 내는 엔진 4개, 2단은 75톤급 추력을 내는 엔진 1개, 3단은 7톤급 추력을 내는 엔진 1개로 구성되어 있다. 또 누리호는 액체 연료와 ⊙산화제를 추진제로 사용하는 액체 로켓으로, 연료는 등유인 케로신을 사용하고 산화제는 영하 183℃의 액체 산소를 사용한다. 연료가 연소하려면 산소가 필요한데, 산화제는 연료에 산소를 공급하는 역할을 한다.

②문단 발사 전 준비 과정을 살펴보면, 발사 전날 나로 우주 센터 내 조립동에서 누리호는 차량에 실려 발사대로 이동된 다음 수직으로 세워졌다. 발사 당일 누리호는 각종 전자 장비를 점검하고, 연료와 산화제를 차례로 충전했다. 발사 약 30분 전 누리호를 수직으로 세워 지지해 주던 발사체 기립 장치가 분리되고, 발사 10분 전 컴퓨터의 발사 자동 운용 프로그램이 가동됐다. 발사 자동 운용 중 이상이 발견되면 발사는 자동으로 취소되는데, 누리호는 5시 정각에 정상적으로 발사됐다.

③문단 누리호의 비행 과정은 이륙, 1단 분리, 페어링 분리, 2단 분리, 위성 모사체 분리의 5단계로 이루어졌다. 위성 모사체란 위성의 기능은 없지만, 실제 위성과 같은 크기와 무게로 제작되어 발사체의 성능을 검증하기 위한 위성을 말한다. 먼저 누리호는 1단 엔진이 점화되어 이륙했다. 1단은 무거운 발사체를 쏘아 올리기 위해 큰 추력을 내야 한다. 이륙한 지 127초 후 고도 59km에서 연소를 마친 1단이 분리됐다. 곧이어 2단 엔진이 점화됐으며, 발사 233초 후 고도 191km에서 위성 모사체를 보호하는 덮개인 페어링이 분리됐다. 발사체가 공기와의 마찰이 거의 없는 고도에 이르면 무게를 줄이기 위해 페어링을 분리한다. 발사 274초 후 고도 258km에서 2단이 분리됐다. 곧이어 3단 엔진이 점화됐고, 발사 후 967초가 지난 오후 5시 16분쯤 누리호는 고도 700km에 도착해 위성 모사체를 분리하는 데 성공했다.

④문단 누리호는 전 비행 과정을 정상적으로 수행했고, 목표 고도인 700km에 도달했다. 다만 목표 속도인 7.5km/s에는 도달하지 못해 위성 모사체가 궤도에 안착하지 못했다. 이는 3단 엔진이 목표했던 521초 동안 연소하지 않고 475초 만에 연소를 끝냈기 때문이다. 누리호의 2차 발사는 2022년에 예정되어 있으며, 이후 추가 발사가 이어질 예정이다.

*실용 위성: 실생활이나 산업에 직접 사용하는 인공위성.

✦꿀팁 지문에서 누리호의 특징과 발사 과정을 설명하고 있어요. 특히 3문단에서 중점적으로 다루고 있는 누리호의 비행 과정을 단계적으로 이해하는 것이 중요해요 이를 통해 누리호의 비행 과정을 그림에 적용하는 문제를 해결할 수 있어요.

8 윗글의 내용과 일치하지 <u>않는</u> 것은?

① 누리호는 3단 로켓으로, 각 단에 엔진이 장착되어 있다.

② 누리호는 연료로 케로신을 사용하고, 산화제로 액체 산소를 사용한다.

③ 발사체는 인공위성 등을 우주 공간으로 옮기는 데 사용되는 로켓이다.

④ 누리호는 발사 자동 운용 중 이상이 발견되지 않아 정상적으로 발사되었다.

⑤ 위성 모사체가 궤도에 안착하지 못한 것은 누리호가 목표 고도인 700km에 도달하지 못했기 때문이다.

9 ㉠이 필요한 이유를 설명한 내용으로 가장 적절한 것은?

① 연료의 온도를 낮추기 위해서

② 연료가 새는 것을 막기 위해서

③ 연료가 떨어지면 연료를 대체하기 위해서

④ 연료가 연소할 수 있게 산소를 공급하기 위해서

⑤ 액체 상태의 연료를 고체 상태로 만들기 위해서

10 다음은 누리호의 비행 과정을 나타낸 시각 자료이다. 윗글을 바탕으로 ⓐ~ⓔ 단계에 대해 이해한 내용으로 적절하지 <u>않은</u> 것은?

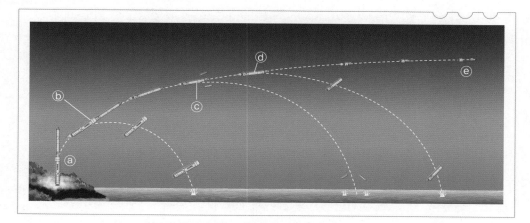

① ⓐ단계에서는 누리호의 1단 엔진이 점화되었다.

② ⓑ단계에서는 연소를 마친 1단이 분리되었다.

③ ⓒ단계에서는 위성 모사체를 보호하는 덮개인 페어링이 분리되었다.

④ ⓓ단계에서는 3단 엔진이 점화된 다음, 2단이 분리되었다.

⑤ ⓔ단계에서는 고도 700km에 도착해 위성 모사체를 분리하였다.

스스로 평가

1회독 😊 😕

2회독 😊 😕

3회독 😊 😕

생명 과학

02 생물 분류 체계의 변화 과정

1회독 구조 읽기

①문단 생물 분류란 다양한 생물을 일정한 기준에 따라 무리 지어 나누는 일이다. 생물을 분류하면 생물을 체계적으로 연구할 수 있어 생물 다양성을 이해하고 보존하는 데 도움이 된다. 생물을 분류할 때는 인간과 관련된 기준에 따라 나눌 수도 있지만, 과학에서는 생물의 고유한 특징을 기준으로 나눈다. 몸의 구조, 번식 방법, 호흡 방법 등 생물의 고유한 특징을 기준으로 분류하면 생물 사이의 멀고 가까운 관계를 알 수 있다.

주제

②문단 이러한 생물 분류의 기초를 마련한 사람은 18세기 스웨덴의 식물학자인 칼 폰 린네이다. 린네는 먼저 생물을 동물계와 식물계의 2계 체계로 나누고, 각 계 안에 강, 목, 속, 종의 단계를 도입하였다. 이때 동물계는 포유류, 조류, 어류 등 6강으로 분류하였으며, 식물계는 꽃의 수술 개수와 형태에 따라 24강으로 분류하였다. 또한 린네는 생물의 이름을 붙일 때 이명법을 제안하였다. 이명법은 라틴어로 속명 다음에 종명을 써서 생물의 한 종을 나타내는 방법이다. 예를 들어 이명법이 적용된 벼의 이름은 'Oryza sativa'인데, 여기서 'Oryza'는 속명, 'sativa'는 종명이다. 이명법을 통해 학자들이 같은 생물을 같은 이름으로 부르게 되면서 효율적으로 생물을 연구할 수 있게 되었으며, 지금도 생물의 학명*을 나타낼 때 이명법을 사용하고 있다. 그러나 일부 학자들은 린네의 분류 체계가 생물의 일부 특성만을 분류 기준으로 삼는다며 비판하였다.

과정 1

③문단 이후 19세기에 생물학자 에른스트 헤켈은 린네의 동물계와 식물계 이외에 원생생물계라는 새로운 계를 제시하며 3계 체계를 열었다. 당시 현미경의 발달로 눈에 잘 보이지 않는 작은 생물 무리가 발견되면서, 이들을 원생생물계로 분류한 것이다. 원생생물은 핵이 있는 세포로 이루어진 생물로, 대부분 물속에서 생활한다. 짚신벌레나 아메바처럼 몸이 한 개의 세포로 이루어진 단세포 생물이 다수를 차지하지만, 미역이나 김처럼 몸이 여러 개의 세포로 이루어진 다세포 생물도 있다. 한편 곰팡이와 버섯의 무리를 린네는 식물계에 포함시키고 있었는데, 헤켈은 이에 의문을 제기하였다.

과정 2

④문단 결국 식물 생태학자 로버트 휘태커는 1969년에 곰팡이와 버섯의 무리를 포함하는 균계를 만들 것을 제안하였다. 또 전자 현미경의 발명과 함께 핵이 없는 원핵세포가 발견되면서 원핵생물계가 도입되었다. 대장균, 젖산균 등 우리가 세균이라고 부르는 생물은 모두 원핵생물계에 속하며 이들 대부분은 단세포 생물이다. 이러한 과정을 통해 휘태커는 동물계, 식물계, 균계, 원생생물계, 원핵생물계로 분류되는 5계 체계를 만들었다. 다만, 생물의 분류는 인간이 만든 것이기 때문에 모든 생물에 적용하는 데는 분명 한계가 있을 수밖에 없음을 언급하였다. 이처럼 생물 분류 체계는 과학과 기술이 발전함에 따라 계속 변화하고 있다.

과정 3

◆꿀팁
1회독에서는 지문의 전체 내용이 완벽하게 이해되지 않아도 괜찮아요!

*학명: 학술적 편의를 위하여, 동식물 등에 붙이는 이름.

1 윗글과 아래 대화를 읽고 여러분은 윗글의 내용 중 어떤 점에 흥미가 생겼는지 생각해 봅시다.

민호야! 우리 주변에 볼 수 있는 수많은 생물을 기준에 따라 분류할 수 있다니 놀랍지 않니?

맞아. 생물 사이의 관계를 파악할 수 있다는 게 생물 분류의 큰 장점인 것 같아.

난 과학 기술이 발달함에 따라 기존 분류 방법에서 나타나는 한계점이 극복되는 과정이 흥미로웠어. 너는?

나는 버섯이 식물인 줄 알았는데 균계에 속한다는 게 신기했어. 더욱이 균계가 만들어진 역사가 그렇게 오래되지 않았다니 말이야!

2 윗글에서 가장 중요한 내용이나 주제어를 아래 빈칸에 써 보세요.

□□ □□ 체계

3 윗글을 아래와 같은 구조로 정리한다고 할 때 빈칸에 알맞은 말을 써 보세요.

생물 분류의 개념

│

린네의 □□ 분류 체계의 특징

↓

헤켈의 □□ 분류 체계의 특징

↓

휘태커의 □□ 분류 체계의 특징

내용 읽기

① 각 문장을 읽고, 잘 이해했으면 ☐에 ✔처럼 체크해 보세요.
② 각 문장을 잘 이해하지 못했으면 점선을 따라 밑줄을 그어 보세요.

➡ 밑줄 그은 문장의 앞뒤 문장의 내용을 살펴보면서 다시 천천히 읽어 보세요.
또 문단별 중심 내용의 빈칸을 채워 보세요.

어휘 읽기

① 어려운 어휘는 날개에서 그 뜻을 밝혔어요.
② 어휘 이외에 잘 모르는 어휘는 스스로 어휘 표시하고 사전에서 뜻을 찾아 써 보세요.

➡ 어휘 뜻을 알고 문장을 다시 읽어 보세요.

①문단 생물 분류란 다양한 생물을 일정한 기준에 따라 무리 지어 나누는 일이다.☐ 생물을 분류하면 생물을 체계적으로 연구할 수 있어 생물 다양성을 이해하고 보존하는 데 도움이 된다.☐ 생물을 분류할 때는 인간과 관련된 기준에 따라 나눌 수도 있지만, 과학에서는 생물의 고유한 특징을 기준으로 나눈다.☐ 몸의 구조, 번식 방법, 호흡 방법 등 생물의 고유한 특징을 기준으로 분류하면 생물 사이의 멀고 가까운 관계를 알 수 있다.☐

1문단 중심 내용 ☐☐☐☐의 개념 및 목적

- **분류**: 종류에 따라서 가름.
- **체계적**: 일정한 원리에 따라서 낱낱의 부분이 짜임새 있게 조직되어 통일된 전체를 이루는 것.
- **고유하다**: 본래부터 가지고 있어 특유하다.
- **번식**: 붙고 늘어서 많이 퍼짐.
- _____

4 1문단을 읽고, ㉠~㉤ 중에서 **1**~**4**의 괄호 안에 들어갈 알맞은 기호를 찾아 쓰세요.

| ㉠ 기준 | ㉡ 호흡 | ㉢ 생물 분류 |
| ㉣ 고유한 특징 | ㉤ 생물 다양성 | |

✚꿀팁 각 문단에서 기호의 단어를 찾아 동그라미 표시하면 더 쉽게 풀 수 있어요!

1 다양한 생물을 일정한 기준에 따라 무리 지어 나누는 일을 무엇이라고 하나요? ( )

2 생물을 분류하면 생물을 체계적으로 연구할 수 있어 무엇을 이해하고 보존하는 데 도움이 되나요? ( )

3 과학에서 생물을 분류할 때는 몸의 구조, 번식 방법, 호흡 방법 등 생물의 무엇을 기준으로 분류하나요? ( )

4 생물 분류의 개념 및 목적

개념	다양한 생물을 일정한 ( ) 에 따라 무리 지어 나누는 일
목적	생물을 분류하면 생물 다양성을 이해하고 보존하는 데 도움이 됨.
기준	• 생물을 분류할 때는 몸의 구조, 번식 방법, ( ) 방법 등 생물의 고유한 특징을 기준으로 분류 • 생물의 고유한 특징을 기준으로 분류하면 생물 사이의 멀고 가까운 관계를 알 수 있음.

2 문단 이러한 생물 분류의 기초를 마련한 사람은 18세기 스웨덴의 식물학자인 칼 폰 린네이다.█ 린네는 먼저 생물을 동물계와 식물계의 2계 체계로 나누고, 각 계 안에 강, 목, 속, 종의 단계를 도입하였다.█ 이때 동물계는 포유류, 조류, 어류 등 6강으로 분류하였으며, 식물계는 꽃의 수술 개수와 형태에 따라 24강으로 분류하였다.█ 또한 린네는 생물의 이름을 붙일 때 이명법을 제안하였다.█ 이명법은 라틴어로 속명 다음에 종명을 써서 생물의 한 종을 나타내는 방법이다.█ 예를 들어 이명법이 적용된 벼의 이름은 'Oryza sativa'인데, 여기서 'Oryza'는 속명, 'sativa'는 종명이다.█ 이명법을 통해 학자들이 같은 생물을 같은 이름으로 부르게 되면서 효율적으로 생물을 연구할 수 있게 되었으며, 지금도 생물의 학명을 나타낼 때 이명법을 사용하고 있다.█ 그러나 일부 학자들은 린네의 분류 체계가 생물의 일부 특성만을 분류 기준으로 삼는다며 비판하였다.█

*학명: 학술적 편의를 위하여, 동식물 등에 붙이는 이름.

2문단 중심 내용 린네의 [ ][ ] 분류 체계의 특징

- **체계**: 일정한 원리에 따라서 낱낱의 부분이 짜임새 있게 조직되어 통일된 전체.
- **계**: 생물을 분류하는 가장 큰 단위. 동물계, 식물계 등이 있다.
- **도입하다**: 기술, 방법, 물자 등을 끌어 들이다.
- **수술**: 식물 생식 기관의 하나.
- **적용되다**: 알맞게 이용되거나 맞추어져 쓰이다.
- **효율적**: 들인 노력에 비하여 얻는 결과가 큰 것.
- **학명**: 학술적 편의를 위하여, 동식물 등에 붙이는 이름. 스웨덴의 식물학자 린네가 창안한 것으로 라틴어를 사용하여 앞에는 속명을, 그다음에는 종명을 붙이는 이명법으로 되어 있다.
- **삼다**: 무엇을 무엇이 되게 하거나 여기다.
- _____

정답과 해설 28쪽

5 2문단을 읽고, ㉠~㉤ 중에서 **1**~**4**의 괄호 안에 들어갈 알맞은 기호를 찾아 쓰세요.

| ㉠ 종 | ㉡ 린네 | ㉢ 종명 |
| ㉣ 이명법 | ㉤ 식물계 | |

1 생물을 동물계와 식물계의 2계 체계로 나눈 학자는 누구인가요?　　　(　)

2 2계 체계는 어떤 단계로 이루어져 있나요?

계, 강, 목, 속, (　　　)

3 라틴어로 속명 다음에 종명을 써서 생물의 한 종을 나타내는 방법을 무엇이라고 하나요?　　　(　)

4 린네의 2계 분류 체계의 특징

2계 분류 체계
- 생물을 동물계와 (　　　) 로 나눔.
- 각 계 안에 강, 목, 속, 종의 단계를 도입

이명법
- 라틴어로 속명 다음에 (　　　) 을 써서 생물의 한 종을 나타내는 방법
- 학자들이 같은 생물을 같은 이름으로 부르게 되면서 효율적으로 생물을 연구할 수 있게 됨.

한계점
생물의 일부 특성만을 분류 기준으로 삼았다는 비판을 받음.

③ 문단　이후 19세기에 생물학자 에른스트 헤켈은 린네의 동물계와 식물계 이외에 원생생물계라는 새로운 계를 제시하며 3계 체계를 열었다.■ 당시 현미경의 발달로 눈에 잘 보이지 않는 작은 생물 무리가 발견되면서, 이들을 원생생물계로 분류한 것이다.■ 원생생물은 핵이 있는 세포로 이루어진 생물로, 대부분 물속에서 생활한다.■ 짚신벌레나 아메바처럼 몸이 한 개의 세포로 이루어진 단세포 생물이 다수를 차지하지만, 미역이나 김처럼 몸이 여러 개의 세포로 이루어진 다세포 생물도 있다.■ 한편 곰팡이와 버섯의 무리를 린네는 식물계에 포함시키고 있었는데, 헤켈은 이에 의문을 제기하였다.■

3문단 중심 내용　헤켈의 ☐☐ 분류 체계의 특징

・**핵**: 세포의 중심에 있는 공 모양의 소기관.
・**세포**: 생물체를 이루는 기본 단위.
・**제기하다**: 의견이나 문제를 내어놓다.
・_____
　_____

📖 그림으로 쌓는 **배 경 지 식**

▲ 짚신벌레

---

6 3문단을 읽고, ㉠~㉤ 중에서 1~4의 괄호 안에 들어갈 알맞은 기호를 찾아 쓰세요.

| ㉠ 핵 | ㉡ 헤켈 | ㉢ 현미경 |
| ㉣ 단세포 | ㉤ 원생생물계 | |

1 린네의 동물계와 식물계 이외에 원생생물계라는 새로운 계를 제시하며 3계 체계를 연 학자는 누구인가요?　（　　）

2 원생생물은 어떤 도구를 사용하였기에 발견될 수 있었나요?
（　　）

3 원생생물의 특징은 무엇인가요?

（　　　） 이 있는 세포로 이루어져 있으며, 대부분 물속에서 생활함.

4　헤켈의 3계 분류 체계의 특징

3계 분류 체계

생물을 동물계, 식물계, （　　　） 로 나눔.

원생생물계의 특징

・핵이 있는 세포로 이루어짐.
・대부분 물속에서 생활함.
・짚신벌레나 아메바처럼 몸이 한 개의 세포로 이루어진 （　　　） 생물이 다수를 차지
・미역이나 김처럼 몸이 여러 개의 세포로 이루어진 다세포 생물도 있음.

④문단 　결국 식물 생태학자 로버트 휘태커는 1969년에 곰팡이와 버섯의 무리를 포함하는 균계를 만들 것을 제안하였다.■ 또 전자 현미경의 발명과 함께 핵이 없는 원핵세포가 발견되면서 원핵생물계가 도입되었다.■ 대장균, 젖산균 등 우리가 세균이라고 부르는 생물은 모두 원핵생물계에 속하며 이들 대부분은 단세포 생물이다.■ 이러한 과정을 통해 휘태커는 동물계, 식물계, 균계, 원생생물계, 원핵생물계로 분류되는 5계 체계를 만들었다.■ 다만, 생물의 분류는 인간이 만든 것이기 때문에 모든 생물에 적용하는 데는 분명 한계가 있을 수밖에 없음을 언급하였다.■ 이처럼 생물 분류 체계는 과학과 기술이 발전함에 따라 계속 변화하고 있다.■

④문단 중심 내용 휘태커의 □□ 분류 체계의 특징

- **한계:** 사물이나 능력, 책임 등이 실제 작용할 수 있는 범위. 또는 그런 범위를 나타내는 선.
- **언급하다:** 어떤 문제에 대하여 말하다.
- _____

그림으로 쌓는 **배 경 지 식**

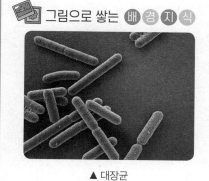

▲ 대장균

정답과 해설 28쪽

7 　4문단을 읽고, ㉠～㉤ 중에서 **1**～**4**의 괄호 안에 들어갈 알맞은 기호를 찾아 쓰세요.

㉠ 핵	㉡ 균계	㉢ 버섯
㉣ 세균	㉤ 원핵생물계	

1 휘태커가 제안한 균계에 포함되는 생물은 무엇인가요?

곰팡이와 (　　)

2 대장균, 젖산균 등 우리가 세균이라고 부르는 생물은 어느 계에 속하나요? 　　　　　　　　　　　　 (　　)

3 휘태커가 제시한 생물의 5계 체계는 무엇인가요?

동물계, 식물계, (　　), 원생생물계, 원핵생물계

4 ▶ 휘태커의 5계 분류 체계의 특징

▶ 5계 분류 체계
생물을 동물계, 식물계, 균계, 원생생물계, 원핵생물계로 나눔.

▶ 균계의 특징
곰팡이와 버섯의 무리를 포함

▶ 원핵생물계의 특징
- (　　) 이 없음.
- 대장균, 젖산균 등 우리가 (　　) 이라고 부르는 생물을 포함

①문단 생물 분류란 다양한 생물을 일정한 기준에 따라 무리 지어 나누는 일이다. 생물을 분류하면 생물을 체계적으로 연구할 수 있어 생물 다양성을 이해하고 보존하는 데 도움이 된다. 생물을 분류할 때는 인간과 관련된 기준에 따라 나눌 수도 있지만, 과학에서는 생물의 고유한 특징을 기준으로 나눈다. 몸의 구조, 번식 방법, 호흡 방법 등 생물의 고유한 특징을 기준으로 분류하면 생물 사이의 멀고 가까운 관계를 알 수 있다.

②문단 이러한 생물 분류의 기초를 마련한 사람은 18세기 스웨덴의 식물학자인 칼 폰 린네이다. 린네는 먼저 생물을 동물계와 식물계의 2계 체계로 나누고, 각 계 안에 강, 목, 속, 종의 단계를 도입하였다. 이때 동물계는 포유류, 조류, 어류 등 6강으로 분류하였으며, 식물계는 꽃의 수술 개수와 형태에 따라 24강으로 분류하였다. 또한 린네는 생물의 이름을 붙일 때 이명법을 제안하였다. 이명법은 라틴어로 속명 다음에 종명을 써서 생물의 한 종을 나타내는 방법이다. 예를 들어 이명법이 적용된 벼의 이름은 'Oryza sativa'인데, 여기서 'Oryza'는 속명, 'sativa'는 종명이다. 이명법을 통해 학자들이 같은 생물을 같은 이름으로 부르게 되면서 효율적으로 생물을 연구할 수 있게 되었으며, 지금도 생물의 학명*을 나타낼 때 이명법을 사용하고 있다. 그러나 일부 학자들은 린네의 분류 체계가 생물의 일부 특성만을 분류 기준으로 삼는다며 비판하였다.

③문단 이후 19세기에 생물학자 에른스트 헤켈은 린네의 동물계와 식물계 이외에 원생생물계라는 새로운 계를 제시하며 3계 체계를 열었다. 당시 현미경의 발달로 눈에 잘 보이지 않는 작은 생물 무리가 발견되면서, 이들을 원생생물계로 분류한 것이다. 원생생물은 핵이 있는 세포로 이루어진 생물로, 대부분 물속에서 생활한다. 짚신벌레나 아메바처럼 몸이 한 개의 세포로 이루어진 단세포 생물이 다수를 차지하지만, 미역이나 김처럼 몸이 여러 개의 세포로 이루어진 다세포 생물도 있다. 한편 곰팡이와 버섯의 무리를 린네는 식물계에 포함시키고 있었는데, 헤켈은 이에 의문을 제기하였다.

④문단 결국 식물 생태학자 로버트 휘태커는 1969년에 곰팡이와 버섯의 무리를 포함하는 균계를 만들 것을 제안하였다. 또 전자 현미경의 발명과 함께 핵이 없는 원핵세포가 발견되면서 원핵생물계가 도입되었다. 대장균, 젖산균 등 우리가 세균이라고 부르는 생물은 모두 원핵생물계에 속하며 이들 대부분은 단세포 생물이다. 이러한 과정을 통해 휘태커는 동물계, 식물계, 균계, 원생생물계, 원핵생물계로 분류되는 5계 체계를 만들었다. 다만, 생물의 분류는 인간이 만든 것이기 때문에 모든 생물에 적용하는 데는 분명 한계가 있을 수밖에 없음을 언급하였다. 이처럼 생물 분류 체계는 과학과 기술이 발전함에 따라 계속 변화하고 있다.

*학명: 학술적 편의를 위하여, 동식물 등에 붙이는 이름.

꿀팁
지문에서 생물 분류의 개념을 제시한 후 생물 분류 체계가 변화하는 과정을 설명하고 있어요. 각 생물 분류 체계의 특징을 파악하는 것과 더불어 과학이 발전하면서 생물 분류 체계가 어떻게 달라졌는지를 이해하는 것이 중요해요.

8 윗글을 통해 알 수 있는 내용으로 적절하지 <u>않은</u> 것은?

① 린네가 세운 생물 분류 단계에서 가장 작은 단위는 종이다.

② 대장균과 젖산균은 휘태커의 5계 체계 중 원핵생물계에 속한다.

③ 현미경의 발달로 휘태커는 원생생물계라는 하나의 독립적인 계를 만들었다.

④ 린네의 이명법을 통해 각국의 학자들은 생물의 이름을 동일하게 사용할 수 있다.

⑤ 과학에서는 몸의 구조, 번식 방법 등 생물의 고유한 특징을 기준으로 생물을 분류한다.

9 보기 는 생물 분류 활동 자료이다. (가)의 분류표를 이용하여 (나)의 생물을 분류한 것으로 적절한 것은?

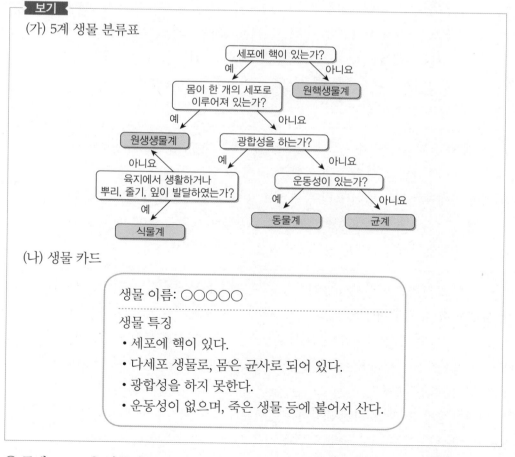

보기

(가) 5계 생물 분류표

세포에 핵이 있는가?
예 / 아니요 → 원핵생물계

몸이 한 개의 세포로 이루어져 있는가?
예 → 원생생물계 / 아니요

광합성을 하는가?
예 / 아니요

운동성이 있는가?
예 → 동물계 / 아니요 → 균계

원생생물계
아니요

육지에서 생활하거나 뿌리, 줄기, 잎이 발달하였는가?
예 → 식물계

(나) 생물 카드

생물 이름: ○○○○○

생물 특징
• 세포에 핵이 있다.
• 다세포 생물로, 몸은 균사로 되어 있다.
• 광합성을 하지 못한다.
• 운동성이 없으며, 죽은 생물 등에 붙어서 산다.

① 균계   ② 식물계   ③ 동물계   ④ 원생생물계   ⑤ 원핵생물계

전통 기술

03 자격루의 원리

1 회독 구조 읽기

1문단 조선 시대에 장영실 등이 발명한 자격루는 '스스로 치는 시계'라는 뜻의 자동 물시계이다. 그림자로 태양의 위치를 파악해 시간을 측정하는 해시계와 달리, 물시계는 물의 증가량 또는 감소량을 통해 시간을 측정하여 날씨와 관계없이 사용할 수 있다. 자격루 이전에도 물시계가 있었는데, 작동 원리를 살펴보면 다음과 같다. 물시계는 여러 개의 항아리로 이루어져 있고, 가장 아래쪽에 있는 항아리에 일정하게 물이 공급되도록 하였다. 물이 차면서 가장 아래쪽에 있는 항아리 안에 넣어 둔 눈금을 매긴 잣대가 떠오르면 눈금을 읽어 시간을 알 수 있었다. 그러나 이러한 물시계는 사람이 항상 시계를 지키며 눈금을 읽어야 해서 불편했다. 자격루는 자동으로 시간을 알리는 시계라는 점에서 이전의 물시계와 차이가 있다.

2문단 자격루는 시간을 측정하는 물시계 장치와 측정한 시간을 알려 주는 시보 장치로 구성되어 있다. 시간을 측정하는 물시계 장치는 파수호 3개와 수수호 2개로 이루어져 있다. 파수호는 수수호에 일정한 물이 들어가도록 하는 항아리인데, 항아리의 크기에 따라 대파수호, 중파수호, 소파수호로 구분된다. 3개의 파수호를 차례로 지난 물은 물을 받는 원기둥 모양의 통인 수수호에 채워진다. 여기서 대파수호의 물이 바로 수수호로 들어가게 하지 않는 까닭은 대파수호에 담긴 물의 높이에 따라 수압이 달라져 물이 흘러나오는 양이 달라지기 때문이다. 시계의 역할을 하기 위해서는 수수호에 물이 일정하게 채워지는 것이 중요하다. 그래서 대파수호와 수수호 사이에 소파수호를 두었는데, 소파수호에 늘 물이 가득 차게 하여 물의 높이를 일정하게 만들면 물이 흘러나오는 양을 일정하게 유지할 수 있다.

3문단 이렇게 파수호를 통과한 물은 수수호에 떨어진다. 2개의 수수호는 낮과 밤에 번갈아 사용되는데, 수수호에 물이 차오르면 부력에 의해 물 위에 떠 있는 잣대가 점점 위로 올라간다. 부력은 액체나 기체가 물체를 밀어 올리는 힘으로, 중력과 반대 방향인 위쪽으로 작용한다. 잣대에는 일정한 간격으로 구멍이 뚫려 있고, 각 구멍에는 작은 구슬이 들어 있다. 수수호에 물이 차올라 잣대가 일정한 높이로 올라가면 작은 구슬을 떨어뜨린다.

4문단 작은 구슬이 시보 장치로 굴러가서 떨어지면 큰 구슬이 움직이게 된다. 큰 구슬이 아래로 떨어지며 시보 인형의 팔과 이어진 장치를 건드리면 시보 인형이 팔을 들어 올렸다 내리며 종, 북, 징을 쳐서 시간을 알린다. 그렇다면 시보 인형이 종, 북, 징을 치는 시간 체계는 어떻게 구성되어 있을까? 조선 시대에는 낮을 12등분하여 12시로, 밤을 경점으로 나누어 시간을 구분하였다. 경점은 밤을 5경으로 나누고, 한 경을 5점으로 나눈 것이다. 낮에는 시를 담당하는 시보 인형이 종을 치고, 그 시에 해당하는 십이지 인형이 팻말을 들고나와 시간을 알렸다. 밤에는 경점을 담당하는 시보 인형이 북과 징을 쳐서 시간을 알렸다. 이처럼 시간을 알려 주는 인형들은 정밀하게 제어되어 자동으로 작동하였다.

꿀팁
1회독에서는 지문의 전체 내용이 완벽하게 이해되지 않아도 괜찮아요!

1 윗글과 아래 대화를 읽고 여러분은 윗글의 내용 중 어떤 점에 흥미가 생겼는지 생각해 봅시다.

옛날 사람들도 시간을 알기 위해 여러 가지 노력을 해 왔다는 사실을 알게 되어 흥미로웠어.

응. 자격루가 스스로 시간을 알리는 시계라는 점이 놀라웠어. 조선 시대에 이런 자동 물시계가 있었다니!

맞아. 난 자격루에서 물이 흘러나오는 양을 일정하게 하기 위해 파수호를 여러 개 둔 점이 정말 신기했어. 넌 어때?

난 시간을 알리는 인형이 자동으로 움직이는 점이 꼭 로봇 같다는 생각이 들었어.

2 윗글에서 가장 중요한 내용이나 주제어를 아래 빈칸에 써 보세요.

□ □ □

3 윗글을 아래와 같은 구조로 정리한다고 할 때 빈칸에 알맞은 말을 써 보세요.

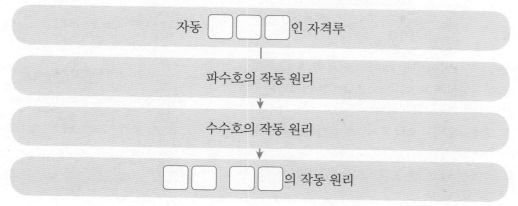

자동 □ □ □ 인 자격루

↓

파수호의 작동 원리

↓

수수호의 작동 원리

↓

□ □ □ □ 의 작동 원리

내용 읽기

❶ 각 문장을 읽고, 잘 이해했으면 □에 ✔처럼 체크해 보세요.
❷ 각 문장을 잘 이해하지 못했으면 점선을 따라 밑줄을 그어 보세요.

➡ 밑줄 그은 문장의 앞뒤 문장의 내용을 살펴보면서 다시 천천히 읽어 보세요.
또 문단별 중심 내용의 빈칸을 채워 보세요.

어휘 읽기

❶ 어려운 어휘는 날개에서 그 뜻을 밝혔어요.
❷ 어휘 이외에 잘 모르는 어휘는 스스로 어휘 표시하고 사전에서 뜻을 찾아 써 보세요.

➡ 어휘 뜻을 알고 문장을 다시 읽어 보세요.

1문단 조선 시대에 장영실 등이 발명한 자격루는 '스스로 치는 시계'라는 뜻의 자동 물시계이다.□ 그림자로 태양의 위치를 파악해 시간을 측정하는 해시계와 달리, 물시계는 물의 증가량 또는 감소량을 통해 시간을 측정하여 날씨와 관계없이 사용할 수 있다.□ 자격루 이전에도 물시계가 있었는데, 작동 원리를 살펴보면 다음과 같다.□ 물시계는 여러 개의 항아리로 이루어져 있고, 가장 아래쪽에 있는 항아리에 일정하게 물이 공급되도록 하였다.□ 물이 차면서 가장 아래쪽에 있는 항아리 안에 넣어 둔 눈금을 매긴 잣대가 떠오르면 눈금을 읽어 시간을 알 수 있었다.□ 그러나 이러한 물시계는 사람이 항상 시계를 지키며 눈금을 읽어야 해서 불편했다.□ 자격루는 자동으로 시간을 알리는 시계라는 점에서 이전의 물시계와 차이가 있다.□

1문단 중심 내용 자동 물시계인 ☐☐☐

- **자격루**: 조선 세종 16년(1434)에 장영실, 김빈 등이 왕명을 받아 만든 물시계. 물이 흐르는 것을 이용하여 스스로 소리를 나게 해서 시간을 알리도록 만든 것이다.
- **물시계**: 좁은 구멍을 통하여 물이 일정한 속도로 그릇에 떨어지게 하여, 고이는 물의 분량이나 줄어든 물의 분량을 헤아려서 시간을 재는 시계.
- **파악하다**: 어떤 대상의 내용이나 본질을 확실하게 이해하여 알다.
- **측정하다**: 일정한 양을 기준으로 하여 같은 종류의 다른 양의 크기를 재다. 기계나 장치를 사용하여 재기도 한다.
- **잣대**: 자로 쓰는 대막대기나 나무 막대기 등을 이르는 말.
- _____

---

4 1문단을 읽고, ㉠~㉤ 중에서 ❶~❹의 괄호 안에 들어갈 알맞은 기호를 찾아 쓰세요.

| ㉠ 자동 | ㉡ 잣대 | ㉢ 물시계 |
| ㉣ 해시계 | ㉤ 자격루 | |

➕꿀팁 각 문단에서 기호의 단어를 찾아 동그라미 표시하면 더 쉽게 풀 수 있어요!

❶ 조선 시대에 장영실 등이 발명한 '스스로 치는 시계'라는 뜻의 자동 물시계를 무엇이라고 하나요? ( )

❷ 그림자로 태양의 위치를 파악해 시간을 측정하는 시계를 무엇이라고 하나요? ( )

❸ 물의 증가량 또는 감소량을 통해 시간을 측정하는 시계를 무엇이라고 하나요? ( )

4 자동 물시계인 자격루

자격루

- 조선 시대에 장영실 등이 발명함.
- '스스로 치는 시계'라는 뜻의 ( ) 물시계

자격루 이전의 물시계

- 가장 아래쪽 항아리에 일정하게 물이 공급되도록 함.
- 가장 아래쪽 항아리 안에 넣어 둔 눈금을 매긴 ( ) 가 떠오르면 눈금을 읽어 시간을 알 수 있음.
- 사람이 항상 시계를 지키며 눈금을 읽어야 해서 불편함.

2문단 자격루는 시간을 측정하는 물시계 장치와 측정한 시간을 알려 주는 시보 장치로 구성되어 있다.■ 시간을 측정하는 물시계 장치는 파수호 3개와 수수호 2개로 이루어져 있다.■ 파수호는 수수호에 일정한 물이 들어가도록 하는 항아리인데, 항아리의 크기에 따라 대파수호, 중파수호, 소파수호로 구분된다.■ 3개의 파수호를 차례로 지난 물은 물을 받는 원기둥 모양의 통인 수수호에 채워진다.■ 여기서 대파수호의 물이 바로 수수호로 들어가게 하지 않는 까닭은 대파수호에 담긴 물의 높이에 따라 수압이 달라져 물이 흘러나오는 양이 달라지기 때문이다.■ 시계의 역할을 하기 위해서는 수수호에 물이 일정하게 채워지는 것이 중요하다.■ 그래서 대파수호와 수수호 사이에 소파수호를 두었는데, 소파수호에 늘 물이 가득 차게 하여 물의 높이를 일정하게 만들면 물이 흘러나오는 양을 일정하게 유지할 수 있다.■

• **시보**: 표준 시간을 알리는 일.
• **구성되다**: 몇 가지 부분이나 요소들이 모여 일정한 전체가 짜여 이루어지다.
• **수압**: 물의 압력.
• _____

2문단 중심 내용 물시계 장치의 작동 원리 ①

- □□□

5 2문단을 읽고, ㉠~㉤ 중에서 **1**~**4**의 괄호 안에 들어갈 알맞은 기호를 찾아 쓰세요.

| ㉠ 시보 | ㉢ 일정 | ㉣ 수수호 |
| ㉤ 파수호 | ㉮ 소파수호 | |

1 자격루는 어떤 장치로 구성되어 있나요?

시간을 측정하는 물시계 장치와 측정한 시간을 알려 주는 (   ) 장치

2 시간을 측정하는 물시계 장치는 무엇으로 이루어져 있나요?

(   ) 3개와 수수호 2개

3 대파수호와 수수호 사이에 소파수호를 두는 까닭은 무엇인가요?

수수호에 들어가는 물의 양을 (   ) 하게 유지하기 위해서

4 물시계 장치의 작동 원리 ① - 파수호

자격루의 구조

• 시간을 측정하는 물시계 장치와 측정한 시간을 알려 주는 시보 장치로 구성
• 시간을 측정하는 물시계 장치는 파수호 3개와 수수호 2개로 이루어짐.

파수호의 작동 원리

• (   ) 에 일정한 물이 들어가도록 하는 항아리
• 항아리의 크기에 따라 대파수호, 중파수호, 소파수호로 구분됨.
• 3개의 파수호를 차례로 지난 물은 물을 받는 원기둥 모양의 통인 수수호에 채워짐.
• (   ) 에는 늘 물이 가득 차게 하여 물의 높이를 일정하게 만들면 물이 흘러나오는 양을 일정하게 유지할 수 있음.

3문단 이렇게 파수호를 통과한 물은 수수호에 떨어진다.■ 2개의 수수호는 낮과 밤에 번갈아 사용되는데, 수수호에 물이 차오르면 부력에 의해 물 위에 떠 있는 잣대가 점점 위로 올라간다.■ 부력은 액체나 기체가 물체를 밀어 올리는 힘으로, 중력과 반대 방향인 위쪽으로 작용한다.■ 잣대에는 일정한 간격으로 구멍이 뚫려 있고, 각 구멍에는 작은 구슬이 들어 있다.■ 수수호에 물이 차올라 잣대가 일정한 높이로 올라가면 작은 구슬을 떨어뜨린다.■

3문단 중심 내용 물시계 장치의 작동 원리 ②

- □□□

- **번갈다**: 일정한 시간 동안 어떤 행동이 되풀이되어 미치는 대상들의 차례를 바꾸다.
- **차오르다**: 물 등이 어떤 공간을 채우며 일정 높이에 다다라 오르다.
- **부력**: 기체나 액체 속에 있는 물체가 그 물체에 작용하는 압력에 의하여 중력에 반하여 위로 뜨려는 힘. 물체에 작용하는 부력이 중력보다 크면 뜬다.

---

6 3문단을 읽고, ㉠~㉤ 중에서 **1**~**4**의 괄호 안에 들어갈 알맞은 기호를 찾아 쓰세요.

| ㉠ 2 | ㉡ 부력 | ㉢ 잣대 |
| ㉣ 수수호 | ㉤ 작은 구슬 | |

1 파수호를 통과한 물은 어디로 떨어지나요? ( )

2 수수호에 들어 있는 잣대는 어떤 힘에 의해 물 위에 떠 있나요? ( )

3 수수호에 물이 차올라 잣대가 일정한 높이로 올라가면 무엇을 떨어뜨리나요? ( )

4 물시계 장치의 작동 원리 ② - 수수호

수수호의 작동 원리

- ( ) 개의 수수호를 낮과 밤에 번갈아 사용
- 파수호를 통과한 물은 수수호에 떨어짐.
- 수수호에 물이 차오르면 부력에 의해 물 위에 떠 있는 ( )가 점점 위로 올라감.
- 잣대에는 일정한 간격으로 구멍이 뚫려 있고, 각 구멍에는 작은 구슬이 들어 있음.
- 수수호에 물이 차올라 잣대가 일정한 높이로 올라가면 작은 구슬을 떨어뜨림.

④ 문단 작은 구슬이 시보 장치로 굴러가서 떨어지면 큰 구슬이 움직이게 된다.■ 큰 구슬이 아래로 떨어지며 시보 인형의 팔과 이어진 장치를 건드리면 시보 인형이 팔을 들어 올렸다 내리며 종, 북, 징을 쳐서 시간을 알린다.■ 그렇다면 시보 인형이 종, 북, 징을 치는 시간 체계는 어떻게 구성되어 있을까?■ 조선 시대에는 낮을 12등분하여 12시로, 밤을 경점으로 나누어 시간을 구분하였다.■ 경점은 밤을 5경으로 나누고, 한 경을 5점으로 나눈 것이다.■ 낮에는 시를 담당하는 시보 인형이 종을 치고, 그 시에 해당하는 십이지 인형이 팻말을 들고나와 시간을 알렸다.■ 밤에는 경점을 담당하는 시보 인형이 북과 징을 쳐서 시간을 알렸다.■ 이처럼 시간을 알려 주는 인형들은 정밀하게 제어되어 자동으로 작동하였다.■

4문단 중심 내용 ☐☐☐☐의 작동 원리

- **체계:** 일정한 원리에 따라서 낱낱의 부분이 짜임새 있게 조직되어 통일된 전체.
- **경점:** 조선 시대에, 북이나 징을 쳐서 알려 주던 시간. 하룻밤의 시간을 다섯 경으로 나누고, 한 경은 다섯 점으로 나누어서, 매 경을 알릴 때에는 북을, 점을 알릴 때에는 징을 쳤다.
- **담당하다:** 어떤 일을 맡다.
- **십이지:** '지지'를 달리 이르는 말. '지지'는 육십갑자의 아래 단위를 이루는 요소. 자, 축, 인, 묘, 진, 사, 오, 미, 신, 유, 술, 해이다.
- **팻말:** 주변이나 다른 사람들에게 알리기 위하여 글 따위를 써 놓은, 네모난 조각.
- **정밀하다:** 아주 정교하고 치밀하여 빈틈이 없고 자세하다.
- **제어되다:** 기계나 설비 또는 화학 반응 등이 목적에 알맞은 작용을 하도록 조절되다.

정답과 해설 30쪽

7 4문단을 읽고, ㉠~㉤ 중에서 **1**~**4**의 괄호 안에 들어갈 알맞은 기호를 찾아 쓰세요.

㉠ 5	㉡ 12	㉢ 종
㉣ 시보 인형	㉤ 십이지 인형	

1 자격루에서 시보 인형은 무엇을 쳐서 시간을 알려 주나요?

(　　), 북, 징

2 조선 시대에는 밤의 시간을 어떻게 나누었나요?

밤을 (　　) 경으로 나누고, 한 경을 5점으로 나누었다.

3 낮에 시보 인형이 종을 치면 나타나는 변화는 무엇이었나요?

그 시에 해당하는 (　　) 이 팻말을 들고나와 시간을 알렸다.

4 시보 장치의 작동 원리

시보 장치의 작동 과정

- 작은 구슬이 시보 장치로 굴러가서 떨어지면 큰 구슬이 움직이게 됨.
- 큰 구슬이 아래로 떨어지며 (　　) 의 팔을 움직이게 하여 종, 북, 징을 쳐서 시간을 알림.

낮과 밤의 작동 방법

낮을 (　　) 시로, 밤을 경점으로 나눔.

낮	・ 시를 담당하는 시보 인형이 종을 침. ・ 그 시에 해당하는 십이지 인형이 나와 시간을 알림.
밤	・ 경점을 담당하는 시보 인형이 북과 징을 침.

①문단 조선 시대에 장영실 등이 발명한 자격루는 '스스로 치는 시계'라는 뜻의 자동 물시계이다. 그림자로 태양의 위치를 파악해 시간을 측정하는 해시계와 달리, 물시계는 물의 증가량 또는 감소량을 통해 시간을 측정하여 날씨와 관계없이 사용할 수 있다. 자격루 이전에도 물시계가 있었는데, 작동 원리를 살펴보면 다음과 같다. 물시계는 여러 개의 항아리로 이루어져 있고, 가장 아래쪽에 있는 항아리에 일정하게 물이 공급되도록 하였다. 물이 차면서 가장 아래쪽에 있는 항아리 안에 넣어 둔 눈금을 매긴 잣대가 떠오르면 눈금을 읽어 시간을 알 수 있었다. 그러나 이러한 물시계는 사람이 항상 시계를 지키며 눈금을 읽어야 해서 불편했다. 자격루는 자동으로 시간을 알리는 시계라는 점에서 이전의 물시계와 차이가 있다.

②문단 자격루는 시간을 측정하는 물시계 장치와 측정한 시간을 알려 주는 시보 장치로 구성되어 있다. 시간을 측정하는 물시계 장치는 파수호 3개와 수수호 2개로 이루어져 있다. 파수호는 수수호에 일정한 물이 들어가도록 하는 항아리인데, 항아리의 크기에 따라 대파수호, 중파수호, 소파수호로 구분된다. 3개의 파수호를 차례로 지난 물은 물을 받는 원기둥 모양의 통인 수수호에 채워진다. 여기서 ㉠대파수호의 물이 바로 수수호로 들어가게 하지 않는 까닭은 대파수호에 담긴 물의 높이에 따라 수압이 달라져 물이 흘러나오는 양이 달라지기 때문이다. 시계의 역할을 하기 위해서는 수수호에 물이 일정하게 채워지는 것이 중요하다. 그래서 대파수호와 수수호 사이에 소파수호를 두었는데, 소파수호에 늘 물이 가득 차게 하여 물의 높이를 일정하게 만들면 물이 흘러나오는 양을 일정하게 유지할 수 있다.

③문단 이렇게 파수호를 통과한 물은 수수호에 떨어진다. 2개의 수수호는 낮과 밤에 번갈아 사용되는데, 수수호에 물이 차오르면 부력에 의해 물 위에 떠 있는 잣대가 점점 위로 올라간다. 부력은 액체나 기체가 물체를 밀어 올리는 힘으로, 중력과 반대 방향인 위쪽으로 작용한다. 잣대에는 일정한 간격으로 구멍이 뚫려 있고, 각 구멍에는 작은 구슬이 들어 있다. 수수호에 물이 차올라 잣대가 일정한 높이로 올라가면 작은 구슬을 떨어뜨린다.

④문단 작은 구슬이 시보 장치로 굴러가서 떨어지면 큰 구슬이 움직이게 된다. 큰 구슬이 아래로 떨어지며 시보 인형의 팔과 이어진 장치를 건드리면 시보 인형이 팔을 들어 올렸다 내리며 종, 북, 징을 쳐서 시간을 알린다. 그렇다면 시보 인형이 종, 북, 징을 치는 시간 체계는 어떻게 구성되어 있을까? 조선 시대에는 낮을 12등분하여 12시로, 밤을 경점으로 나누어 시간을 구분하였다. 경점은 밤을 5경으로 나누고, 한 경을 5점으로 나눈 것이다. 낮에는 시를 담당하는 시보 인형이 종을 치고, 그 시에 해당하는 십이지 인형이 팻말을 들고나와 시간을 알렸다. 밤에는 경점을 담당하는 시보 인형이 북과 징을 쳐서 시간을 알렸다. 이처럼 시간을 알려 주는 인형들은 정밀하게 제어되어 자동으로 작동하였다.

◆꿀팁
지문에서 자격루의 구조와 작동 원리를 과정에 따라 단계적으로 설명하고 있어요. 자격루의 작동 과정을 이해했는지 묻는 문제를 해결하기 위해서는 각각의 단계에서 이루어지는 일을 정리하면서 읽어야 해요.

8 윗글에 대한 설명으로 적절하지 <u>않은</u> 것은?

① 중심 소재의 의미를 풀어서 설명하고 있다.
② 중심 소재를 부분으로 나누어 제시하고 있다.
③ 중심 소재가 작동되는 원리를 설명하고 있다.
④ 중심 소재의 지역별 차이점을 분석하고 있다.
⑤ 중심 소재를 그 이전의 것과 비교하여 설명하고 있다.

9 ㉠의 이유를 설명한 내용으로 가장 적절한 것은?

① 대파수호의 수압이 항상 일정하기 때문에
② 수수호의 물이 넘치지 않아야 하기 때문에
③ 수수호에 물이 일정하게 채워져야 하기 때문에
④ 대파수호에서 흘러나오는 물의 흐름이 빠르기 때문에
⑤ 대파수호에서 흘러나오는 물의 양이 항상 일정하기 때문에

10 다음은 윗글을 읽고 자격루의 작동 과정을 정리한 내용이다. ⓐ~ⓓ에 들어갈 내용을 바르게 짝지은 것은?

대파수호의 물이 중파수호와 소파수호를 지나 수수호 안으로 (ⓐ).

↓

수수호 속의 잣대가 (ⓑ) 작은 구슬을 떨어뜨린다.

↓

작은 구슬이 시보 장치로 굴러가 (ⓒ) 큰 구슬을 움직이게 한다.

↓

큰 구슬이 (ⓓ) 인형을 움직이게 하면 인형이 시간을 알린다.

	ⓐ	ⓑ	ⓒ	ⓓ
①	떨어진다	올라가면서	떨어지면서	떠오르면서
②	떨어진다	올라가면서	떨어지면서	떨어지면서
③	떨어진다	내려가면서	떠오르면서	떠오르면서
④	올라간다	올라가면서	떨어지면서	떨어지면서
⑤	올라간다	내려가면서	떠오르면서	떠오르면서

스스로 평가

1회독 ☺ ☹
2회독 ☺ ☹
3회독 ☺ ☹

04 원자 모형의 변천

화학

1회독 구조 읽기

1문단 고대 그리스의 철학자 데모크리토스는 물질을 계속 쪼개면 더는 쪼갤 수 없는 가장 작은 입자가 나온다고 생각했다. 그리고 더는 쪼갤 수 없는 입자를 '원자'라고 불렀다. 원자는 물질을 이루는 기본 입자로, 크기가 매우 작기 때문에 눈으로는 볼 수 없다. 그래서 과학자들은 원자의 구조를 쉽게 이해할 수 있도록 모형을 만들었는데, 이것을 원자 모형이라고 부른다. 19세기에 영국의 과학자 돌턴은 모든 물질은 더는 쪼갤 수 없는 원자로 이루어져 있다고 설명하였다. 그러면서 원자를 단단한 공처럼 생긴 것으로 보았는데, 이를 '단단한 공 모형'이라고 한다. 하지만 그 후 과학자들은 다양한 실험을 통해 원자가 더 작은 입자로 쪼개질 수 있다는 것을 밝혀냈고, 그에 따라 원자 모형도 변화하게 되었다.

<그림 1> 돌턴의 원자 모형

주제 및 과정 1

2문단 1897년 영국의 과학자 톰슨은 실험 도중 원자 안에 존재하는 전자의 존재를 발견하였다. 전자는 (-)전하를 띠고 있는 아주 작은 입자이다. 톰슨은 <그림 2>처럼 (+)전하가 고루 분포된 구 모양의 원자에 전자가 듬성듬성 박혀 있는 새로운 원자 모형을 제시하였다. 원자 속에 전자가 군데군데 박혀 있는 모습이 마치 푸딩 속에 건포도가 박혀 있는 것처럼 보여 이를 '푸딩 모형'이라고도 부른다.

<그림 2> 톰슨의 원자 모형

과정 2

3문단 톰슨의 제자였던 러더퍼드는 1900년대 초반에 실시한 실험에서 원자핵을 발견하고 톰슨의 원자 모형을 수정하였다. (+)전하를 띤 원자핵은 원자의 중심에 위치하며, 크기는 원자보다 매우 작지만 원자 질량의 대부분을 차지하는 입자이다. 러더퍼드는 <그림 3>처럼 원자 내부의 공간은 대부분 비어 있고 그 중심에 원자핵이 존재하며, 원자핵 주위를 전자가 빠르게 회전한다는 새로운 원자 모형을 제안하였다. 원자핵을 중심으로 전자가 회전하는 모습이 행성이 태양 주위를 도는 모습과 비슷해서 이 모형은 '행성 모형'이라고도 불린다.

<그림 3> 러더퍼드의 원자 모형

과정 3

4문단 보어는 러더퍼드의 모형을 보완하여 전자들이 정해져 있는 특정한 궤도를 따라 원자핵 주위를 회전하는 원자 모형을 제안하였는데, 이 모형을 '궤도 모형'이라고 한다. 이후로도 과학자들은 현대 과학이 발전함에 따라 계속해서 원자 모형을 수정하였다. 현대 과학에서는 전자의 위치를 정확히 알지 못하기 때문에 전자가 원자핵 주위에 구름처럼 퍼져 있다는 모형을 제시하였는데, 이를 '전자구름 모형'이라고 부른다.

<그림 4> 보어의 원자 모형과 현대의 원자 모형

과정 4

*전하: 전기 현상을 일으키는 원인으로 (+)전하와 (-)전하가 있다.

꿀팁
1회독에서는 지문의 전체 내용이 완벽하게 이해되지 않아도 괜찮아요!

1 윗글과 아래 대화를 읽고 여러분은 윗글의 내용 중 어떤 점에 흥미가 생겼는지 생각해 봅시다.

평소에 원자가 무엇인지 궁금했는데,
이번에 원자는 전자와 원자핵으로
이루어졌다는 사실을 알게 되었어.

응. 시대에 따라
원자 모형이 새롭게 만들어졌다는
사실이 흥미롭더라.

맞아. 푸딩 모형, 행성 모형,
전자구름 모형이라는 이름을 들으면 원자가
어떤 모양인지 떠올리기 쉬운 것 같아.

난 푸딩 모형이 제일 기억에
남아. 왠지 맛있는 푸딩이
떠오르거든!

2 윗글에서 가장 중요한 내용이나 주제어를 아래 빈칸에 써 보세요.

□□ □□의 변천

3 윗글을 아래와 같은 구조로 정리한다고 할 때 빈칸에 알맞은 말을 써 보세요.

□□의 개념과 돌턴의 원자 모형

↓

톰슨의 원자 모형

↓

러더퍼드의 원자 모형

↓

보어의 원자 모형 및 현대의 원자 모형

내용 읽기

❶ 각 문장을 읽고, 잘 이해했으면 □에 ✔처럼 체크해 보세요.
❷ 각 문장을 잘 이해하지 못했으면 점선을 따라 밑줄을 그어 보세요.

➡ 밑줄 그은 문장의 앞뒤 문장의 내용을 살펴보면서 다시 천천히 읽어 보세요.
또 문단별 중심 내용의 빈칸을 채워 보세요.

어휘 읽기

❶ 어려운 어휘는 날개에서 그 뜻을 밝혔어요.
❷ 어휘 이외에 잘 모르는 어휘는 스스로 어휘 표시하고 사전에서 뜻을 찾아 써 보세요.

➡ 어휘 뜻을 알고 문장을 다시 읽어 보세요.

1문단 고대 그리스의 철학자 데모크리토스는 물질을 계속 쪼개면 더는 쪼갤 수 없는 가장 작은 입자가 나온다고 생각했다.□ 그리고 더는 쪼갤 수 없는 입자를 '원자'라고 불렀다.□ 원자는 물질을 이루는 기본 입자로, 크기가 매우 작기 때문에 눈으로는 볼 수 없다.□ 그래서 과학자들은 원자의 구조를 쉽게 이해할 수 있도록 모형을 만들었는데, 이것을 원자 모형이라고 부른다.□ 19세기에 영국의 과학자 돌턴은 모든 물질은 더는 쪼갤 수 없는 원자로 이루어져 있다고 설명하였다.□ 그러면서 원자를 단단한 공처럼 생긴 것으로 보았는데, 이를 '단단한 공 모형'이라고 한다.□ 하지만 그 후 과학자들은 다양한 실험을 통해 원자가 더 작은 입자로 쪼개질 수 있다는 것을 밝혀냈고, 그에 따라 원자 모형도 변화하게 되었다.□

<그림 1> 돌턴의 원자 모형

1문단 중심 내용 원자의 개념 및 ☐☐의 원자 모형: 단단한 공 모형

- **물질**: 자연계의 구성 요소의 하나. 다양한 자연 현상을 일으키는 실체로, 공간의 일부를 차지하고 질량을 갖는다.
- **입자**: 물질을 구성하는 미세한 크기의 물체.
- **원자**: 물질의 기본적 구성 단위. 하나의 핵과 이를 둘러싼 여러 개의 전자로 구성되어 있다.
- **모형**: 실물을 모방하여 만든 물건.
- _____

---

4 1문단을 읽고, ㉠~㉤ 중에서 **1**~**4**의 괄호 안에 들어갈 알맞은 기호를 찾아 쓰세요.

㉠ 물질	㉡ 원자	㉢ 구조
㉣ 단단한 공	㉤ 원자 모형	

✚꿀팁 각 문단에서 기호의 단어를 찾아 동그라미 표시하면 더 쉽게 풀 수 있어요!

1 물질을 이루는 기본 입자를 무엇이라고 하나요? (   )

2 원자의 구조를 쉽게 이해할 수 있도록 만든 모형을 무엇이라고 하나요? (   )

3 돌턴은 원자를 무엇처럼 생긴 것으로 보았나요? (   )

4

원자의 개념 및 돌턴의 원자 모형

원자와 원자 모형

원자	( ) 을 이루는 기본 입자
원자 모형	• 원자는 매우 작아 눈으로 볼 수 없음. • 원자의 ( ) 를 쉽게 이해하기 위한 모형

돌턴의 원자 모형: 단단한 공 모형

• 모든 물질은 더는 쪼갤 수 없는 원자로 이루어져 있음.
• 원자는 단단한 공처럼 생긴 것

2 문단 1897년 영국의 과학자 톰슨은 실험 도중 원자 안에 존재하는 전자의 존재를 발견하였다.■ 전자는 (-)전하를 띠고 있는 아주 작은 입자이다.■

<그림 2> 톰슨의 원자 모형

톰슨은 <그림 2>처럼 (+)전하가 고루 분포된 구 모양의 원자에 전자가 듬성듬성 박혀 있는 새로운 원자 모형을 제시하였다.■ 원자 속에 전자가 군데군데 박혀 있는 모습이 마치 푸딩 속에 건포도가 박혀 있는 것처럼 보여 이를 '푸딩 모형'이라고도 부른다.■

*전하: 전기 현상을 일으키는 원인으로 (+)전하와 (-)전하가 있다.

2문단 중심 내용 ☐☐의 원자 모형: 푸딩 모형

• **전자**: (-)전하를 가지고 원자핵의 주위를 도는 소립자의 하나.
• **전하**: 전기 현상을 일으키는 원인으로 (+)전하와 (-)전하가 있다.
• **분포되다**: 일정한 범위에 흩어져 퍼져 있다.
• **듬성듬성**: 매우 드물고 성긴 모양.
• **군데군데**: 여러 군데. 또는 이곳저곳.
• _____

정답과 해설 32쪽

5 2문단을 읽고, ㉠~㉤ 중에서 ❶~❸의 괄호 안에 들어갈 알맞은 기호를 찾아 쓰세요.

㉠ 전자	㉡ 톰슨	㉢ (+)전하
㉣ (-)전하	㉤ 푸딩 모형	

❶ 톰슨은 실험을 통해 무엇을 발견했나요? (   )
❷ 전자는 어떤 종류의 전하를 띠고 있나요? (   )
❸ 톰슨이 제시한 원자 모형을 무엇이라고 부르나요? (   )

❹ 톰슨의 원자 모형: 푸딩 모형

전자의 발견

• 1897년 (   ) 이 실험을 통해 전자를 발견함.
• 전자는 (-)전하를 띠고 있는 아주 작은 입자

톰슨의 원자 모형

• (   ) 가 고루 분포된 구 모양의 원자에 전자가 듬성듬성 박혀 있는 새로운 원자 모형을 제시
• 마치 푸딩 속에 건포도가 박혀 있는 것처럼 보여 '푸딩 모형'이라고도 불림.

③문단 톰슨의 제자였던 러더퍼드는 1900년대 초반에 실시한 실험에서 원자핵을 발견하고 톰슨의 원자 모형을 수정하였다.■ (+)전하를 띤 원자핵은 원자의 중심에 위치하며, 크기는 원자보다 매우 작지만 원자 질량의 대부분을 차지하는 입자이다.■ 러더퍼드는 <그림 3>처럼 원자 내부의 공간은 대부분 비어 있고 그 중심에 원자핵이 존재하며, 원자핵 주위를 전자가 빠르게 회전한다는 새로운 원자 모형을 제안하였다.■ 원자핵을 중심으로 전자가 회전하는 모습이 행성이 태양 주위를 도는 모습과 비슷해서 이 모형은 '행성 모형'이라고도 불린다.■

<그림 3> 러더퍼드의 원자 모형

3문단 중심 내용 ☐☐☐☐ 의 원자 모형: 행성 모형

- **원자핵**: 원자의 중심부를 이루는 입자. 원자 질량의 대부분을 차지하며, 양의 전하를 갖는다. 크기는 원자의 1만분의 1 정도이나 질량은 원자 질량의 99% 이상이다.
- **위치하다**: 일정한 곳에 자리를 차지하다.
- **질량**: 물체의 고유한 역학적 기본량. 국제단위는 킬로그램(kg).
- **제안하다**: 안이나 의견으로 내놓다.
- **행성**: 중심 별의 강한 인력의 영향으로 타원 궤도를 그리며 중심 별의 주위를 도는 천체.
- _____

---

6 3문단을 읽고, ㉠~㉤ 중에서 **1**~**4**의 괄호 안에 들어갈 알맞은 기호를 찾아 쓰세요.

> ㉠ 질량　　　　㉡ 원자핵　　　　㉢ (+)전하
> ㉣ 러더퍼드　　㉤ 행성 모형

1 러더퍼드는 실험을 통해 무엇을 발견했나요?　　(　　)

2 원자핵은 어떤 성질을 갖고 있나요?

- (+)전하를 띠고 있다.
- 원자의 중심에 위치한다.
- 크기는 원자보다 매우 작다.
- 원자 (　　　) 의 대부분을 차지한다.

3 러더퍼드의 원자 모형을 무엇이라고 부르나요?　　(　　)

4 ┌ 러더퍼드의 원자 모형: 행성 모형 ┐

┌ 원자핵의 발견 ┐

- (　　　) 가 1900년대 초반에 실시한 실험에서 원자핵을 발견
- (　　　) 를 띤 원자핵은 원자의 중심에 위치하며, 크기는 원자보다 매우 작지만 원자 질량의 대부분을 차지하는 입자

┌ 러더퍼드의 원자 모형 ┐

- 원자 내부의 공간은 대부분 비어 있고 그 중심에 원자핵이 존재하며, 원자핵 주위를 전자가 빠르게 회전한다는 새로운 원자 모형을 제안
- 행성이 태양 주위를 도는 모습과 비슷해서 '행성 모형'이라고도 불림.

4 문단 보어는 러더
퍼드의 모형을 보완하
여 전자들이 정해져 있
는 특정한 궤도를 따라

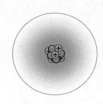

<그림 4> 보어의 원자 모형과 현대의 원자 모형

원자핵 주위를 회전하는 원자 모형을 제안하였는데, 이 모형을 '궤도 모형'이라고 한다.■ 이후로도 과학자들은 현대 과학이 발전함에 따라 계속해서 원자 모형을 수정하였다.■ 현대 과학에서는 전자의 위치를 정확히 알지 못하기 때문에 전자가 원자핵 주위에 구름처럼 퍼져 있다는 모형을 제시하였는데, 이를 '전자구름 모형'이라고 부른다.■

4문단 중심 내용 ☐☐의 원자 모형 및 현대의 원자 모형: 궤도 모형 및 전자구름 모형

- **보완하다:** 모자라거나 부족한 것을 보충하여 완전하게 하다.
- **궤도:** 행성, 혜성, 인공위성 등이 중력의 영향을 받아 다른 천체의 둘레를 돌면서 그리는 곡선의 길.

・ _____

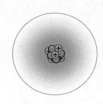

7 4문단을 읽고, ㉠~㉤ 중에서 **1**~**4**의 괄호 안에 들어갈 알맞은 기호를 찾아 쓰세요.

| ㉠ 보어 | ㉡ 궤도 | ㉢ 전자 |
| ㉣ 구름 | ㉤ 원자핵 | |

1 전자들이 정해져 있는 특정한 궤도를 따라 원자핵 주위를 회전한다는 원자 모형을 제안한 사람은 누구인가요? ( )

2 현대 과학에서 '전자구름 모형'이 제시된 까닭은 무엇인가요?

( )의 위치를 정확히 알지 못하기 때문에

3 전자구름 모형에서는 전자가 원자핵 주위에 무엇처럼 퍼져 있다고 설명하고 있나요? ( )

4 보어의 원자 모형 및 현대의 원자 모형

보어의 원자 모형: 궤도 모형

- 전자들이 정해져 있는 특정한 ( )를 따라 원자핵 주위를 회전하는 원자 모형을 제안
- '궤도 모형'이라고 불림.

현대의 원자 모형: 전자구름 모형

- 전자의 위치를 정확히 알지 못하기 때문에 전자가 ( ) 주위에 구름처럼 퍼져 있다는 모형을 제시
- '전자구름 모형'이라고 불림.

① 문단 고대 그리스의 철학자 데모크리토스는 물질을 계속 쪼개면 더는 쪼갤 수 없는 가장 작은 입자가 나온다고 생각했다. 그리고 더는 쪼갤 수 없는 입자를 '원자'라고 불렀다. 원자는 물질을 이루는 기본 입자로, 크기가 매우 작기 때문에 눈으로는 볼 수 없다. 그래서 과학자들은 원자의 구조를 쉽게 이해할 수 있도록 모형을 만들었는데, 이것을 원자 모형이라고 부른다. 19세기에 영국의 과학자 돌턴은 모든 물질은 더는 쪼갤 수 없는 원자로 이루어져 있다고 설명하였다. 그러면서 원자를 단단한 공처럼 생긴 것으로 보았는데, 이를 '단단한 공 모형'이라고 한다. 하지만 그 후 과학자들은 다양한 실험을 통해 원자가 더 작은 입자로 쪼개질 수 있다는 것을 밝혀냈고, 그에 따라 원자 모형도 변화하게 되었다.

<그림 1> 돌턴의 원자 모형

② 문단 1897년 영국의 과학자 톰슨은 실험 도중 원자 안에 존재하는 전자의 존재를 발견하였다. 전자는 (-)전하*를 띠고 있는 아주 작은 입자이다. 톰슨은 <그림 2>처럼 (+)전하가 고루 분포된 구 모양의 원자에 전자가 듬성듬성 박혀 있는 새로운 원자 모형을 제시하였다. 원자 속에 전자가 군데군데 박혀 있는 모습이 마치 푸딩 속에 건포도가 박혀 있는 것처럼 보여 이를 '푸딩 모형'이라고도 부른다.

<그림 2> 톰슨의 원자 모형

③ 문단 톰슨의 제자였던 러더퍼드는 1900년대 초반에 실시한 실험에서 원자핵을 발견하고 톰슨의 원자 모형을 수정하였다. (+)전하를 띤 원자핵은 원자의 중심에 위치하며, 크기는 원자보다 매우 작지만 원자 질량의 대부분을 차지하는 입자이다. 러더퍼드는 <그림 3>처럼 원자 내부의 공간은 대부분 비어 있고 그 중심에 원자핵이 존재하며, 원자핵 주위를 전자가 빠르게 회전한다는 새로운 원자 모형을 제안하였다. 원자핵을 중심으로 전자가 회전하는 모습이 행성이 태양 주위를 도는 모습과 비슷해서 이 모형은 '행성 모형'이라고도 불린다.

<그림 3> 러더퍼드의 원자 모형

④ 문단 보어는 러더퍼드의 모형을 보완하여 전자들이 정해져 있는 특정한 궤도를 따라 원자핵 주위를 회전하는 원자 모형을 제안하였는데, 이 모형을 '궤도 모형'이라고 한다. 이후로도 과학자들은 현대 과학이 발전함에 따라 계속해서 원자 모형을 수정하였다. 현대 과학에서는 전자의 위치를 정확히 알지 못하기 때문에 전자가 원자핵 주위에 구름처럼 퍼져 있다는 모형을 제시하였는데, 이를 '전자구름 모형'이라고 부른다.

<그림 4> 보어의 원자 모형과 현대의 원자 모형

*전하: 전기 현상을 일으키는 원인으로 (+)전하와 (-)전하가 있다.

＋꿀팁
지문에서 원자 모형의 개념 및 필요성을 제시한 후 원자 모형이 변하는 과정을 설명하고 있어요. 지문을 읽을 때는 과학자들이 제시한 원자 모형이 시간의 흐름에 따라 어떻게 달라졌는지를 파악하는 것이 중요해요. 또 실험을 통한 새로운 입자의 발견이 원자 모형에 어떻게 반영되었는지도 파악해야 해요.

8 윗글의 내용과 일치하지 <u>않는</u> 것은?

① 데모크리토스는 더는 쪼갤 수 없는 작은 입자를 원자라고 불렀다.

② 돌턴은 원자를 쪼갤 수 없는 단단한 공처럼 생긴 것이라고 설명하였다.

③ 톰슨은 구 모양의 원자에 전자가 박혀 있다는 원자 모형을 제시하였다.

④ 보어는 원자핵 주위를 전자가 자유롭게 이동하며 돌고 있다는 모형을 제안하였다.

⑤ 현대 과학에서는 전자가 정확히 어디에 있는지 알 수 없기 때문에 전자가 원자핵 주위에 구름처럼 퍼져 있다는 모형을 제시하였다.

9 윗글을 읽고 원자의 구조를 정리한 노트이다. ㉠~㉤ 중 적절하지 <u>않은</u> 것은?

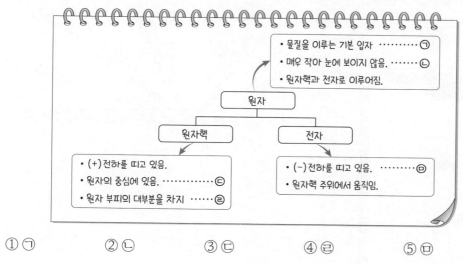

• 물질을 이루는 기본 입자 ········· ㉠
• 매우 작아 눈에 보이지 않음. ······· ㉡
• 원자핵과 전자로 이루어짐.

원자

원자핵

• (+)전하를 띠고 있음.
• 원자의 중심에 있음. ············· ㉢
• 원자 부피의 대부분을 차지 ······ ㉣

전자

• (−)전하를 띠고 있음. ········· ㉤
• 원자핵 주위에서 움직임.

① ㉠   ② ㉡   ③ ㉢   ④ ㉣   ⑤ ㉤

10 보기 는 원자 모형의 변화 과정을 나타낸 것이다. ㉮와 ㉯를 비교한 내용으로 적절하지 <u>않은</u> 것은?

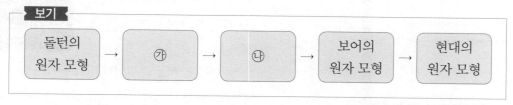

보기

| 돌턴의 원자 모형 | → | ㉮ | → | ㉯ | → | 보어의 원자 모형 | → | 현대의 원자 모형 |

① ㉮는 푸딩 속에 건포도가 박혀 있는 모습과 유사하다.

② ㉯는 행성이 태양 주위를 도는 모습과 비슷하다.

③ ㉮와 ㉯는 모두 실험을 통해 발견한 입자를 반영하여 만든 것이다.

④ ㉮에서는 전자가, ㉯에서는 원자핵이 새롭게 제시되었다.

⑤ ㉮와 달리 ㉯에서는 (+)전하가 원자 내부에 고루 분포되어 있다.

스스로 평가

1회독
😊 😣

2회독
😊 😣

3회독
😊 😣

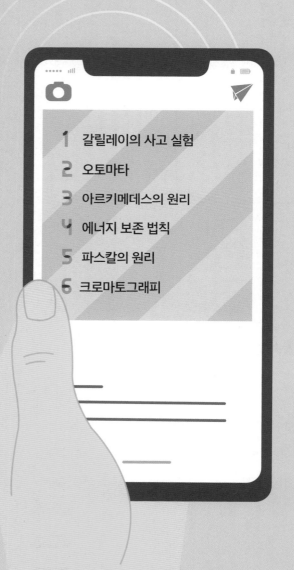

내 손안의
지식사전

1 갈릴레이의 사고 실험

머릿속에서 생각으로 진행하는 실험을 사고 실험이라고 합니다. 갈릴레이는 다음과 같은 사고 실험을 통해 관성의 개념을 발견했습니다. 마찰이 없는 빗면의 한쪽 끝에 공이 놓여 있다고 생각해 볼까요? 마찰력이 작용하지 않는다면 빗면을 굴러 내려간 공은 반대편 빗면의 같은 높이까지 올라갈 것입니다. 반대편 빗면의 경사를 낮추어도 공은 계속 같은 높이까지 올라갈 것입니다. 만약 반대편 빗면의 경사를 계속 낮추어 수평면이 되면 공은 처음 높이까지 올라갈 수 없어 계속 굴러갈 것입니다. 즉 물체가 외부에서 힘을 받지 않으면 계속 자신의 운동 상태를 유지하려고 하는데, 이를 관성이라고 합니다.

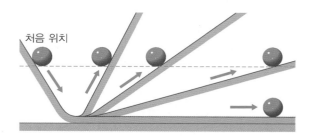

처음 위치

2 오토마타

오토마타는 스스로 움직이는 기계라는 뜻으로, 기계 장치를 통해 움직이는 인형이나 조형물을 말합니다. 시간이 되면 뻐꾸기가 문을 열고 나와서 우는 뻐꾸기시계는 대표적인 오토마타의 예입니다. 오토마타는 고대 그리스의 수학자인 헤론이 발명한 다양한 기계 장치에서 시작되었다고 볼 수 있습니다. 조선 세종 때에 장영실 등이 만든 자동 물시계인 자격루도 오토마타로 볼 수 있습니다. 자격루는 지레와 구슬 등이 작동하여 정해진 때가 되면 인형이 나와 종, 북, 징을 쳐서 시간을 알렸다고 합니다. 현대에 들어서 오토마타는 과학이 결합한 예술의 한 분야로 자리를 잡고 있습니다.

3 아르키메데스의 원리

액체나 기체 속에 있는 물체는 그 물체가 차지한 액체나 기체의 부피만큼의 부력을 받는다는 원리입니다. 부력이란 액체나 기체 속에 있는 물체가 중력에 반하여 밀어 올려지는 힘을 말합니다. 기원전 220년 무렵에 고대 그리스의 수학자 아르키메데스가 발견하였습니다. 어느 날 시라쿠사의 왕은 새로 받은 자신의 왕관이 순금으로 만들어졌는지 의심스러워 아르키메데스에게 도움을 요청하였습니다. 이 문제를 해결하기 위해 고민하던 아르키메데스는 목욕통에 몸을 담그자 물이 흘러넘치는 것을 보고, 왕관을 물속에 넣어 무게를 달아 보면 이를 해결할 수 있다는 사실을 깨달았습니다. 이를 발견한 아르키메데스가 '알았다'라는 뜻의 '유레카'를 외치며 뛰쳐나왔다는 일화가 유명합니다. 그렇다면 아르키메데스는 어떻게 문제를 해결했을까요? 밀도는 어떤 물질의 질량을 부피로 나눈 값인데, 물질의 고유한 특성으로 물질마다 다른 값을 가집니다. 왕관이 순금으로 만들어진 것이 아니라면 왕관과 순금의 밀도가 다를 것입니다. 아르키메데스는 밀도를 비교하기 위해 왕관과 같은 질량을 가진 순금을 준비하였습니다. 그리고 왕관과 순금을 양팔저울의 양쪽에 놓고 물속에 넣었더니 저울이 순금 쪽으로 기울었습니다. 이것은 왕관의 부피가 순금보다 더 크기 때문에 나타나는 현상입니다. 왜냐하면 물속에 잠긴 물체는 물체가 차지한 물의 부피만큼 부력을 받는데, 왕관이 순금보다 부피가 커서 부력을 더 많이 받기 때문에 더 가벼워져 순금 쪽으로 저울이 기운 것입니다. 이를 통해 아르키메데스는 왕관이 순금이 아니라는 것을 밝혀냈습니다.

4 에너지 보존 법칙

외부의 영향이 차단된 상태에서 에너지가 한 형태에서 다른 형태로 바뀌어도 전체 에너지의 양은 항상 일정하다는 법칙입니다. 즉 에너지는 새로 만들어지거나 없어지지 않는다는 말입니다.

5 파스칼의 원리

밀폐된 관에 담긴 압축성이 없는 유체의 일부에 압력을 가하면 방향에 상관없이 그 압력이 유체 내의 모든 곳에 같은 크기로 전달된다는 원리입니다. 1653년에 프랑스의 물리학자 파스칼이 발견하였습니다. 작은 힘으로 큰 힘을 낼 수 있는 유압기는 파스칼의 원리를 적용한 대표적인 장치입니다. 유압기는 보통 횡단면의 크기가 다른 두 개의 실린더와 피스톤이 서로 연결되어 있고, 실린더 내부는 기름으로 채워져 있습니다. 좁은 면적의 피스톤에 작은 힘을 가하면 내부를 채운 기름을 통해 넓은 면적의 피스톤에서 큰 힘이 나옵니다.

6 크로마토그래피

혼합물을 이루는 물질이 용매를 따라 이동하는 정도가 다른 것을 이용하여 혼합물을 분리하는 방법입니다. 1900년대에 식물의 색소를 분리하는 데 처음으로 사용되었습니다. 크로마토그래피는 혼합물 속의 매우 적은 양의 물질도 분리할 수 있어 정밀한 분석이 필요할 때 사용합니다. 올림픽에서 운동선수가 성적을 올리기 위해 금지된 약물을 사용했는지를 검사하는 도핑 테스트는 크로마토그래피를 이용한 대표적인 예입니다.

문제 해결 구조

화학 01 플라스틱의 위협

1회독 구조 읽기

1문단 그리스어로 '성형할 수 있다'라는 의미를 담고 있는 플라스틱은 가벼우면서도 단단하며 다양한 모양과 색깔의 물체를 쉽게 만들 수 있다. 이런 특성 때문에 플라스틱은 그릇, 장난감, 포장 용기 등 우리 생활에 필요한 여러 가지 물건을 만드는 데 널리 쓰이고 있다. 하지만 플라스틱 사용량이 늘어나면서 플라스틱 쓰레기로 인한 폐해도 커지고 있다. 태평양에서 플라스틱 쓰레기로 가득한 거대한 쓰레기 섬이 발견되었을 정도로 플라스틱 쓰레기로 인한 환경 오염은 심각한 수준에 이르렀다.

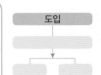

도입

2문단 플라스틱의 가장 큰 단점은 사용 후 수백 년 동안 거의 분해되지 않고 그대로 존재하여 환경을 훼손하는 점이다. 즉 땅에 묻어도 잘 썩지 않는다. 또 불에 태울 경우 우리 몸에 해로운 영향을 미치는 환경 호르몬을 배출한다. 그리고 전 세계적으로 총 생산되는 플라스틱 양의 약 15%만이 재활용될 뿐 나머지는 소각되거나 쓰레기 매립지 혹은 자연에 버려지고 있기 때문에 생태계에 심각한 위협이 되고 있다. 게다가 바다에 유입된 플라스틱은 파도와 자외선에 의해 작게 쪼개져 미세 플라스틱*이 되는데, 해양 동물이 미세 플라스틱을 섭취하고 변이를 일으킨다는 연구 결과도 나오고 있다. 이런 해양 동물을 인간이 최종적으로 섭취한다고 할 때, 인간의 건강에도 악영향을 줄 수 있음을 예측할 수 있다.

문제

3문단 최근에는 잘 분해되지 않는 플라스틱의 대안으로 생분해성 플라스틱이 떠오르고 있다. 생분해성 플라스틱이란 빛이나 미생물 등에 의해 분해가 되는 플라스틱을 말한다. 대표적인 생분해성 플라스틱의 예에는 녹말을 첨가하여 만든 플라스틱과 옥수수 전분에서 유래한 PLA(Poly Lactic Acid, 폴리락트산)가 있다. 녹말을 첨가하여 만든 플라스틱의 경우, 땅에 묻으면 녹말을 먹고 사는 미생물이 플라스틱을 분해한다. PLA는 비교적 일반 플라스틱과 성질이 비슷하고, 독성이 없어 인체에 사용하기에 안전하다. 그뿐만 아니라 PLA를 땅에 묻으면 토양 내 미생물에 의해 자연적으로 분해된다. 다만 생분해성 플라스틱이 분해되기 위해서는 적정 온도와 수분 등을 유지해야 한다. 그리고 일반 플라스틱과 비교하여 품질이 떨어지고, 생산 가격이 비싼 편으로 아직 해결해야 할 문제점을 가지고 있다.

해결1

4문단 생분해성 플라스틱의 개발과 같은 기술적인 해결책을 찾기 위한 노력과 더불어 플라스틱의 생산과 소비를 줄이기 위한 사회적 노력도 중요하다. 기업에서는 포장 용기에 플라스틱 대신 종이류를 사용하는 등 환경을 고려한 생산을 하고 있다. 정부에서도 미세 플라스틱이 포함된 생활용품 생산을 규제하는 등 환경을 고려한 생산 활동이 정착될 수 있도록 노력하고 있다. 이러한 사회적 분위기 속에서 소비자 역시 환경을 생각하는 소비에 관심을 가지고 동참한다면 환경을 보호하고, 지속 가능한 삶을 실현할 수 있을 것이다.

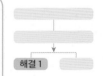

해결2

꿀팁
1회독에서는 지문의 전체 내용이 완벽하게 이해되지 않아도 괜찮아요!

*미세 플라스틱: 크기 5mm 이하의 작은 플라스틱.

1 윗글과 아래 대화를 읽고 여러분은 윗글의 내용 중 어떤 점에 흥미가 생겼는지 생각해 봅시다.

플라스틱이 썩지 않기 때문에 생태계에 매우 위협적이라는 걸 이제야 알았어.

맞아. 생수병도 전부 플라스틱인데 재활용되는 비율이 이렇게 낮다니 경각심을 가져야겠어.

최근에 생분해성 플라스틱인 PLA로 만들어진 일회용 컵을 많이 봤어. 땅에 묻으면 분해가 된다고 하니 참 다행이야.

그래. 난 이번에 플라스틱 문제를 해결하는 데 우리의 시민 의식도 중요하다는 걸 깨달았어. 나 역시 플라스틱의 사용을 자제하는 등 환경 운동에 동참해야겠어.

2 윗글에서 가장 중요한 내용이나 주제어를 아래 빈칸에 써 보세요.

3 윗글을 아래와 같은 구조로 정리한다고 할 때 빈칸에 알맞은 말을 써 보세요.

플라스틱 사용량 증가로 인한 문제

□□□□이 환경에 미치는 문제점

플라스틱 문제를 해결하기 위한
플라스틱

플라스틱의 생산과 소비를 줄이기 위한 사회적 노력

내용 읽기

❶ 각 문장을 읽고, 잘 이해했으면 □에 ☑처럼 체크해 보세요.
❷ 각 문장을 잘 이해하지 못했으면 점선을 따라 밑줄을 그어 보세요.

➡ 밑줄 그은 문장의 앞뒤 문장의 내용을 살펴보면서 다시 천천히 읽어 보세요.
또 문단별 중심 내용의 빈칸을 채워 보세요.

어휘 읽기

❶ 어려운 어휘는 날개에서 그 뜻을 밝혔어요.
❷ 어휘 이외에 잘 모르는 어휘는 스스로 어휘 표시하고 사전에서 뜻을 찾아 써 보세요.

➡ 어휘 뜻을 알고 문장을 다시 읽어 보세요.

❶문단 그리스어로 '성형할 수 있다'라는 의미를 담고 있는 플라스틱은 가벼우면서도 단단하며 다양한 모양과 색깔의 물체를 쉽게 만들 수 있다.□ 이런 특성 때문에 플라스틱은 그릇, 장난감, 포장 용기 등 우리 생활에 필요한 여러 가지 물건을 만드는 데 널리 쓰이고 있다.□ 하지만 플라스틱 사용량이 늘어나면서 플라스틱 쓰레기로 인한 폐해도 커지고 있다.□ 태평양에서 플라스틱 쓰레기로 가득한 거대한 쓰레기 섬이 발견되었을 정도로 플라스틱 쓰레기로 인한 환경 오염은 심각한 수준에 이르렀다.□

1문단 중심 내용 □□□□ 사용량 증가로 인한 문제

· **성형하다**: 일정한 형체를 만들다.
· **폐해**: 옳지 못한 해로운 현상으로 생기는 것.
· **쓰레기 섬**: 미국의 하와이와 캘리포니아 사이에 있는 북태평양 바다 위의 거대한 쓰레기 더미. '태평양 거대 쓰레기 지대(GPGP, Great Pacific Garbage Patch)'라고도 불린다.
· **수준**: 사물의 가치나 질 등의 기준이 되는 일정한 표준이나 정도.
· _____

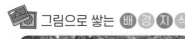 그림으로 쌓는 배경지식

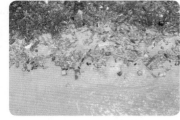

▲ 플라스틱 쓰레기로 가득한 해변

---

4 1문단을 읽고, ㉠~㉤ 중에서 1~4의 괄호 안에 들어갈 알맞은 기호를 찾아 쓰세요.

| ㉠ 모양 | ㉡ 사용량 | ㉢ 플라스틱 |
| ㉣ 쓰레기 섬 | ㉤ 포장 용기 | |

✚꿀팁 각 문단에서 기호의 단어를 찾아 동그라미 표시하면 더 쉽게 풀 수 있어요!

1 그리스어로 '성형할 수 있다'라는 의미를 담고 있는 물질은 무엇인가요? ( )

2 플라스틱의 특성은 무엇인가요?

가벼우면서도 단단하며 다양한 ( ) 과 색깔의 물체를 쉽게 만들 수 있다.

3 태평양에서 발견된 거대한 플라스틱 쓰레기 더미를 무엇이라고 부르나요? ( )

4 ⟨ 플라스틱의 개념과 플라스틱 쓰레기 ⟩

플라스틱의 개념과 특성	· 그리스어로 '성형할 수 있다'라는 의미 · 가벼우면서도 단단하며 다양한 모양과 색깔의 물체를 쉽게 만들 수 있음.
플라스틱의 활용	그릇, 장난감, ( ) 등 우리 생활에 필요한 여러 가지 물건을 만드는 데 널리 쓰이고 있음.
플라스틱 쓰레기의 폐해	· 플라스틱 ( ) 이 늘어나면서 플라스틱 쓰레기로 인한 폐해도 커지고 있음. · 태평양에서 플라스틱 쓰레기로 가득한 거대한 쓰레기 섬이 발견됨.

②문단 플라스틱의 가장 큰 단점은 사용 후 수백 년 동안 거의 분해되지 않고 그대로 존재하여 환경을 훼손하는 점이다.■ 즉 땅에 묻어도 잘 썩지 않는다.■ 또 불에 태울 경우 우리 몸에 해로운 영향을 미치는 환경 호르몬을 배출한다.■ 그리고 전 세계적으로 총 생산되는 플라스틱 양의 약 15%만이 재활용될 뿐 나머지는 소각되거나 쓰레기 매립지 혹은 자연에 버려지고 있기 때문에 생태계에 심각한 위협이 되고 있다.■ 게다가 바다에 유입된 플라스틱은 파도와 자외선에 의해 작게 쪼개져 미세 플라스틱*이 되는데, 해양 동물이 미세 플라스틱을 섭취하고 변이를 일으킨다는 연구 결과도 나오고 있다.■ 이런 해양 동물을 인간이 최종적으로 섭취한다고 할 때, 인간의 건강에도 악영향을 줄 수 있음을 예측할 수 있다.■

*미세 플라스틱: 크기 5mm 이하의 작은 플라스틱.

② 문단 중심 내용 ☐☐☐☐이 환경에 미치는 문제점

- **분해되다**: 한 종류의 화합물이 두 가지 이상의 간단한 화합물로 변화되다.
- **배출하다**: 안에서 밖으로 밀어 내보내다.
- **소각되다**: 불에 타 없어지게 되다.
- **매립지**: 낮은 땅을 돌이나 흙 등으로 메워 돋운 땅.
- **유입되다**: 액체나 기체, 열 따위가 어떤 곳으로 흘러들게 되다.
- **자외선**: 파장이 엑스선보다 길고, 가시광선보다 짧은 전자기파.
- **미세 플라스틱**: 크기 5mm 이하의 작은 플라스틱.
- **섭취하다**: 생물체가 양분 등을 몸속에 빨아들이다.
- **변이**: 같은 종에서 성별, 나이와 관계없이 모양과 성질이 다른 개체가 존재하는 현상.

---

5 2문단을 읽고, ㉠~㉤ 중에서 **1**~**4**의 괄호 안에 들어갈 알맞은 기호를 찾아 쓰세요.

| ㉠ 분해 | ㉡ 재활용 | ㉢ 자외선 |
| ㉣ 환경 호르몬 | ㉤ 미세 플라스틱 | |

1 플라스틱의 가장 큰 단점은 무엇인가요?

사용 후 수백 년 동안 거의 ( )되지 않고 그대로 존재하여 환경을 훼손한다.

2 플라스틱을 불에 태울 경우 배출되는 것은 무엇인가요?
( )

3 바다에 유입된 플라스틱은 파도와 자외선에 의해 작게 쪼개져 무엇이 되나요?
( )

4 ⟨ 플라스틱이 환경에 미치는 문제점 ⟩

- 수백 년 동안 거의 분해되지 않고 그대로 존재하여 환경을 훼손
- 땅에 묻어도 잘 썩지 않음.
- 불에 태울 경우 우리 몸에 해로운 영향을 미치는 환경 호르몬을 배출
- ( ) 비율이 낮음.
- 바다에 유입된 플라스틱은 파도와 ( )에 의해 작게 쪼개져 미세 플라스틱이 됨. → 해양 동물이 미세 플라스틱을 섭취하여 변이를 일으킬 수 있음.
- 미세 플라스틱을 먹은 해양 동물을 인간이 섭취할 경우, 인간의 건강에도 악영향을 줄 수 있음.

3 문단 최근에는 잘 분해되지 않는 플라스틱의 대안으로 생분해성 플라스틱이 떠오르고 있다.■ 생분해성 플라스틱이란 빛이나 미생물 등에 의해 분해가 되는 플라스틱을 말한다.■ 대표적인 생분해성 플라스틱의 예에는 녹말을 첨가하여 만든 플라스틱과 옥수수 전분에서 유래한 PLA(Poly Lactic Acid, 폴리락트산)가 있다.■ 녹말을 첨가하여 만든 플라스틱의 경우, 땅에 묻으면 녹말을 먹고 사는 미생물이 플라스틱을 분해한다.■ PLA는 비교적 일반 플라스틱과 성질이 비슷하고, 독성이 없어 인체에 사용하기에 안전하다.■ 그뿐만 아니라 PLA를 땅에 묻으면 토양 내 미생물에 의해 자연적으로 분해된다.■ 다만 생분해성 플라스틱이 분해되기 위해서는 적정 온도와 수분 등을 유지해야 한다.■ 그리고 일반 플라스틱과 비교하여 품질이 떨어지고, 생산 가격이 비싼 편으로 아직 해결해야 할 문제점을 가지고 있다.■

3문단 중심 내용 플라스틱 문제를 해결하기 위한
☐☐☐☐☐☐☐

- **대안**: 어떤 일에 대처할 방안.
- **생분해성**: 물질이 미생물에 의하여 분해되는 성질.
- **미생물**: 눈으로 볼 수 없는 아주 작은 생물.
- **첨가하다**: 이미 있는 것에 덧붙이거나 보태다.
- **유래하다**: 사물이나 일이 생겨나다.
- **독성**: 독이 있는 성분.
- **적정**: 알맞고 바른 정도.
- _____

그림으로 쌓는 **배 경 지 식**

▲ 생분해성 플라스틱으로 만든 제품

---

6 3문단을 읽고, ㉠~㉤ 중에서 **1**~**4**의 괄호 안에 들어갈 알맞은 기호를 찾아 쓰세요.

| ㉠ 온도 | ㉡ 녹말 | ㉢ PLA |
| ㉣ 미생물 | ㉤ 생분해성 플라스틱 | |

1 빛이나 미생물 등에 의해 분해가 되는 플라스틱을 무엇이라고 하나요? ( )

2 옥수수 전분에서 유래한 생분해성 플라스틱은 무엇인가요? ( )

3 생분해성 플라스틱이 분해되기 위해서 갖추어야 할 조건에는 무엇이 있나요?

적정 ( ), 수분 등

---

4 생분해성 플라스틱

생분해성 플라스틱의 개념

빛이나 ( ) 등에 의해 분해가 되는 플라스틱

생분해성 플라스틱의 예

- ( ) 을 첨가하여 만든 플라스틱
- PLA: 옥수수 전분에서 유래

생분해성 플라스틱의 한계

- 분해되기 위해서는 적정 온도와 수분 등을 유지해야 함.
- 일반 플라스틱과 비교하여 품질이 떨어지고, 생산 가격이 비싼 편

④ 문단 생분해성 플라스틱의 개발과 같은 기술적인 해결책을 찾기 위한 노력과 더불어 플라스틱의 생산과 소비를 줄이기 위한 사회적 노력도 중요하다.■ 기업에서는 포장 용기에 플라스틱 대신 종이류를 사용하는 등 환경을 고려한 생산을 하고 있다.■ 정부에서도 미세 플라스틱이 포함된 생활용품 생산을 규제하는 등 환경을 고려한 생산 활동이 정착될 수 있도록 노력하고 있다.■ 이러한 사회적 분위기 속에서 소비자 역시 환경을 생각하는 소비에 관심을 가지고 동참한다면 환경을 보호하고, 지속 가능한 삶을 실현할 수 있을 것이다.■

4문단 중심 내용 플라스틱의 ☐☐과 ☐☐를 줄이기 위한 사회적 노력

· **고려하다:** 생각하고 헤아려 보다.
· **규제하다:** 규칙이나 규정에 의하여 일정한 한도를 정하거나 정한 한도를 넘지 못하게 막다.
· **정착되다:** 새로운 문화 현상, 학설 등이 당연한 것으로 사회에 받아들여지다.
· **동참하다:** 어떤 모임이나 일에 같이 참가하다.
· _____

정답과 해설 34쪽

7 4문단을 읽고, ㉠~㉤ 중에서 ■~❸의 괄호 안에 들어갈 알맞은 기호를 찾아 쓰세요.

┌─────────────────────────────────────┐
│ ㉠ 소비자   ㉡ 종이류   ㉢ 환경 보호 │
│ ㉣ 포장 용기   ㉤ 미세 플라스틱   │
└─────────────────────────────────────┘

■ 기업에서 환경을 위해 플라스틱 대신 사용하는 대체재는 무엇인가요? ( )

❷ 정부에서는 환경을 위해 무엇이 포함된 생활용품 생산을 규제하고 있나요? ( )

❸ 플라스틱으로 인한 환경 문제를 해결하기 위해 기업과 정부 이외에 환경을 생각하는 소비에 관심을 가져야 할 주체는 누구인가요? ( )

④ 플라스틱의 생산과 소비를 줄이기 위한 사회적 노력

기업	( ) 에 플라스틱 대신 종이류를 사용하는 등 환경을 고려한 생산
정부	미세 플라스틱이 포함된 생활용품 생산을 규제하는 등 환경을 고려한 생산 활동이 정착될 수 있도록 노력
소비자	환경을 생각하는 소비에 관심을 가지고 동참

↓

( ) 와 지속 가능한 삶 실현

①문단 그리스어로 '성형할 수 있다'라는 의미를 담고 있는 플라스틱은 가벼우면서도 단단하며 다양한 모양과 색깔의 물체를 쉽게 만들 수 있다. 이런 특성 때문에 플라스틱은 그릇, 장난감, 포장 용기 등 우리 생활에 필요한 여러 가지 물건을 만드는 데 널리 쓰이고 있다. 하지만 플라스틱 사용량이 늘어나면서 플라스틱 쓰레기로 인한 폐해도 커지고 있다. 태평양에서 플라스틱 쓰레기로 가득한 거대한 쓰레기 섬이 발견되었을 정도로 플라스틱 쓰레기로 인한 환경 오염은 심각한 수준에 이르렀다.

②문단 플라스틱의 가장 큰 단점은 사용 후 수백 년 동안 거의 분해되지 않고 그대로 존재하여 환경을 훼손하는 점이다. 즉 땅에 묻어도 잘 썩지 않는다. 또 불에 태울 경우 우리 몸에 해로운 영향을 미치는 환경 호르몬을 배출한다. 그리고 전 세계적으로 총 생산되는 플라스틱 양의 약 15%만이 재활용될 뿐 나머지는 소각되거나 쓰레기 매립지 혹은 자연에 버려지고 있기 때문에 생태계에 심각한 위협이 되고 있다. 게다가 바다에 유입된 플라스틱은 파도와 자외선에 의해 작게 쪼개져 미세 플라스틱*이 되는데, 해양 동물이 미세 플라스틱을 섭취하고 변이를 일으킨다는 연구 결과도 나오고 있다. 이런 해양 동물을 인간이 최종적으로 섭취한다고 할 때, 인간의 건강에도 악영향을 줄 수 있음을 예측할 수 있다.

③문단 최근에는 잘 분해되지 않는 플라스틱의 대안으로 생분해성 플라스틱이 떠오르고 있다. 생분해성 플라스틱이란 빛이나 미생물 등에 의해 분해가 되는 플라스틱을 말한다. 대표적인 생분해성 플라스틱의 예에는 녹말을 첨가하여 만든 플라스틱과 옥수수 전분에서 유래한 PLA(Poly Lactic Acid, 폴리락트산)가 있다. 녹말을 첨가하여 만든 플라스틱의 경우, 땅에 묻으면 녹말을 먹고 사는 미생물이 플라스틱을 분해한다. PLA는 비교적 일반 플라스틱과 성질이 비슷하고, 독성이 없어 인체에 사용하기에 안전하다. 그뿐만 아니라 PLA를 땅에 묻으면 토양 내 미생물에 의해 자연적으로 분해된다. 다만 생분해성 플라스틱이 분해되기 위해서는 적정 온도와 수분 등을 유지해야 한다. 그리고 일반 플라스틱과 비교하여 품질이 떨어지고, 생산 가격이 비싼 편으로 아직 해결해야 할 문제점을 가지고 있다.

④문단 생분해성 플라스틱의 개발과 같은 기술적인 해결책을 찾기 위한 노력과 더불어 플라스틱의 생산과 소비를 줄이기 위한 사회적 노력도 중요하다. 기업에서는 포장 용기에 플라스틱 대신 종이류를 사용하는 등 환경을 고려한 생산을 하고 있다. 정부에서도 미세 플라스틱이 포함된 생활용품 생산을 규제하는 등 환경을 고려한 생산 활동이 정착될 수 있도록 노력하고 있다. 이러한 사회적 분위기 속에서 소비자 역시 환경을 생각하는 소비에 관심을 가지고 동참한다면 환경을 보호하고, 지속 가능한 삶을 실현할 수 있을 것이다.

*미세 플라스틱: 크기 5mm 이하의 작은 플라스틱.

✚꿀팁
지문에서는 플라스틱이 환경에 미치는 다양한 문제점을 언급한 후, 이를 해결하기 위한 여러 가지 방안을 제시하고 있어요. 특히 생분해성 플라스틱 등 새로운 용어의 개념과 특징을 정확히 이해하는 것이 중요해요.

8 윗글에 대한 이해로 가장 적절한 것은?

① 대상의 변화 과정을 시대순에 따라 소개하고 있다.

② 대상이 만들어지는 원리를 구체적으로 설명하고 있다.

③ 현상을 바라보는 서로 다른 관점을 소개하며 내용을 전개하고 있다.

④ 전문가의 인터뷰 내용을 인용하여 글쓴이의 주장을 뒷받침하고 있다.

⑤ 특정 현상에 대한 문제점을 지적하고 이에 대한 해결 방안을 제시하고 있다.

9 윗글을 바탕으로 보기 의 ㉠~㉤을 이해한 내용으로 적절하지 <u>않은</u> 것은?

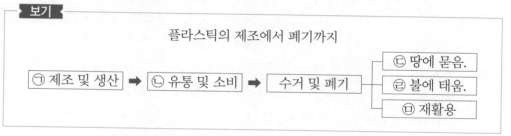

보기

플라스틱의 제조에서 폐기까지

㉠ 제조 및 생산 ➡ ㉡ 유통 및 소비 ➡ 수거 및 폐기 ┬ ㉢ 땅에 묻음.
├ ㉣ 불에 태움.
└ ㉤ 재활용

① ㉠: 가볍고 단단하며 어떤 모양이든 만들기 쉽다.

② ㉡: 일상생활에서 여러 용도로 널리 쓰인다.

③ ㉢: 오랜 시간 동안 분해되지 않아 환경에 위협이 된다.

④ ㉣: 인간의 몸에 해로운 환경 호르몬이 배출된다.

⑤ ㉤: 총 생산되는 플라스틱 양의 절반 이상이 재활용된다.

10 윗글을 읽은 학생이 보인 반응으로 적절하지 <u>않은</u> 것은?

① PLA는 식물에서 얻어지는 원료를 사용하여 만드는군.

② PLA를 활용하여 만든 제품은 사람의 피부에 직접 닿아도 안전하겠군.

③ 생분해성 플라스틱은 일반 플라스틱보다 품질이 떨어지고 가격이 비싼 편이군.

④ 플라스틱의 생산과 소비를 줄이기 위해서 기업, 정부, 소비자가 모두 노력해야겠군.

⑤ 생분해성 플라스틱은 어떠한 환경에서도 미생물이 쉽게 증식하여 흔적을 남기지 않고 분해될 수 있겠군.

스스로
평가

1회독
☺ ☹
2회독
☺ ☹
3회독
☺ ☹

지구 과학

02 신·재생 에너지

1회독 구조 읽기

①문단 화석 연료란 생물이 오랜 시간 땅속에 묻혀 화석처럼 굳어져 오늘날 연료로 이용하는 물질을 말한다. 석탄, 석유, 천연가스 등이 여기에 포함되는데, 이들은 현대 사회에서 가장 많이 사용되는 연료라고 할 수 있다. 석탄은 석유보다 값이 싼 편으로, 이 때문에 난방, 공업용 원료 등으로 폭넓게 이용되고 있다. 석유는 자동차나 항공기, 선박 등 운송 수단의 연료가 될 뿐 아니라 각종 공업의 원료가 된다. 천연가스는 주로 석유가 채취되는 유전에서 석유와 함께 얻을 수 있는 자원으로, 기술의 발달로 운반이 쉬워지면서 세계적으로 수요가 급증하였다.

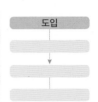

②문단 하지만 화석 연료는 만들어지는 데 수백만 년이 걸리는 반면, 매장량이 한정되어 있고 한 번 쓰면 재생되지 않기 때문에 머지않은 미래에 고갈될 것으로 예상된다. 그뿐만 아니라 화석 연료는 많은 환경 문제를 발생시킨다. 먼저 화석 연료는 직접적인 대기 오염의 원인으로, 특히 석탄과 석유는 연소 과정에서 이산화 황, 질소 산화물 등의 대기 오염 물질을 배출한다. 또한 화석 연료는 연소 과정에서 이산화 탄소 등의 온실가스를 배출하는데, 대기 중 온실가스의 증가로 인해 지구 온난화가 발생한다. 그리고 화석 연료를 채굴하고 운반하는 과정에서 환경이 파괴되기도 한다. 예를 들어 석탄, 석유 등을 채굴할 때 생태계가 파괴되기도 하고, 석유의 운반 과정 중에 발생하는 유조선 사고는 바다를 오염시키기도 한다.

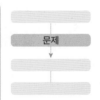

③문단 이러한 화석 연료의 고갈 문제와 화석 연료로 인한 환경 오염 문제를 해결할 방안으로 신·재생 에너지가 주목받고 있다. 신에너지는 기존의 화석 연료를 변환하여 이용하거나 수소나 산소 등을 반응시켜 전기나 열로 이용하는 에너지이다. 신에너지에는 석탄 액화 및 가스화, 수소 에너지, 연료 전지 등이 있다. 재생 에너지는 고갈되지 않고 계속해서 공급이 가능한 에너지로 태양열, 태양광, 바이오, 풍력, 수력, 해양, 지열 에너지 등이 있다. 이러한 신에너지와 재생 에너지를 아울러 신·재생 에너지라고 부른다. 신·재생 에너지는 초기 투자 비용이 많이 든다는 단점이 있다. 하지만 태양, 바람, 물 등을 이용하므로 고갈되지 않고, 화석 연료와 달리 오염 물질이 거의 발생하지 않는다.

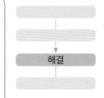

④문단 이와 같은 특징 때문에 신·재생 에너지는 화석 연료의 대안으로 관심을 받고 있으며, 전 세계적으로 많은 연구와 개발이 이루어지고 있다. 특히 세계의 인구 증가 및 경제 성장으로 인해 에너지의 수요가 계속해서 늘어나면서 신·재생 에너지의 개발은 더욱더 중요해지고 있다. 우리나라의 경우 지질학적 자원이 부족하여 에너지의 수입 의존도가 높은 편이기 때문에 안정적인 에너지 확보를 위해 신·재생 에너지 기술을 개발하는 것이 매우 중요하다. 화석 연료로 인한 문제의 해결책으로서 신·재생 에너지 산업은 미래의 에너지 산업으로 크게 성장할 것으로 전망된다.

＋꿀팁
1회독에서는 지문의 전체 내용이 완벽하게 이해되지 않아도 괜찮아요!

1 윗글과 아래 대화를 읽고 여러분은 윗글의 내용 중 어떤 점에 흥미가 생겼는지 생각해 봅시다.

요즘 대기 오염이 심하다는 뉴스를 자주 본 것 같은데 화석 연료가 주요 원인이었어!

그러게 말이야. 워낙 자동차도 많고 공장도 많으니까 그만큼 환경 오염도 심해질 수밖에 없나 봐.

지금부터라도 신·재생 에너지를 적극적으로 개발하고 사용하는 일이 꼭 필요하겠네.

맞아. 화석 연료 대신 신·재생 에너지를 사용하면 대기 오염 없는 파란 하늘을 볼 수 있을 거야!

2 윗글에서 가장 중요한 내용이나 주제어를 아래 빈칸에 써 보세요.

☐ · ☐☐ ☐☐☐

3 윗글을 아래와 같은 구조로 정리한다고 할 때 빈칸에 알맞은 말을 써 보세요.

화석 연료의 개념과 종류

│

화석 연료의 문제점

↓

화석 연료의 문제를 해결할 수 있는

☐ · ☐☐ ☐☐☐

│

신·재생 에너지의 중요성과 전망

내용 읽기

① 각 문장을 읽고, 잘 이해했으면 □에 ✔처럼 체크해 보세요.
② 각 문장을 잘 이해하지 못했으면 점선을 따라 밑줄을 그어 보세요.

➡ 밑줄 그은 문장의 앞뒤 문장의 내용을 살펴보면서 다시 천천히 읽어 보세요.
또 문단별 중심 내용의 빈칸을 채워 보세요.

어휘 읽기

① 어려운 어휘는 날개에서 그 뜻을 밝혔어요.
② 어휘 이외에 잘 모르는 어휘는 스스로 어휘 표시하고 사전에서 뜻을 찾아 써 보세요.

➡ 어휘 뜻을 알고 문장을 다시 읽어 보세요.

1문단 화석 연료란 생물이 오랜 시간 땅속에 묻혀 화석처럼 굳어져 오늘날 연료로 이용하는 물질을 말한다.□ 석탄, 석유, 천연가스 등이 여기에 포함되는데, 이들은 현대 사회에서 가장 많이 사용되는 연료라고 할 수 있다.□ 석탄은 석유보다 값이 싼 편으로, 이 때문에 난방, 공업용 원료 등으로 폭넓게 이용되고 있다.□ 석유는 자동차나 항공기, 선박 등 운송 수단의 연료가 될 뿐 아니라 각종 공업의 원료가 된다.□ 천연가스는 주로 석유가 채취되는 유전에서 석유와 함께 얻을 수 있는 자원으로, 기술의 발달로 운반이 쉬워지면서 세계적으로 수요가 급증하였다.□

1문단 중심 내용 □□□□의 개념과 종류

- **원료**: 어떤 물건을 만드는 데 들어가는 재료.
- **선박**: 사람이나 짐 등을 싣고 물 위로 떠다니도록 나무나 쇠 등으로 만든 물건.
- **운송**: 사람을 태워 보내거나 물건 등을 실어 보냄.
- **채취되다**: 풀, 나무, 광석 등이 찾아져 베어지거나 캐어지거나 하여 얻어지다.
- **유전**: 석유가 나는 곳.
- **자원**: 인간 생활 및 경제 생산에 이용되는 원료로서의 광물, 산림, 수산물 등을 통틀어 이르는 말.
- _____

---

4 1문단을 읽고, ㉠~㉤ 중에서 **1**~**4**의 괄호 안에 들어갈 알맞은 기호를 찾아 쓰세요.

| ㉠ 석탄 | ㉡ 석유 | ㉢ 생물 |
| ㉣ 천연가스 | ㉤ 화석 연료 | |

✦꿀팁 각 문단에서 기호의 단어를 찾아 동그라미 표시하면 더 쉽게 풀 수 있어요!

1 생물이 오랜 시간 땅속에 묻혀 화석처럼 굳어져 오늘날 연료로 이용하는 물질을 무엇이라고 하나요? ( )

2 다양한 운송 수단의 연료이자 각종 공업의 원료가 되는 자원은 무엇인가요? ( )

3 주로 석유가 채취되는 유전에서 석유와 함께 얻을 수 있는 자원은 무엇인가요? ( )

4 화석 연료의 개념과 종류

화석 연료의 개념

( ) 이 오랜 시간 땅속에 묻혀 화석처럼 굳어져 오늘날 연료로 이용하는 물질

화석 연료의 종류

( )	석유보다 값이 싼 편으로, 난방, 공업용 원료 등으로 이용
석유	운송 수단의 연료, 각종 공업의 원료로 이용
천연가스	유전에서 석유와 함께 얻을 수 있는 자원

2 문단   하지만 화석 연료는 만들어지는 데 수백만 년이 걸리는 반면, 매장량이 한정되어 있고 한 번 쓰면 재생되지 않기 때문에 머지않은 미래에 고갈될 것으로 예상된다.■ 그뿐만 아니라 화석 연료는 많은 환경 문제를 발생시킨다.■ 먼저 화석 연료는 직접적인 대기 오염의 원인으로, 특히 석탄과 석유는 연소 과정에서 이산화 황, 질소 산화물 등의 대기 오염 물질을 배출한다.■ 또한 화석 연료는 연소 과정에서 이산화 탄소 등의 온실가스를 배출하는데, 대기 중 온실가스의 증가로 인해 지구 온난화가 발생한다.■ 그리고 화석 연료를 채굴하고 운반하는 과정에서 환경이 파괴되기도 한다.■ 예를 들어 석탄, 석유 등을 채굴할 때 생태계가 파괴되기도 하고, 석유의 운반 과정 중에 발생하는 유조선 사고는 바다를 오염시키기도 한다.■

- **재생되다**: 낡거나 못 쓰게 된 물건이 가공되어 다시 쓰이다.
- **머지않다**: 시간적으로 멀지 않다.
- **고갈되다**: 어떤 일의 바탕이 되는 돈이나 물자, 소재, 인력 등이 다하여 없어지다.
- **온실가스**: 지구 대기를 오염시켜 온실 효과를 일으키는 가스를 통틀어 이르는 말. 이산화 탄소, 메테인 등의 가스를 말한다.
- **지구 온난화**: 지구의 기온이 높아지는 현상.
- **채굴하다**: 땅을 파고 땅속에 묻혀 있는 광물 따위를 캐내다.
- **유조선**: 유조 시설을 갖추고 석유를 운반하는 배.

2 문단 중심 내용 화석 연료의 ☐☐☐

5 2문단을 읽고, ㉠~㉤ 중에서 **1**~**4**의 괄호 안에 들어갈 알맞은 기호를 찾아 쓰세요.

| ㉠ 매장량 | ㉡ 온실가스 | ㉢ 화석 연료 |
| ㉣ 지구 온난화 | ㉤ 대기 오염 물질 | |

1 화석 연료의 특징은 무엇인가요?

(   ) 이 한정되어 있고, 한 번 쓰면 재생되지 않는다.

2 석탄과 석유는 연소 과정에서 이산화 황, 질소 산화물 등의 무엇을 배출하나요?　　　　　　　　(   )

3 화석 연료의 연소 과정에서 배출되어 지구 온난화를 일으키는 것은 무엇인가요?　　　　　　　(   )

4 ▨ 화석 연료의 문제점

화석 연료의 고갈 문제

- 매장량이 한정되어 있음.
- 한 번 쓰면 재생되지 않음.

화석 연료로 인한 환경 문제

- 직접적인 대기 오염의 원인
- 화석 연료의 연소 과정에서 온실가스를 배출 → 대기 중 온실가스의 증가로 인해 (   ) 가 발생
- (   ) 를 채굴하고 운반하는 과정에서 환경이 파괴됨.

3 문단 이러한 화석 연료의 고갈 문제와 화석 연료로 인한 환경 오염 문제를 해결할 방안으로 신·재생 에너지가 주목받고 있다.■ 신에너지는 기존의 화석 연료를 변환하여 이용하거나 수소나 산소 등을 반응시켜 전기나 열로 이용하는 에너지이다.■ 신에너지에는 석탄 액화 및 가스화, 수소 에너지, 연료 전지 등이 있다.■ 재생 에너지는 고갈되지 않고 계속해서 공급이 가능한 에너지로 태양열, 태양광, 바이오, 풍력, 수력, 해양, 지열 에너지 등이 있다.■ 이러한 신에너지와 재생 에너지를 아울러 신·재생 에너지라고 부른다.■ 신·재생 에너지는 초기 투자 비용이 많이 든다는 단점이 있다.■ 하지만 태양, 바람, 물 등을 이용하므로 고갈되지 않고, 화석 연료와 달리 오염 물질이 거의 발생하지 않는다.■

3문단 중심 내용 화석 연료의 문제를 해결할 수 있는

□·□□ 에너지

- **변환하다**: 달라져서 바뀌다. 또는 다르게 하여 바꾸다.
- **액화**: 기체가 냉각·압축되어 액체로 변하는 현상. 또는 그렇게 만드는 일.
- **투자**: 이익을 얻기 위하여 어떤 일이나 사업에 자본을 대거나 시간이나 정성을 쏟음.
- _____

그림으로 쌓는 배 경 지 식

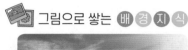

▲ 태양열 발전

▲ 태양광 발전

---

6 3문단을 읽고, ㉠~㉤ 중에서 **1**~**4**의 괄호 안에 들어갈 알맞은 기호를 찾아 쓰세요.

㉠ 석탄	㉡ 태양열	㉢ 신에너지
㉣ 재생 에너지	㉤ 신·재생 에너지	

1 기존의 화석 연료를 변환하여 이용하거나 수소나 산소 등을 반응시켜 전기나 열로 이용하는 에너지는 무엇인가요?
( )

2 고갈되지 않고 계속해서 공급이 가능한 에너지를 무엇이라고 하나요?
( )

3 신에너지와 재생 에너지를 아울러 무엇이라고 하나요?
( )

4 ｜ 신·재생 에너지의 개념과 특징

신·재생 에너지의 개념

신에너지와 재생 에너지를 아울러 신·재생 에너지라고 부름.

신에너지	• 기존의 화석 연료를 변환하여 이용하거나 수소나 산소 등을 반응시켜 전기나 열로 이용하는 에너지 • ( ) 액화 및 가스화, 수소 에너지, 연료 전지 등
재생 에너지	• 고갈되지 않고 계속해서 공급이 가능한 에너지 • ( ), 태양광, 바이오, 풍력, 수력, 해양, 지열 에너지 등

신·재생 에너지의 특징

태양, 바람, 물 등을 이용하므로 고갈되지 않고, 오염 물질이 거의 발생하지 않음.

4 문단 이와 같은 특징 때문에 신·재생 에너지는 화석 연료의 <u>대안</u>으로 관심을 받고 있으며, 전 세계적으로 많은 연구와 개발이 이루어지고 있다.■ 특히 세계의 인구 증가 및 경제 성장으로 인해 에너지의 수요가 계속해서 늘어나면서 신·재생 에너지의 개발은 더욱더 중요해지고 있다.■ 우리나라의 경우 <u>지질학적</u> 자원이 부족하여 에너지의 수입 <u>의존도</u>가 높은 편이기 때문에 안정적인 에너지 <u>확보</u>를 위해 신·재생 에너지 기술을 개발하는 것이 매우 중요하다.■ 화석 연료로 인한 문제의 해결책으로서 신·재생 에너지 산업은 미래의 에너지 산업으로 크게 성장할 것으로 <u>전망된다</u>.■

- **대안**: 어떤 안을 대신하는 안.
- **지질학적**: 지질학에 바탕을 두거나 관계된. 또는 그런 것.
- **의존도**: 다른 것에 의지하여 생활하거나 존재하는 정도.
- **확보**: 확실히 보증하거나 가지고 있음.
- **전망되다**: 앞날이 헤아려져 내다보이다.
- _____

4문단 중심 내용 □·□□□□□ 의 중요성과 전망

정답과 해설 36쪽

7 4문단을 읽고, ㉠~㉤ 중에서 **1**~**4**의 괄호 안에 들어갈 알맞은 기호를 찾아 쓰세요.

| ㉠ 인구 | ㉡ 경제 | ㉢ 수입 |
| ㉣ 화석 연료 | ㉤ 에너지 산업 | |

1 세계의 에너지 수요가 계속해서 늘어나는 까닭은 무엇인가요?

세계의 ( ) 증가 및 경제 성장으로 인해

2 우리나라의 경우 신·재생 에너지 기술을 개발하는 것이 중요한 까닭은 무엇인가요?

에너지의 ( ) 의존도가 높기 때문에

3 신·재생 에너지의 전망은 무엇인가요?

( ) 로 인한 문제의 해결책으로서 미래의 에너지 산업으로 크게 성장할 것으로 전망된다.

4 신·재생 에너지의 중요성과 전망

신·재생 에너지의 중요성

- 화석 연료의 대안으로 관심을 받음.
- 세계의 인구 증가 및 ( ) 성장으로 인해 에너지의 수요가 계속해서 늘어나면서 신·재생 에너지의 개발이 중요해지고 있음.
- 우리나라의 경우 에너지의 수입 의존도가 높은 편이기 때문에 신·재생 에너지 기술 개발이 중요함.

신·재생 에너지의 전망

화석 연료로 인한 문제의 해결책으로서 신·재생 에너지 산업은 미래의 ( ) 으로 크게 성장할 것으로 전망됨.

①문단 화석 연료란 생물이 오랜 시간 땅속에 묻혀 화석처럼 굳어져 오늘날 연료로 이용하는 물질을 말한다. 석탄, 석유, 천연가스 등이 여기에 포함되는데, 이들은 현대 사회에서 가장 많이 사용되는 연료라고 할 수 있다. 석탄은 석유보다 값이 싼 편으로, 이 때문에 난방, 공업용 원료 등으로 폭넓게 이용되고 있다. 석유는 자동차나 항공기, 선박 등 운송 수단의 연료가 될 뿐 아니라 각종 공업의 원료가 된다. 천연가스는 주로 석유가 채취되는 유전에서 석유와 함께 얻을 수 있는 자원으로, 기술의 발달로 운반이 쉬워지면서 세계적으로 수요가 급증하였다.

②문단 하지만 화석 연료는 만들어지는 데 수백만 년이 걸리는 반면, 매장량이 한정되어 있고 한 번 쓰면 재생되지 않기 때문에 머지않은 미래에 고갈될 것으로 예상된다. 그뿐만 아니라 화석 연료는 많은 환경 문제를 발생시킨다. 먼저 화석 연료는 직접적인 대기 오염의 원인으로, 특히 석탄과 석유는 연소 과정에서 이산화 황, 질소 산화물 등의 대기 오염 물질을 배출한다. 또한 화석 연료는 연소 과정에서 이산화 탄소 등의 온실가스를 배출하는데, 대기 중 온실가스의 증가로 인해 지구 온난화가 발생한다. 그리고 화석 연료를 채굴하고 운반하는 과정에서 환경이 파괴되기도 한다. 예를 들어 석탄, 석유 등을 채굴할 때 생태계가 파괴되기도 하고, 석유의 운반 과정 중에 발생하는 유조선 사고는 바다를 오염시키기도 한다.

③문단 이러한 화석 연료의 고갈 문제와 화석 연료로 인한 환경 오염 문제를 해결할 방안으로 신·재생 에너지가 주목받고 있다. 신에너지는 기존의 화석 연료를 변환하여 이용하거나 수소나 산소 등을 반응시켜 전기나 열로 이용하는 에너지이다. 신에너지에는 석탄 액화 및 가스화, 수소 에너지, 연료 전지 등이 있다. 재생 에너지는 고갈되지 않고 계속해서 공급이 가능한 에너지로 ㉠태양열, ㉡태양광, 바이오, 풍력, 수력, 해양, 지열 에너지 등이 있다. 이러한 신에너지와 재생 에너지를 아울러 신·재생 에너지라고 부른다. 신·재생 에너지는 초기 투자 비용이 많이 든다는 단점이 있다. 하지만 태양, 바람, 물 등을 이용하므로 고갈되지 않고, 화석 연료와 달리 오염 물질이 거의 발생하지 않는다.

④문단 이와 같은 특징 때문에 신·재생 에너지는 화석 연료의 대안으로 관심을 받고 있으며, 전 세계적으로 많은 연구와 개발이 이루어지고 있다. 특히 세계의 인구 증가 및 경제 성장으로 인해 에너지의 수요가 계속해서 늘어나면서 신·재생 에너지의 개발은 더욱더 중요해지고 있다. 우리나라의 경우 지질학적 자원이 부족하여 에너지의 수입 의존도가 높은 편이기 때문에 안정적인 에너지 확보를 위해 신·재생 에너지 기술을 개발하는 것이 매우 중요하다. 화석 연료로 인한 문제의 해결책으로서 신·재생 에너지 산업은 미래의 에너지 산업으로 크게 성장할 것으로 전망된다.

✦꿀팁
지문에서 화석 연료의 고갈 및 화석 연료로 인한 환경 문제를 설명한 후, 이를 해결하기 위한 방안으로 신·재생 에너지를 제시하고 있어요. 신·재생 에너지라는 새로운 개념에 관한 정보를 중심으로 이해해야 해요. 글과 관련 있는 그래프가 제시된 문제를 해결하기 위해서는 글의 정보와 새로운 정보를 연관 지어 이해하는 것이 중요해요.

8 윗글의 내용과 일치하지 <u>않는</u> 것은?

① 석탄, 석유, 천연가스는 화석 연료이다.

② 화석 연료의 사용은 대기 오염과 지구 온난화를 유발한다.

③ 기존의 화석 연료를 변환하여 이용하는 것은 재생 에너지에 포함된다.

④ 신·재생 에너지는 화석 연료와 달리 오염 물질을 거의 배출하지 않는다.

⑤ 세계 인구가 증가하고 경제가 성장하면서 에너지의 수요가 계속 증가하고 있다.

9 윗글과 보기 를 바탕으로 ㉠, ㉡에 대해 이해한 내용으로 적절하지 <u>않은</u> 것은?

> **보기**
>
> 태양열 에너지는 태양으로부터 오는 열에너지를 이용한 것으로, 집열기로 열을 한 곳에 모아 물을 데워 난방 및 온수 공급에 활용한다. 또 태양열을 모아 물을 끓이고, 이때 발생하는 수증기로 터빈을 돌려 전기를 생산하기도 한다. 반면 태양광 에너지는 태양으로부터 오는 빛에너지를 이용한 것으로, 태양 전지를 이용하여 태양의 빛에너지를 직접 전기 에너지로 전환하여 전기를 생산한다.

① ㉠과 ㉡ 에너지 모두 신·재생 에너지에 포함된다.

② ㉠과 ㉡ 에너지 모두 고갈되지 않고 계속 쓸 수 있다.

③ ㉠ 에너지로 물을 데워 난방을 할 수 있다.

④ ㉠ 에너지를 전기 에너지로 전환할 수 있다.

⑤ ㉡ 에너지를 이용하여 전기를 생산하려면 터빈이 필요하다.

10 다음 그래프를 보고 학생들이 논의한 내용으로 적절하지 <u>않은</u> 것은?

① 미래에는 화석 연료를 대체하여 신·재생 에너지가 많이 사용될 것으로 전망돼.

② 2012년까지만 해도 전체 전력 발생원의 절반 이상을 화석 연료가 차지하고 있네.

③ 2040년에 사용될 신·재생 에너지 중에 가장 큰 비중을 차지할 것은 태양광 에너지로 추정돼.

④ 신·재생 에너지 개발에 힘쓴다면 우리나라도 미래에는 화석 연료의 수입을 줄일 수 있을 것으로 전망돼.

⑤ 신·재생 에너지 기술이 발전되더라도 전체 전력 발생원에서 신·재생 에너지보다 화석 연료의 비중이 더 높은 것은 어쩔 수 없어.

지구 과학

03 지구 온난화

1회독 구조 읽기

1문단 기록적인 폭우, 폭설, 폭염, 한파 등 세계 곳곳에 나타나는 기상 이변에 대해 많은 과학자가 우려를 표하고 있다. 기후 변화의 원인은 다양하나 주요 원인으로 꼽히는 것은 지구 온난화이다. 지구 온난화는 지구의 평균 기온이 점점 높아지는 현상을 말한다. 2007년에 발간된 기후 변화에 관한 정부 간 협의체(IPCC)의 보고서에 따르면 지난 100년간 지구의 평균 기온은 0.74℃나 상승했다. 그리고 이 같은 추세가 지속된다면 금세기 말에는 지구의 평균 기온은 최대 6.4℃ 상승할 것으로 예측된다.

2문단 지구의 평균 기온은 원래 생명체가 살아가기에 알맞은 온도를 유지하고 있는데, 이는 온실 효과 때문이다. 온실 효과란 대기가 지표면에서 내보낸 복사 에너지*의 일부를 흡수하였다가 지표면으로 다시 방출하여 지구의 평균 기온을 높게 유지하는 것을 말한다. 태양에서 지구로 전달된 태양 복사 에너지는 대기를 통과해 지표면에 도달하고, 지표면은 이 에너지의 일부를 다시 대기 중으로 내보낸다. 이때 대기는 지표면에서 방출하는 복사 에너지를 흡수했다가 다시 지표면으로 내보내 지구의 온도를 높인다. 즉 온실 효과는 대기가 지표면으로 다시 방출하는 에너지 때문에 나타나는 것이다. 이러한 온실 효과를 일으키는 기체를 온실가스라고 한다. 온실가스에는 이산화 탄소, 메테인, 수증기 등이 있다.

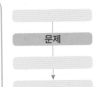

3문단 온실 효과는 인간이 지구에서 살아가기 위해 필요한 현상이지만 문제는 인간의 산업 활동으로 인해 온실가스의 양이 급속히 늘어나는 데에 있다. 산업화와 교통량 증가 등으로 화석 연료의 사용이 급속히 늘어나면서 대기 중으로 배출되는 온실가스가 증가하게 되었다. 대기 중에 증가한 온실가스는 온실 효과를 강화하고, 그 결과 지구의 평균 기온이 높아지는 지구 온난화가 나타나는 것이다. 기후 변화에 관한 한 보고서에 따르면 지구의 평균 기온이 5℃ 올라가면 히말라야산맥의 빙하가 사라지고, 뉴욕 등 세계 여러 도시가 바다에 잠기게 된다고 한다. 또한 기후 변화에 관한 정부 간 협의체의 연구에서는 지구 온난화로 인한 기후 변화로 다양한 동식물이 멸종할 것이라고 한다.

4문단 지구 온난화를 막기 위한 가장 확실한 방법은 온실가스 배출량을 줄이는 것이다. 이를 위해 화석 연료 대신 온실가스를 배출하지 않는 재생 에너지를 사용하는 것이 주목받고 있다. 재생 에너지란 고갈되지 않고 계속 공급이 가능한 에너지로, 태양열, 태양광, 풍력, 수력 에너지 등이 이에 속한다. 또한 발생한 이산화 탄소를 매장하거나 흡수하는 기술에 관한 연구도 진행되고 있다. 이러한 기술적인 노력 외에 사회적인 노력도 필요하다. 국제 사회는 기후 변화에 관한 국제 협약을 통해 지구 온난화 방지를 위하여 책임감 있는 노력을 기울여야 한다. 산업 활동에서 온실가스 배출량을 규제하는 것 역시 이러한 노력 중 하나이다.

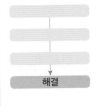

+꿀팁
1회독에서는 지문의 전체 내용이 완벽하게 이해되지 않아도 괜찮아요!

*복사 에너지: 물질의 도움을 받지 않고 직접 전달되는 에너지.

1 윗글과 아래 대화를 읽고 여러분은 윗글의 내용 중 어떤 점에 흥미가 생겼는지 생각해 봅시다.

얼마 전에 미국에서 50℃가 넘는 폭염이 발생했다는 기사를 봤어. 이 일도 지구 온난화와 관련이 있을 것 같아.

응. 우리가 살아가면서 사용하는 화석 연료가 지구 온난화를 일으킨다는 사실이 놀라웠어.

그래도 지구 온난화를 막기 위해 여러 가지 노력이 이루어지고 있어서 다행이야.

맞아. 나도 일상생활에서 배출되는 온실가스의 양을 줄이는 방법을 찾아보고 실천해야겠어.

2 윗글에서 가장 중요한 내용이나 주제어를 아래 빈칸에 써 보세요.

☐☐ ☐☐☐

3 윗글을 아래와 같은 구조로 정리한다고 할 때 빈칸에 알맞은 말을 써 보세요.

지구 온난화로 인한 ☐☐ 변화

↓

온실 효과와 ☐☐☐☐

↓

지구 온난화의 원인과 영향

↓

지구 온난화를 막기 위한 방법

내용 읽기

① 각 문장을 읽고, 잘 이해했으면 ☐에 ✔처럼 체크해 보세요.
② 각 문장을 잘 이해하지 못했으면 점선을 따라 밑줄을 그어 보세요.

➡ 밑줄 그은 문장의 앞뒤 문장의 내용을 살펴보면서 다시 천천히 읽어 보세요.
또 문단별 중심 내용의 빈칸을 채워 보세요.

어휘 읽기

① 어려운 어휘는 날개에서 그 뜻을 밝혔어요.
② 어휘 이외에 잘 모르는 어휘는 스스로 어휘 표시하고 사전에서 뜻을 찾아 써 보세요.

➡ 어휘 뜻을 알고 문장을 다시 읽어 보세요.

1 문단 기록적인 폭우, 폭설, 폭염, 한파 등 세계 곳곳에 나타나는 기상 이변에 대해 많은 과학자가 우려를 표하고 있다.☐ 기후 변화의 원인은 다양하나 주요 원인으로 꼽히는 것은 지구 온난화이다.☐ 지구 온난화는 지구의 평균 기온이 점점 높아지는 현상을 말한다.☐ 2007년에 발간된 기후 변화에 관한 정부 간 협의체(IPCC)의 보고서에 따르면 지난 100년간 지구의 평균 기온은 0.74℃나 상승했다.☐ 그리고 이 같은 추세가 지속된다면 금세기 말에는 지구의 평균 기온은 최대 6.4℃ 상승할 것으로 예측된다.☐

- **폭염**: 매우 심한 더위.
- **이변**: 예상하지 못한 사태나 괴이한 변고.
- **우려**: 근심하거나 걱정함. 또는 그 근심과 걱정.
- **표하다**: 태도나 의견 따위를 나타내다.
- **기후 변화**: 일정 지역에서 오랜 기간에 걸쳐서 진행되는 기상의 변화.
- **평균 기온**: 일정한 기간 동안 관측한 기온의 평균값.
- **추세**: 어떤 현상이 일정한 방향으로 나아가는 경향.
- **금세기**: 지금의 세기.
- _____

1 문단 중심 내용 ☐☐☐☐☐ 로 인한 기후 변화

---

4 1문단을 읽고, ㉠~㉤ 중에서 **1**~**4**의 괄호 안에 들어갈 알맞은 기호를 찾아 쓰세요.

| ㉠ 0.74℃ | ㉡ 평균 기온 | ㉢ 기후 변화 |
| ㉣ 기상 이변 | ㉤ 지구 온난화 | |

✚꿀팁 각 문단에서 기호의 단어를 찾아 동그라미 표시하면 더 쉽게 풀 수 있어요!

1 기록적인 폭우, 폭설, 폭염, 한파 등을 무엇이라고 하나요?
( )

2 지구의 평균 기온이 점점 높아지는 현상을 무엇이라고 하나요?
( )

3 2007년에 발간된 기후 변화에 관한 정부 간 협의체(IPCC)의 보고서에 따르면 지난 100년간 지구의 평균 기온은 몇 ℃ 상승했나요?
( )

4 지구 온난화로 인한 기후 변화

기후 변화
- 폭우, 폭설, 폭염, 한파 등 기상 이변이 세계 곳곳에 나타나고 있음.
- ( ) 의 주요 원인은 지구 온난화로 볼 수 있음.

지구 온난화
- 지구의 ( ) 이 점점 높아지는 현상
- 기후 변화에 관한 정부 간 협의체(IPCC)의 보고서에 따르면 지난 100년간 지구의 평균 기온이 0.74℃ 상승

❷문단 지구의 평균 기온은 원래 생명체가 살아가기에 알맞은 온도를 유지하고 있는데, 이는 온실 효과 때문이다.■ 온실 효과란 대기가 지표면에서 내보낸 복사 에너지의 일부를 흡수하였다가 지표면으로 다시 방출하여 지구의 평균 기온을 높게 유지하는 것을 말한다.■ 태양에서 지구로 전달된 태양 복사 에너지는 대기를 통과해 지표면에 도달하고, 지표면은 이 에너지의 일부를 다시 대기 중으로 내보낸다.■ 이때 대기는 지표면에서 방출하는 복사 에너지를 흡수했다가 다시 지표면으로 내보내 지구의 온도를 높인다.■ 즉 온실 효과는 대기가 지표면으로 다시 방출하는 에너지 때문에 나타나는 것이다.■ 이러한 온실 효과를 일으키는 기체를 온실가스라고 한다.■ 온실가스에는 이산화 탄소, 메테인, 수증기 등이 있다.■

*복사 에너지: 물질의 도움을 받지 않고 직접 전달되는 에너지.

2문단 중심 내용 ☐☐☐☐ 와 온실가스

· **지표면**: 지구의 표면. 또는 땅의 겉면.
· **복사 에너지**: 물질의 도움을 받지 않고 직접 전달되는 에너지.
· **방출하다**: 입자나 전자기파의 형태로 에너지를 내보내다.
· **온실가스**: 지구 대기를 오염시켜 온실 효과를 일으키는 가스를 통틀어 이르는 말. 이산화 탄소, 메테인 등의 가스를 말한다.
· **메테인**: 메탄계 탄화수소 가운데 구조가 가장 간단한 물질. 무색무취의 가연성 기체로 물에 녹지 않으며 공기 속에서 불을 붙이면 파란 불꽃을 내면서 탄다.

· _____

정답과 해설 38쪽

5 2문단을 읽고, ㉠~㉤ 중에서 ❶~❹의 괄호 안에 들어갈 알맞은 기호를 찾아 쓰세요.

| ㉠ 온실가스 | ㉡ 평균 기온 | ㉢ 온실 효과 |
| ㉣ 이산화 탄소 | ㉤ 태양 복사 에너지 | |

❶ 대기가 지표면에서 내보낸 복사 에너지의 일부를 흡수하였다가 지표면으로 다시 방출하여 지구의 평균 기온을 높게 유지하는 것을 무엇이라고 하나요? (　　)

❷ 온실 효과를 일으키는 기체를 무엇이라고 하나요? (　　)

❸ 온실가스에는 어떤 것이 있나요?

(　　), 메테인, 수증기 등

❹ 온실 효과와 온실가스

온실 효과	대기가 지표면에서 내보낸 복사 에너지의 일부를 흡수하였다가 지표면으로 다시 방출하여 지구의 (　　)을 높게 유지하는 것
온실 효과의 원리	· (　　) 는 대기를 통과해 지표면에 도달 → 지표면은 이 에너지의 일부를 다시 대기 중으로 내보냄. → 대기는 지표면에서 방출하는 복사 에너지를 흡수했다가 다시 지표면으로 내보내 지구의 온도를 높임. · 온실 효과는 대기가 지표면으로 다시 방출하는 에너지 때문에 나타남.
온실 가스	· 온실 효과를 일으키는 기체 · 이산화 탄소, 메테인, 수증기 등

③문단 온실 효과는 인간이 지구에서 살아가기 위해 필요한 현상이지만 문제는 인간의 산업 활동으로 인해 온실가스의 양이 급속히 늘어나는 데에 있다.■ 산업화와 교통량 증가 등으로 화석 연료의 사용이 급속히 늘어나면서 대기 중으로 배출되는 온실가스가 증가하게 되었다.■ 대기 중에 증가한 온실가스는 온실 효과를 강화하고, 그 결과 지구의 평균 기온이 높아지는 지구 온난화가 나타나는 것이다.■ 기후 변화에 관한 한 보고서에 따르면 지구의 평균 기온이 5℃ 올라가면 히말라야산맥의 빙하가 사라지고, 뉴욕 등 세계 여러 도시가 바다에 잠기게 된다고 한다.■ 또한 기후 변화에 관한 정부 간 협의체의 연구에서는 지구 온난화로 인한 기후 변화로 다양한 동식물이 멸종할 것이라고 한다.■

3문단 중심 내용 지구 온난화의 ☐☐과 영향

- **산업화**: 산업의 형태가 됨. 또는 그렇게 되게 함.
- **화석 연료**: 지질 시대에 생물이 땅속에 묻히어 화석같이 굳어져 오늘날 연료로 이용하는 물질. 석탄 등이 이에 속한다.
- **빙하**: 수백 수천 년 동안 쌓인 눈이 얼음덩어리로 변하여 그 자체의 무게로 압력을 받아 이동하는 현상. 또는 그 얼음덩어리.
- _____

---

6 3문단을 읽고, ㉠~㉤ 중에서 **1**~**4**의 괄호 안에 들어갈 알맞은 기호를 찾아 쓰세요.

㉠ 멸종	㉡ 산업화	㉢ 기후 변화
㉣ 화석 연료	㉤ 지구 온난화	

1 온실가스가 증가하게 된 원인은 무엇인가요?

( ) 와 교통량 증가 등으로 화석 연료의 사용이 급속히 늘어났기 때문이다.

2 온실가스가 증가하면 어떤 변화가 일어날까요?

온실 효과가 강화되어 지구의 평균 기온이 높아지는 ( ) 가 나타난다.

3 지구 온난화는 동식물에 어떤 영향을 미칠까요?

지구 온난화로 인한 ( ) 로 다양한 동식물이 멸종할 것이다.

4

지구 온난화의 원인과 영향

지구 온난화의 원인

- 인간의 산업 활동으로 인해 온실가스의 양이 급속히 늘어남.
- 산업화와 교통량 증가 등 → ( ) 사용량 증가 → 온실가스 증가

대기 중에 증가한 온실가스는 온실 효과를 강화하고, 그 결과 지구의 평균 기온이 높아지는 지구 온난화가 나타남.

지구 온난화의 영향

- 지구의 평균 기온이 상승하면 빙하가 사라지고, 도시가 바다에 잠기게 될 것
- 기후 변화로 다양한 동식물이 ( ) 하게 될 것

4문단 지구 온난화를 막기 위한 가장 확실한 방법은 온실가스 배출량을 줄이는 것이다.■ 이를 위해 화석 연료 대신 온실가스를 배출하지 않는 재생 에너지를 사용하는 것이 주목받고 있다.■ 재생 에너지란 고갈되지 않고 계속 공급이 가능한 에너지로, 태양열, 태양광, 풍력, 수력 에너지 등이 이에 속한다.■ 또한 발생한 이산화 탄소를 매장하거나 흡수하는 기술에 관한 연구도 진행되고 있다.■ 이러한 기술적인 노력 외에 사회적인 노력도 필요하다.■ 국제 사회는 기후 변화에 관한 국제 협약을 통해 지구 온난화 방지를 위하여 책임감 있는 노력을 기울여야 한다.■ 산업 활동에서 온실가스 배출량을 규제하는 것 역시 이러한 노력 중 하나이다.■

4문단 중심 내용 ☐☐☐☐☐를 막기 위한 방법

- **고갈되다**: 어떤 일의 바탕이 되는 돈이나 물자, 소재, 인력 등이 다하여 없어지다.
- **국제 사회**: 여러 나라가 서로 교류하고 의존하면서 국제적 공동생활을 영위하는 사회.
- **협약**: 협상에 의하여 조약을 맺음. 또는 그 조약.
- **방지**: 어떤 일이나 현상이 일어나지 못하게 막음.
- _____

7 4문단을 읽고, ㉠~㉤ 중에서 ➊~➍의 괄호 안에 들어갈 알맞은 기호를 찾아 쓰세요.

㉠ 태양열	㉡ 온실가스	㉢ 재생 에너지
㉣ 이산화 탄소	㉤ 지구 온난화	

➊ 고갈되지 않고 계속 공급이 가능한 에너지를 무엇이라고 하나요?　　　　　　　　　　　　　　(　　)

➋ 재생 에너지에는 어떤 것들이 있나요?

(　　　), 태양광, 풍력, 수력 에너지 등

➌ 온실가스 발생을 줄이기 위해 어떤 노력을 기울일 수 있을까요?

산업 활동에서 (　　　) 배출량을 규제한다.

4　　지구 온난화를 막기 위한 방법

온실가스 배출량 줄이기

기술적인 노력	• 화석 연료 대신 온실가스를 배출하지 않는 재생 에너지 사용하기 • 발생한 (　　)를 매장하거나 흡수하는 기술 연구
사회적인 노력	• 국제 사회는 기후 변화에 관한 국제 협약을 통해 (　　) 방지를 위한 노력을 해야 함. • 산업 활동에서 온실가스 배출량 규제

①문단 기록적인 폭우, 폭설, 폭염, 한파 등 세계 곳곳에 나타나는 기상 이변에 대해 많은 과학자가 우려를 표하고 있다. 기후 변화의 원인은 다양하나 주요 원인으로 꼽히는 것은 지구 온난화이다. 지구 온난화는 지구의 평균 기온이 점점 높아지는 현상을 말한다. 2007년에 발간된 기후 변화에 관한 정부 간 협의체(IPCC)의 보고서에 따르면 지난 100년간 지구의 평균 기온은 0.74℃나 상승했다. 그리고 이 같은 추세가 지속된다면 금세기 말에는 지구의 평균 기온은 최대 6.4℃ 상승할 것으로 예측된다.

②문단 지구의 평균 기온은 원래 생명체가 살아가기에 알맞은 온도를 유지하고 있는데, 이는 ⊙온실 효과 때문이다. 온실 효과란 대기가 지표면에서 내보낸 복사 에너지*의 일부를 흡수하였다가 지표면으로 다시 방출하여 지구의 평균 기온을 높게 유지하는 것을 말한다. 태양에서 지구로 전달된 태양 복사 에너지는 대기를 통과해 지표면에 도달하고, 지표면은 이 에너지의 일부를 다시 대기 중으로 내보낸다. 이때 대기는 지표면에서 방출하는 복사 에너지를 흡수했다가 다시 지표면으로 내보내 지구의 온도를 높인다. 즉 온실 효과는 대기가 지표면으로 다시 방출하는 에너지 때문에 나타나는 것이다. 이러한 온실 효과를 일으키는 기체를 온실가스라고 한다. 온실가스에는 이산화 탄소, 메테인, 수증기 등이 있다.

③문단 온실 효과는 인간이 지구에서 살아가기 위해 필요한 현상이지만 문제는 인간의 산업 활동으로 인해 온실가스의 양이 급속히 늘어나는 데에 있다. 산업화와 교통량 증가 등으로 화석 연료의 사용이 급속히 늘어나면서 대기 중으로 배출되는 온실가스가 증가하게 되었다. 대기 중에 증가한 온실가스는 온실 효과를 강화하고, 그 결과 지구의 평균 기온이 높아지는 지구 온난화가 나타나는 것이다. 기후 변화에 관한 한 보고서에 따르면 지구의 평균 기온이 5℃ 올라가면 히말라야산맥의 빙하가 사라지고, 뉴욕 등 세계 여러 도시가 바다에 잠기게 된다고 한다. 또한 기후 변화에 관한 정부 간 협의체의 연구에서는 지구 온난화로 인한 기후 변화로 다양한 동식물이 멸종할 것이라고 한다.

④문단 지구 온난화를 막기 위한 가장 확실한 방법은 온실가스 배출량을 줄이는 것이다. 이를 위해 화석 연료 대신 온실가스를 배출하지 않는 재생 에너지를 사용하는 것이 주목받고 있다. 재생 에너지란 고갈되지 않고 계속 공급이 가능한 에너지로, 태양열, 태양광, 풍력, 수력 에너지 등이 이에 속한다. 또한 발생한 이산화 탄소를 매장하거나 흡수하는 기술에 관한 연구도 진행되고 있다. 이러한 기술적인 노력 외에 사회적인 노력도 필요하다. 국제 사회는 기후 변화에 관한 국제 협약을 통해 지구 온난화 방지를 위하여 책임감 있는 노력을 기울여야 한다. 산업 활동에서 온실가스 배출량을 규제하는 것 역시 이러한 노력 중 하나이다.

*복사 에너지: 물질의 도움을 받지 않고 직접 전달되는 에너지.

꿀팁

지문에서 제시한 지구 온난화의 개념을 이해하고 이를 해결하기 위한 방법을 파악해야 해요. 특히 온실 효과 및 온실가스가 지구 온난화와 어떤 관계가 있는지 이해하는 것이 중요해요. 그리고 온실 효과가 일어나는 원인을 그림에 적용하는 문제를 풀기 위해서는 온실 효과가 일어나는 과정을 정확하게 이해해야 해요.

8 윗글의 내용과 일치하지 **않는** 것은?

① 지구 온난화는 기후 변화의 주요 원인이다.

② 인간의 산업 활동으로 인해 온실가스의 양이 감소하였다.

③ 지구 온난화는 온실 효과가 강화되어 나타나는 현상이다.

④ 이산화 탄소를 매장하거나 흡수하는 기술이 연구되고 있다.

⑤ 온실 효과를 일으키는 기체에는 이산화 탄소, 메테인, 수증기 등이 있다.

9 다음은 태양에서 지구로 전달된 에너지가 반사·흡수·방출되는 모습을 나타낸 것이다. 윗글을 고려할 때 ⓐ~ⓔ 중에서 ㉠을 일으키는 과정으로 적절한 것은?

① ⓐ   ② ⓑ   ③ ⓒ   ④ ⓓ   ⑤ ⓔ

10 윗글을 참고하여 **보기** 를 이해한 내용으로 적절하지 **않은** 것은?

보기

　세계 각국은 파리 기후 변화 협약에서 지구의 평균 기온 상승을 1.5℃ 이내로 제한하기 위해 노력하는 데에 합의했다. 이를 실현하기 위한 노력 중 하나로 여러 국가에서 온실가스 배출권 거래제를 시행 중이다.

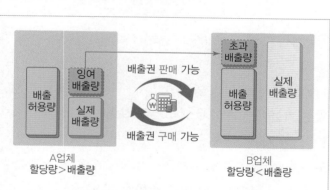

이 제도는 정부가 온실가스 배출 허용량을 기업에 배정하고, 기업은 그 양을 초과하지 않도록 노력하며 생산 활동을 하되, 남거나 부족한 배출권을 기업 간에 거래할 수 있도록 한 것이다.

① 남거나 부족한 온실가스 배출권을 기업이 사고팔 수 있다.

② 온실가스의 실제 배출량이 배출 허용량보다 큰 기업은 배출권을 구매할 수 있다.

③ 배출권을 구매하지 않으면 A업체는 잉여 배출량만큼 온실가스를 배출할 수 없다.

④ B업체는 지구 온난화를 막기 위해 온실가스 배출량을 줄이도록 노력할 필요가 있다.

⑤ 세계 각국이 지구의 평균 기온 상승을 제한하기 위해 노력하기로 합의한 것에서 지구 온난화의 심각성에 대해 공감했음을 알 수 있다.

스스로
평가
1회독
😊 😣
2회독
😊 😣
3회독
😊 😣

04 수직 정원

생명 과학

1회독 구조 읽기

1문단 도시가 발달함에 따라 도시 표면은 콘크리트와 아스팔트로 덮이고, 녹지가 줄어든다. 또 자동차와 난방 시설에서 화석 연료를 사용하면서 대기 중으로 오염 물질과 온실가스가 배출된다. 이로 인해 도심의 기온이 주변보다 높게 나타나는 열섬 현상이나 대기 오염 물질이 수증기와 엉겨 붙어 안개처럼 되는 스모그 현상 등이 나타난다. 이처럼 도시의 발달로 인해 나타나는 도시 특유의 기후를 도시 기후라고 한다. 삶의 질을 떨어뜨리고 건강에 나쁜 영향을 주는 도시 기후를 완화하는 대표적인 방법은 녹지 공간을 확보하는 것이다. 하지만 도시에서는 충분한 녹지 공간을 확보하기가 쉽지 않아 기존의 공간을 활용하는 수직 정원이 옥상 정원 등과 함께 주목받고 있다.

2문단 수직 정원은 식물이 건물 외벽이나 내벽에서 수직으로 자라도록 조성한 정원을 말한다. 수직 정원을 세계적으로 유행시킨 사람은 프랑스의 식물학자 패트릭 블랑이다. 수직 정원은 넓은 공간 없이 정원을 만들 수 있다는 점이 큰 장점으로, 기존에 있는 건물을 이용하기 때문에 건물이 많은 도시 환경에 적합하다. 또 수직 정원은 도시의 열섬 현상을 줄여 주고, 건물의 단열재 역할을 한다. 아울러 수직 정원의 식물은 대기 오염 물질을 흡착하여 공기를 정화하는 기능도 한다.

3문단 수직 정원을 만드는 방식 중 널리 이용되고 있는 패트릭 블랑의 방식을 살펴보자. 패트릭 블랑의 수직 정원은 크게 금속 틀, 피브이시(PVC) 층, 펠트 층, 펌프 장치의 네 가지 요소로 이루어지는데, 그 구조는 다음과 같다. 먼저 건물 벽면에 붙이는 금속 틀이 있다. 금속 틀은 수직 정원이 벽에 직접 닿지 않게 하면서 벽과 수직 정원을 연결하는 역할을 한다. 금속 틀 위에는 방수 기능이 있는 피브이시 층이 붙어 있는데, 피브이시 층은 벽으로 물이 새지 않도록 한다. 피브이시 층 위에는 식물의 뿌리가 자리 잡을 수 있는 두 겹의 펠트 층이 있다. 두 겹의 펠트 사이 공간으로 양분이 든 물을 흐르게 하여 식물의 뿌리가 양분이 든 물을 흡수할 수 있도록 한다. 마지막으로 물을 순환시키는 펌프 장치가 있다. 펌프 장치는 주로 실내 수직 정원에 설치하는데, 아래로 흘러내린 물을 모아 다시 위로 보낸다.

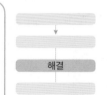

4문단 수직 정원은 수직 벽에 붙어서 살기에 적합한 식물을 선택하는 것이 무엇보다도 중요하다. 실내 수직 정원의 경우 햇빛이 부족한 실내 환경에서 살 수 있는 실내 식물이 주로 이용된다. 실내 식물은 열대 기후에서 자라는 잎이 큰 관엽 식물이 주를 이루는데, 드라세나, 호야 등이 있다. 실외 수직 정원의 경우에는 고려해야 할 점이 다르다. 온대 기후인 우리나라의 경우 추운 겨울을 견딜 수 있는 식물인지가 중요하다. 또 자연 강수량으로 식물이 생존하는 것이 가능한지도 고려해야 한다. 우리나라의 경우 실외 수직 정원에 적합한 식물이 많지 않은데, 갈대, 잔디 등이 있다.

꿀팁
1회독에서는 지문의 전체 내용이 완벽하게 이해되지 않아도 괜찮아요!

1 윗글과 아래 대화를 읽고 여러분은 윗글의 내용 중 어떤 점에 흥미가 생겼는지 생각해 봅시다.

난 이 글을 읽고 도시 기후에 관심이 생겼어. 도시의 발달이 기후에까지 영향을 미칠 줄은 몰랐어. 열섬 현상과 스모그 현상에 대해 좀 더 알아봐야겠어.

응! 시야가 뿌옇게 보이고 목이 답답했던 것도 스모그 현상 때문인 것 같아. 난 수직 정원을 만드는 방법이 생각보다 간단해서 놀랐어. 나도 작은 수직 정원을 만들 수 있을 것 같아.

그런데 실내 수직 정원에 적합한 식물 이름이 다 낯설어. 열대 기후에서 자라는 식물이라 그런가 봐.

응, 동네 꽃집에 가서 실내 식물이 있는지 물어봐야지.

2 윗글에서 가장 중요한 내용이나 주제어를 아래 빈칸에 써 보세요.

3 윗글을 아래와 같은 구조로 정리한다고 할 때 빈칸에 알맞은 말을 써 보세요.

> 도시 기후의 개념과 완화 방법
>
> ↓
>
> ☐☐☐☐의 개념과 장점
>
> │
>
> 수직 정원을 만드는 방식
>
> │
>
> 수직 정원에 적합한 식물

2_{회독} 중심 내용과 어휘 읽기

내용 읽기

① 각 문장을 읽고, 잘 이해했으면 □에 ✔처럼 체크해 보세요.
② 각 문장을 잘 이해하지 못했으면 점선을 따라 밑줄을 그어 보세요.

➜ 밑줄 그은 문장의 앞뒤 문장의 내용을 살펴보면서 다시 천천히 읽어 보세요.
또 문단별 중심 내용의 빈칸을 채워 보세요.

어휘 읽기

① 어려운 어휘는 날개에서 그 뜻을 밝혔어요.
② 어휘 이외에 잘 모르는 어휘는 스스로 어휘 표시하고 사전에서 뜻을 찾아 써 보세요.

➜ 어휘 뜻을 알고 문장을 다시 읽어 보세요.

1문단: 도시가 발달함에 따라 도시 표면은 콘크리트와 아스팔트로 덮이고, 녹지가 줄어든다.□ 또 자동차와 난방 시설에서 화석 연료를 사용하면서 대기 중으로 오염 물질과 온실가스가 배출된다.□ 이로 인해 도심의 기온이 주변보다 높게 나타나는 열섬 현상이나 대기 오염 물질이 수증기와 엉겨 붙어 안개처럼 되는 스모그 현상 등이 나타난다.□ 이처럼 도시의 발달로 인해 나타나는 도시 특유의 기후를 도시 기후라고 한다.□ 삶의 질을 떨어뜨리고 건강에 나쁜 영향을 주는 도시 기후를 완화하는 대표적인 방법은 녹지 공간을 확보하는 것이다.□ 하지만 도시에서는 충분한 녹지 공간을 확보하기가 쉽지 않아 기존의 공간을 활용하는 수직 정원이 옥상 정원 등과 함께 주목받고 있다.□

1문단 중심 내용 ☐☐☐☐의 개념과 완화 방법

- **녹지**: 천연적으로 풀이나 나무가 우거진 곳.
- **화석 연료**: 지질 시대에 생물이 땅속에 묻히어 화석같이 굳어져 오늘날 연료로 이용하는 물질. 석탄 등이 있다.
- **온실가스**: 지구 대기를 오염시켜 온실 효과를 일으키는 가스를 통틀어 이르는 말. 이산화 탄소, 메테인 등이 있다.
- **특유**: 일정한 사물만이 특별히 갖추고 있음.
- **완화하다**: 긴장된 상태나 급박한 것을 느슨하게 하다.
- **확보하다**: 확실히 보증하거나 가지고 있다.
- **옥상 정원**: 건물의 옥상에 만들어 놓은 정원.

그림으로 쌓는 **배 경 지 식**

▲ 옥상 정원

---

4 1문단을 읽고, ㉠~㉤ 중에서 **1**~**4**의 괄호 안에 들어갈 알맞은 기호를 찾아 쓰세요.

㉠ 녹지	㉡ 열섬 현상	㉢ 도시 기후
㉣ 수직 정원	㉤ 스모그 현상	

➕꿀팁 각 문단에서 기호의 단어를 찾아 동그라미 표시하면 더 쉽게 풀 수 있어요!

1 도시의 발달로 인해 나타나는 도시 특유의 기후를 무엇이라고 하나요?　　　　　　(　　　)

2 도심의 기온이 주변보다 높게 나타나는 현상을 무엇이라고 하나요?　　　　　　(　　　)

3 대기 오염 물질이 수증기와 엉겨 붙어 안개처럼 되는 현상을 무엇이라고 하나요?　　　　　　(　　　)

4 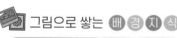 도시 기후의 개념과 완화 방법

도시 기후의 개념

- 도시의 발달로 인해 나타나는 도시 특유의 기후
- 열섬 현상, 스모그 현상 등이 있음.

도시 기후의 영향

삶의 질을 떨어뜨리고 건강에 나쁜 영향을 줌.

도시 기후 완화 방법

- (　　　　) 공간 확보
- 기존의 공간을 활용하는 (　　　　), 옥상 정원 등이 주목받고 있음.

2문단   수직 정원은 식물이 건물 외벽이나 내벽에서 수직으로 자라도록 조성한 정원을 말한다.■ 수직 정원을 세계적으로 유행시킨 사람은 프랑스의 식물학자 패트릭 블랑이다.■ 수직 정원은 넓은 공간 없이 정원을 만들 수 있다는 점이 큰 장점으로, 기존에 있는 건물을 이용하기 때문에 건물이 많은 도시 환경에 적합하다.■ 또 수직 정원은 도시의 열섬 현상을 줄여 주고, 건물의 단열재 역할을 한다.■ 아울러 수직 정원의 식물은 대기 오염 물질을 흡착하여 공기를 정화하는 기능도 한다.■

2문단 중심 내용 ☐☐☐☐의 개념과 장점

- **조성하다:** 여러 개의 요소나 성분으로 얽거나 짜서 만들다.
- **적합하다:** 일이나 조건 따위에 꼭 알맞다.
- **단열재:** 보온을 하거나 열을 차단할 목적으로 쓰는 재료.
- **흡착하다:** 어떤 물질이 달라붙다.
- **정화하다:** 불순하거나 더러운 것을 깨끗하게 하다.
- _____

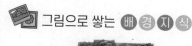 그림으로 쌓는 배 경 지 식

▲ 실외 수직 정원

정답과 해설 40쪽

5   2문단을 읽고, ⊙~⑩ 중에서 ❶~❹의 괄호 안에 들어갈 알맞은 기호를 찾아 쓰세요.

⊙ 건물	ⓒ 단열재	ⓒ 수직 정원
ⓔ 패트릭 블랑	⑩ 대기 오염 물질	

❶ 식물이 건물 외벽이나 내벽에서 수직으로 자라도록 조성한 정원을 무엇이라고 하나요? (   )

❷ 수직 정원을 세계적으로 유행시킨 사람은 누구인가요? (   )

❸ 수직 정원의 식물이 흡착하는 것은 무엇인가요? (   )

❹   수직 정원의 개념과 장점

수직 정원의 개념

식물이 (   ) 외벽이나 내벽에서 수직으로 자라도록 조성한 정원

수직 정원의 장점

- 넓은 공간 없이 정원을 만들 수 있음.
- 기존에 있는 건물을 이용하기 때문에 건물이 많은 도시 환경에 적합
- 도시의 열섬 현상을 줄여 줌.
- 건물의 (   ) 역할을 함.
- 공기를 정화하는 기능도 함.

3 문단 수직 정원을 만드는 방식 중 널리 이용되고 있는 패트릭 블랑의 방식을 살펴보자.■ 패트릭 블랑의 수직 정원은 크게 금속 틀, 피브이시(PVC) 층, 펠트 층, 펌프 장치의 네 가지 요소로 이루어지는데, 그 구조는 다음과 같다.■ 먼저 건물 벽면에 붙이는 금속 틀이 있다.■ 금속 틀은 수직 정원이 벽에 직접 닿지 않게 하면서 벽과 수직 정원을 연결하는 역할을 한다.■ 금속 틀 위에는 방수 기능이 있는 피브이시 층이 붙어 있는데, 피브이시 층은 벽으로 물이 새지 않도록 한다.■ 피브이시 층 위에는 식물의 뿌리가 자리 잡을 수 있는 두 겹의 펠트 층이 있다.■ 두 겹의 펠트 사이 공간으로 양분이 든 물을 흐르게 하여 식물의 뿌리가 양분이 든 물을 흡수할 수 있도록 한다.■ 마지막으로 물을 순환시키는 펌프 장치가 있다.■ 펌프 장치는 주로 실내 수직 정원에 설치하는데, 아래로 흘러내린 물을 모아 다시 위로 보낸다.■

3문단 중심 내용 수직 정원을 만드는 □□
- 패트릭 블랑의 수직 정원 구조

- **피브이시**: 염화 비닐을 주성분으로 하는 플라스틱. 폴리염화 비닐이라고도 한다.
- **펠트**: 양털이나 그 밖의 짐승의 털에 습기·열·압력을 가하여 만든 천. 신발, 모자, 양탄자 등을 만드는 데 쓴다.
- **펌프**: 압력을 통하여 액체, 기체를 빨아올리거나 이동시키는 기계.
- **방수**: 스며들거나 새거나 넘쳐흐르는 물을 막음.
- _____

6 3문단을 읽고, ㉠~㉤ 중에서 **1**~**5**의 괄호 안에 들어갈 알맞은 기호를 찾아 쓰세요.

㉠ 방수　　　　㉡ 금속 틀　　　　㉢ 펠트 층
㉣ 펌프 장치　　㉤ 피브이시 층

1 패트릭 블랑의 방식에서 건물 벽면에 붙이는 것은 무엇인가요? (　　)

2 패트릭 블랑의 방식에서 금속 틀 위에 붙어 있는 것은 무엇인가요? (　　)

3 패트릭 블랑의 방식에서 피브이시 층 위에 붙어 있는 것은 무엇인가요? (　　)

4 패트릭 블랑의 방식에서 물을 순환시키기 위해 필요한 것은 무엇인가요? (　　)

5 수직 정원을 만드는 방식

패트릭 블랑의 수직 정원 요소

금속 틀, 피브이시(PVC) 층, 펠트 층, 펌프 장치

패트릭 블랑의 수직 정원 구조

금속 틀	건물 벽면에 붙이는 금속 틀
피브이시 층	금속 틀 위에는 (　　　) 기능이 있는 피브이시 층이 붙어 있음.
펠트 층	피브이시 층 위에는 식물의 뿌리가 자리 잡을 수 있는 두 겹의 펠트 층이 있음.
펌프 장치	물을 순환시키는 펌프 장치

④문단 수직 정원은 수직 벽에 붙어서 살기에 적합한 식물을 선택하는 것이 무엇보다도 중요하다.■ 실내 수직 정원의 경우 햇빛이 부족한 실내 환경에서 살 수 있는 실내 식물이 주로 이용된다.■ 실내 식물은 열대 기후에서 자라는 잎이 큰 관엽 식물이 주를 이루는데, 드라세나, 호야 등이 있다.■ 실외 수직 정원의 경우에는 고려해야 할 점이 다르다.■ 온대 기후인 우리나라의 경우 추운 겨울을 견딜 수 있는 식물인지가 중요하다.■ 또 자연 강수량으로 식물이 생존하는 것이 가능한지도 고려해야 한다.■ 우리나라의 경우 실외 수직 정원에 적합한 식물이 많지 않은데, 갈대, 잔디 등이 있다.■

4문단 중심 내용 수직 정원에 적합한 ☐☐

- **열대 기후:** 일 년 내내 매우 덥고 비가 많이 오는 열대 지방의 기후.
- **관엽 식물:** 잎사귀의 모양이나 빛깔의 아름다움을 보고 즐기기 위하여 재배하는 식물.
- **고려하다:** 생각하고 헤아려 보다.
- **온대 기후:** 사계절의 변화가 뚜렷한 온대 지방의 기후.
- **생존하다:** 살아 있거나 살아남다.
- _____

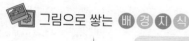 그림으로 쌓는 배 경 지 식

▲ 드라세나

▲ 호야

정답과 해설 40쪽

7 4문단을 읽고, ㉠~㉤ 중에서 ■~④의 괄호 안에 들어갈 알맞은 기호를 찾아 쓰세요.

| ㉠ 식물 | ㉡ 겨울 | ㉢ 햇빛 |
| ㉣ 실외 | ㉤ 실내 | |

■ 수직 정원을 만들 때 무엇보다 중요한 것은 무엇인가요?

> 수직 벽에 붙어서 살기에 적합한 (　　　) 을 선택하는 것

② 실내 수직 정원에서 식물을 선택할 때 고려할 점은 무엇인가요?

> (　　　) 이 부족한 실내 환경에서 살 수 있는가?

③ 우리나라의 실외 수직 정원에서 식물을 선택할 때 고려할 점은 무엇인가요?

> 추운 (　　　) 을 견딜 수 있는 식물인가?

④ 수직 정원에 적합한 식물

수직 벽에 붙어서 살기에 적합한 식물을 선택하는 것이 중요

(　　　) 수직 정원

- 햇빛이 부족한 실내 환경에서 살 수 있는지 고려
- 드라세나, 호야 등

(　　　) 수직 정원

- 우리나라의 경우 추운 겨울을 견딜 수 있는지 고려
- 갈대, 잔디 등

1문단 도시가 발달함에 따라 도시 표면은 콘크리트와 아스팔트로 덮이고, 녹지가 줄어든다. 또 자동차와 난방 시설에서 화석 연료를 사용하면서 대기 중으로 오염 물질과 온실가스가 배출된다. 이로 인해 도심의 기온이 주변보다 높게 나타나는 열섬 현상이나 대기 오염 물질이 수증기와 엉겨 붙어 안개처럼 되는 스모그 현상 등이 나타난다. 이처럼 도시의 발달로 인해 나타나는 도시 특유의 기후를 도시 기후라고 한다. 삶의 질을 떨어뜨리고 건강에 나쁜 영향을 주는 도시 기후를 완화하는 대표적인 방법은 녹지 공간을 확보하는 것이다. 하지만 도시에서는 충분한 녹지 공간을 확보하기가 쉽지 않아 기존의 공간을 활용하는 수직 정원이 옥상 정원 등과 함께 주목받고 있다.

2문단 수직 정원은 식물이 건물 외벽이나 내벽에서 수직으로 자라도록 조성한 정원을 말한다. 수직 정원을 세계적으로 유행시킨 사람은 프랑스의 식물학자 패트릭 블랑이다. 수직 정원은 넓은 공간 없이 정원을 만들 수 있다는 점이 큰 장점으로, 기존에 있는 건물을 이용하기 때문에 건물이 많은 도시 환경에 적합하다. 또 수직 정원은 도시의 열섬 현상을 줄여 주고, 건물의 단열재 역할을 한다. 아울러 수직 정원의 식물은 대기 오염 물질을 흡착하여 공기를 정화하는 기능도 한다.

3문단 수직 정원을 만드는 방식 중 널리 이용되고 있는 패트릭 블랑의 방식을 살펴보자. 패트릭 블랑의 수직 정원은 크게 금속 틀, 피브이시(PVC) 층, 펠트 층, 펌프 장치의 네 가지 요소로 이루어지는데, 그 구조는 다음과 같다. 먼저 건물 벽면에 붙이는 금속 틀이 있다. 금속 틀은 수직 정원이 벽에 직접 닿지 않게 하면서 벽과 수직 정원을 연결하는 역할을 한다. 금속 틀 위에는 방수 기능이 있는 피브이시 층이 붙어 있는데, 피브이시 층은 벽으로 물이 새지 않도록 한다. 피브이시 층 위에는 식물의 뿌리가 자리 잡을 수 있는 두 겹의 펠트 층이 있다. 두 겹의 펠트 사이 공간으로 양분이 든 물을 흐르게 하여 식물의 뿌리가 양분이 든 물을 흡수할 수 있도록 한다. 마지막으로 물을 순환시키는 펌프 장치가 있다. 펌프 장치는 주로 실내 수직 정원에 설치하는데, 아래로 흘러내린 물을 모아 다시 위로 보낸다.

4문단 수직 정원은 수직 벽에 붙어서 살기에 적합한 식물을 선택하는 것이 무엇보다도 중요하다. 실내 수직 정원의 경우 햇빛이 부족한 실내 환경에서 살 수 있는 실내 식물이 주로 이용된다. 실내 식물은 열대 기후에서 자라는 잎이 큰 관엽 식물이 주를 이루는데, 드라세나, 호야 등이 있다. 실외 수직 정원의 경우에는 고려해야 할 점이 다르다. 온대 기후인 우리나라의 경우 추운 겨울을 견딜 수 있는 식물인지가 중요하다. 또 자연 강수량으로 식물이 생존하는 것이 가능한지도 고려해야 한다. 우리나라의 경우 실외 수직 정원에 적합한 식물이 많지 않은데, 갈대, 잔디 등이 있다.

✦꿀팁
지문에서 도시 기후의 개념을 언급하며 이를 완화하기 위한 방법 중 하나로 수직 정원을 제시하고 있어요. 새롭게 제시된 용어인 수직 정원의 개념, 특징 등에 관한 정보를 우선적으로 파악해야 해요. 특히 수직 정원의 구조를 그림으로 제시한 문제를 풀기 위해서는 구조를 이루는 각 요소와 기능을 정확히 파악해야 해요.

정답과 해설 41쪽

8 윗글에서 알 수 있는 내용으로 적절하지 <u>않은</u> 것은?

① 도시 기후를 완화하는 대표적인 방법은 녹지 공간을 확보하는 것이다.

② 도시가 발달함에 따라 도시에는 열섬 현상이나 스모그 현상 등이 나타난다.

③ 수직 정원은 도시의 열섬 현상을 줄이고, 공기를 깨끗하게 하는 데 도움이 된다.

④ 수직 정원은 식물이 건물 외벽이나 내벽에서 수직으로 자라도록 만든 정원이다.

⑤ 실내 수직 정원에 적합한 식물을 선택할 때는 추운 환경에서 살 수 있는 식물인지 고려해야 한다.

9 보기 는 패트릭 블랑의 수직 정원 구조를 나타낸 그림이다. 윗글을 참고하여 ㄱ~ㄹ에 알맞은 요소를 바르게 짝지은 것은?

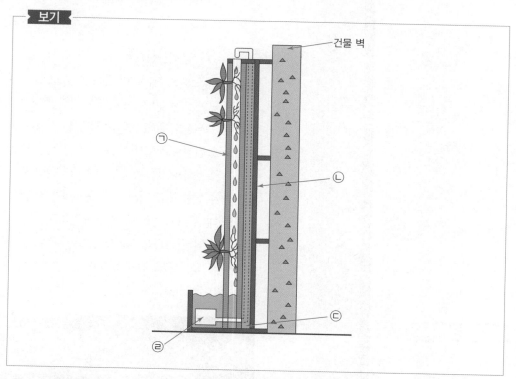

	ㄱ	ㄴ	ㄷ	ㄹ
①	금속 틀	펠트 층	펌프 장치	피브이시 층
②	금속 틀	피브이시 층	펠트 층	펌프 장치
③	펠트 층	금속 틀	펌프 장치	피브이시 층
④	펠트 층	금속 틀	피브이시 층	펌프 장치
⑤	펠트 층	피브이시 층	펌프 장치	금속 틀

스스로
평가

1회독
😊 😟

2회독
😊 😟

3회독
😊 😟

쉬어가기

내 손안의 지식사전

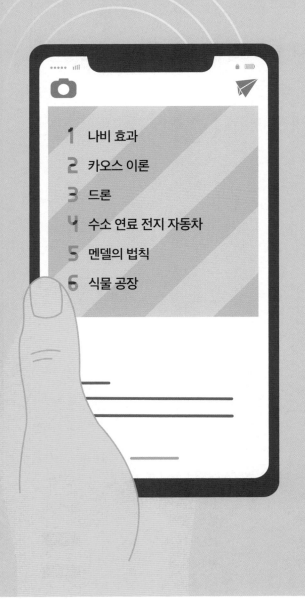

1 나비 효과

브라질에서 발생한 나비의 날갯짓이 영향을 주어 미국에 토네이도를 일으킬 수 있다는 이론입니다. 미국의 기상학자 로렌즈가 컴퓨터 시뮬레이션을 통해 기상 변화를 예측하다가 아주 작은 초기 조건의 차이가 완전히 다른 기상 결과를 나타내는 것을 보고 제안하였습니다. 작은 사건이 전체에 큰 영향을 미칠 수 있다는 뜻으로, 현재는 사회 현상 등을 설명할 때 사용됩니다.

2 카오스 이론

카오스는 혼돈이란 뜻으로, 카오스 이론은 무질서하게 보이는 현상에도 논리적 법칙이 존재한다는 이론입니다. 규칙성이 없어 보이는 각종 현상 속에 숨어 있는 질서를 합리적으로 설명해 보기 위한 접근 방법입니다. 우리는 주변에서 무질서해 보이는 다양한 카오스 현상을 발견할 수 있습니다. 기상 예측, 공기 중으로 흩어지는 연기의 형태, 주가의 변동 등이 그 예입니다. 카오스 이론은 로렌즈의 나비 효과를 통해 세상의 주목을 받게 되었으며, 현재 기상, 물리, 경제 등 다양한 분야에서 응용되고 있습니다.

3 드론

무선 전파로 조종할 수 있는 무인 항공기를 말합니다. '낮게 윙윙거리는 소리'란 뜻에서 이런 이름이 붙었습니다. 드론에는 각종 센서, 카메라, 통신 장치 등이 설치되어 있습니다. 회전 날개의 개수에 따라 이름이 달라지는데, 주로 회전 날개가 4개인 쿼드콥터가 많이 쓰입니다. 드론은 처음에는 공격, 정찰, 감시 등 군사적 용도로 개발되었지만, 최근에는 방송 촬영, 물건 배달, 농약 살포 등 다양한 민간 분야에서 활용되고 있습니다. 하지만 드론의 사용이 늘어나면서 안전 문제나 사생활 침해 등 여러 가지 사회 문제가 발생하고 있어 드론의 사용을 규제해야 한다는 목소리가 늘어나고 있습니다.

4 수소 연료 전지 자동차

가솔린을 연료로 하는 내연 기관 대신 수소와 공기 중의 산소를 반응시켜 전기를 생산하는 연료 전지를 이용한 자동차를 말합니다. 수소 연료 전지에서는 수소와 산소가 반응하여 전기를 만들고 부산물로 물이 배출됩니다. 수소 연료 전지 자동차는 이산화 탄소나 질소 산화물 등 대기 오염 물질을 배출하지 않아 친환경적입니다. 또 적은 양의 연료로 먼 거리를 달릴 수 있습니다. 하지만 연료인 수소를 만드는 데 많은 에너지가 들고, 수소를 충전할 수 있는 시설을 갖추어야 하는 등 해결해야 할 문제점이 남아 있습니다.

5 멘델의 법칙

19세기에 오스트리아의 유전학자인 멘델이 발표한 유전 법칙입니다. 생물이 지닌 여러 가지 특성을 형질이라 하고, 부모의 형질이 자손에게 전해지는 현상을 유전이라고 합니다. 멘델은 완두를 이용한 교배 실험을 통해 유전의 원리를 밝혀냈습니다. 먼저 한 가지 형질에 대해 서로 다른 대립 형질을 지닌 순종 개체끼리 교배할 때, 자손 1대에서 나타나는 형질을 우성, 나타나지 않는 형질을 열성이라고 하는 우열의 원리가 있습니다. 다음으로 대립 형질을 결정하는 한 쌍의 유전자를 대립 유전자라고 하는데, 쌍을 이루던 대립 유전자가 분리되어 서로 다른 생식 세포로 들어가는 분리의 법칙이 있습니다. 마지막으로 두 가지 이상의 형질이 유전될 때, 서로 다른 형질을 나타내는 대립 유전자는 서로 영향을 미치지 않고 독립적으로 분리되어 유전된다는 독립의 법칙이 있습니다.

6 식물 공장

실내에서 빛, 온도, 습도, 양분 등의 재배 환경을 인위적으로 조절하여 계절이나 장소와 관계없이 작물을 대량 생산하는 시스템을 말합니다. 식물 공장은 자동화되어 있고, 일 년 내내 작물 재배가 가능합니다. 식물 공장을 활용하면 도시 근교나 도심 속에서도 작물을 생산할 수 있습니다.

자료 출처

셔터스톡

본책

I 나열 구조

17쪽(보강재), 18쪽(댐퍼, 추), 21쪽(내진 설계), 25쪽(기중기), 29쪽(고정 도르래, 움직도르래, 복합 도르래, 지레), 34쪽(음파 탐지기), 35쪽(증발과 끓음), 40쪽(은하수), 42쪽(NGC 1672), 45쪽(막대 나선 은하, 정상 나선 은하, 불규칙 은하), 46쪽(태양과 지구), 47쪽(사이펀, 화성, 허블 우주 망원경)

II 비교·대조 구조

53쪽(작용 반작용의 법칙), 54쪽(비행기), 55쪽(헬리콥터), 57쪽(풍선, 대포), 61쪽(심장), 62쪽(혈액 순환), 69쪽(가스레인지), 71쪽(광합성), 74쪽(볼록 렌즈와 오목 렌즈), 76쪽(눈의 구조), 77쪽(수정체의 초점 조절), 78쪽(볼록 렌즈, 원시 교정), 79쪽(오목 렌즈, 근시 교정), 80쪽(볼록 렌즈와 오목 렌즈), 81쪽(원시와 근시), 82쪽(날개 단면), 83쪽(자이로스코프, 고사리, 분자 요리)

III 사례 구조

89쪽(이슬), 90쪽(안테나), 91쪽(항아리 냉장고), 94쪽(뮐러-라이어 착시, 에빙하우스 착시, 체커 그림자 착시), 97쪽(뮐러-라이어 착시, 에빙하우스 착시, 책상 착시, 재스트로 착시), 98쪽(체커 그림자 착시, 밝기 착시), 100쪽(뮐러-라이어 착시, 에빙하우스 착시, 체커 그림자 착시), 101쪽(강아지 연속 장면), 105쪽(도꼬마리, 벨크로 테이프), 106쪽(연잎), 107쪽(도마뱀붙이 발바닥), 113쪽(형상 기억 합금), 114쪽(자기 공명 영상 장치), 115쪽(흑연과 그래핀), 118쪽(3D 프린터), 119쪽(펜로즈 계단, 펜로즈 삼각형, 소금쟁이, 입체 안경)

IV 과정 구조

126쪽(액체 로켓), 134쪽(짚신벌레), 135쪽(대장균), 146쪽(원자 모형), 148~152쪽(원자 모형), 154쪽(뻐꾸기시계), 155쪽(유압기)

V 문제 해결 구조

160쪽(플라스틱 쓰레기), 162쪽(생분해성 플라스틱), 170쪽(태양열 발전, 태양광 발전), 184쪽(옥상 정원), 185쪽(수직 정원), 187쪽(드라세나, 호야), 190쪽(토네이도), 191쪽(드론, 식물 공장)

정답과 해설

21쪽(폰조 착시, 분트 착시, 전경-배경 착시), 26쪽(로켓)

* 출처 표시를 하지 않은 삽화는 저작사 및 발행사에서 저작권을 가지고 있는 경우임.

3 고등 **실전력 + 독해력** [실전] 프로그램

4 고등 **실전력 + 독해력** [보완] 프로그램

초등부터 대비하는 첫 수능 독해

초등 문해력 최상위 비문학 일3공 시리즈

[과학·기술 편 / 사회·문화 편 / 인문·예술 편 (출간 예정)]

〈초등 문해력 최상위 비문학 일3공〉은 어떤 특징이 있나요?

✔ 글을 3번 꼼꼼하게 읽으면서 체계적이고 단계적으로 독해할 수 있습니다.

첫 번째 읽기	두 번째 읽기	세 번째 읽기
구조 읽기	중심 내용과 어휘 읽기	수능형 문제로 문해력 점검하기

✔ 5가지 글의 구조를 학습하면서 글을 끝까지 읽게 하는 힘을 기를 수 있습니다.

| Ⅰ 나열 구조 | Ⅱ 비교·대조 구조 | Ⅲ 사례 구조 | Ⅳ 과정 구조 | Ⅴ 문제 해결 구조 |

✔ 수능 국어 비문학 형태의 지문과 수능형 문제를 연습하면서 문해력을 점검할 수 있습니다.

이런 학생에게 〈초등 문해력 최상위 비문학 일3공 과학·기술 편〉을 추천해요!

✔ 초등학생 때부터 수능 국어 영역을 차근차근 준비하고 싶은 학생
✔ 정보의 양이 많은 비문학 지문을 독해할 수 있다는 자신감을 가지고 싶은 학생
✔ 중학교 과학 과목의 주요 개념을 학습하면서 문해력을 기르고 배경지식을 쌓고 싶은 학생

ISBN 979-11-6526-150-4(64710)
정가 15,000원

초등 문해력 최상위 비문학 일3공 과학·기술 편

초판 2쇄 발행 2023년 1월 지은이 키 초등학습방법연구소 펴낸이 김기중 펴낸곳 (주) 키출판
전화 1644-8808 팩스 (02)733-1595 등록 1980. 3. 19.(제16-32호) 정가 15,000원
ISBN 979-11-6526-150-4(64710) 홈페이지 http://www.keymedia.co.kr
E-mail company@keymedia.co.kr 주소 서울시 강남구 강남대로 292 뱅뱅빌딩 5층
Copyright ⓒ (주)키출판사 이 책의 무단 복제, 복사, 전재는 저작권법에 저촉됩니다.
잘못 만들어진 책은 구입처에서 바꾸어 드립니다.

64710

9 791165 261504

초등 문해력

일3공

최상위 비문학

상위 일프로 3회독 공부법

과학·기술 편
초등 5, 6학년~
예비 중학 추천 과정

정답과 해설

빠른 정답 체크

초등
문해력
최상위 비문학

상위
일프로 **3**회독 공부법

과학·기술 편

일3공

01 내진 설계

1 예시 답안 저는 내진 구조가 원자력 발전소에 이용된다는 점이 흥미로웠습니다. (※글에 등장한 내용을 언급한 경우는 모두 정답입니다.)

2 내 진 설 계

3

내진 설계 ─ 내진 구조

제 진 구 조

면진 구조

1문단 중심 내용 내진 설계

4 1 ㉠
2 ㉢
3 ㉣
4 ㉤ / ㉡

2문단 중심 내용 내진 구조

5 1 ㉤
2 ㉣
3 ㉢
4 ㉠ / ㉡

3문단 중심 내용 제진 구조

6 1 ㉣
2 ㉢
3 ㉤
4 ㉡ / ㉠

4문단 중심 내용 면진 구조

7 1 ㉤
2 ㉣
3 ㉡
4 ㉠ / ㉢

8 ④

정답 해설

④ 1문단에 따르면 지진을 견디어 낼 수 있도록 건축물을 설계하는 것을 내진 설계라고 한다. 건축물이 지진에 의해 전혀 손상되지 않는다는 내용은 없다.

오답 해설

① 4문단에 따르면 면진 구조는 세 가지 내진 설계 방식 중에서 가장 비용이 많이 든다. 따라서 면진 구조는 내진 구조나 제진 구조보다 비용이 많이 든다는 설명은 윗글과 일치한다.

② 3문단에서 제진 구조의 방법 중 하나로 건물 내부에 무거운 추를 설치하여 진동을 흡수하는 방법을 언급하면서 이러한 건물에는 타이완에 있는 높이 509m의 타이베이 101이 있다고 하였다. 따라서 타이완에 있는 타이베이 101이 제진 구조를 적용한 건물이라는 설명은 윗글과 일치한다.

③ 3문단에서 제진 구조의 대표적인 방법 중 하나는 건물의 층마다 기둥과 보 사이에 진동을 흡수할 수 있는 댐퍼를 설치하는 방법이라고 하였다. 따라서 건물의 기둥과 보 사이에 댐퍼를 설치하는 방법은 제진 구조에 속한다는 설명은 윗글과 일치한다.

⑤ 2문단에서 내진 구조는 지진이 발생할 때 진동의 대부분이 내부로 전달되어 가스관이나 수도관 등 내부 시설이 파괴될 수 있다고 하였다.

9 ④

정답 해설

④ 3문단에서 제진 구조는 건물에 진동을 흡수할 수 있는 제진 장치를 설치하여 지진이 발생할 때 진동을 흡수하는 방식이라고 하였다. 그리고 제진 구조의 대표적인 방법에는 댐퍼나 추를 설치하는 방법이 있다고 하였다. 따라서 제진 구조가 댐퍼나 추를 설치하여 지진이 발생했을 때 진동을 반사할 수 있도록 한 것이라는 설명은 적절하지 않다. 진동을 반사하는 것이 아니라 흡수하는 것이다.

오답 해설

① 1문단에서 내진 설계란 지진을 견디어 낼 수 있도록 건축물을 설계하는 것이라고 하였으므로 적절한 설명이다.

② 1문단에서 우리나라는 2017년에 내진 설계 대상 건축물의 기준을 개정하여 2층 이상 또는 연면적 200m² 이상인 건축물에 대해 내진 설계를 의무화했다고 하였으므로 적절한 설명이다.

③ 2문단에서 내진 구조는 지진에 견딜 수 있도록 건물 자체를 튼튼하게 만드는 방식이라고 하면서, 내진 구조의 방법을 언급하고 있다. 벽을 더 두껍게 만들거나 철근 콘크리트로 만든 내진 벽을 설치하는 방법, 철골 구조물이 비틀리는 것을 막기 위해 X자 모양의 보강재를 설치하는 방법이 소개되었다.

⑤ 4문단에서 면진 구조는 땅과 건물 사이에 적층 고무나 베어링 등의 면진 장치를 설치하여 지진이 발생할 때 진동이 건물에 전달되는 것을 막는 방식이라고 하였으므로 적절한 설명이다.

I 02 수원 화성 축조에 사용된 기구

1 **예시 답안** 저는 유형거에 사용된 반달 모양
의 부품인 복토의 역할이 흥미로웠습니다.

2 | 수 | 원 | | 화 | 성 |

3

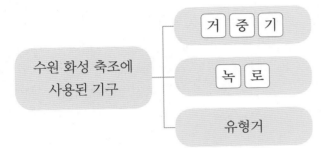

수원 화성 축조에
사용된 기구 ─┬─ 거 중 기

├─ 녹 로

└─ 유형거

1문단 중심 내용 수원 화성

4 **1** ㄹ

  2 ㅁ

  3 ㄴ

  4 ㄱ / ㄷ

2문단 중심 내용 거중기

5 **1** ㄴ

  2 ㄱ

  3 ㅁ

  4 ㄷ / ㄹ

3문단 중심 내용 녹로

6 **1** ㄴ

  2 ㅁ

  3 ㄱ

  4 ㄷ / ㄹ

4문단 중심 내용 유형거

7 **1** ㅁ

  2 ㄱ

  3 ㄴ

  4 ㄷ / ㄹ

8 ⑤

정답 해설

⑤ 1문단에서 거중기, 녹로, 유형거와 같은 새로운 기구를 개발하여 공사 기간을 예상보다 단축할 수 있었다는 내용을 확인할 수 있다.

오답 해설

① 4문단에 따르면 유형거는 지레의 원리를 이용하여 무거운 물건을 싣고 나르던 수레이다.

② 2문단에 따르면 정약용은 중국에서 들여온 『기기도설』이란 책을 참고하여 거중기를 고안하였다.

③ 2문단에서 거중기는 도르래의 원리를 이용하여 무거운 물건을 들어 올리던 기구라고 하였다.

④ 3문단에서 녹로는 고정 도르래를 이용하여 무거운 물건을 높이 들어 올리던 기구라고 하였다. 녹로는 움직도르래가 아니라 고정 도르래를 사용한다.

9 ②

정답 해설

② 2문단에 따르면 거중기는 고정 도르래와 움직도르래를 모두 사용했음을 알 수 있다. 또 **보기**의 (가) 도르래의 원리에서 고정 도르래와 움직도르래를 함께 사용하면 힘의 방향도 바꾸면서 힘의 크기도 줄일 수 있다고 하였다. 따라서 거중기에서 힘의 방향은 바뀌지 않고 힘의 크기만 줄어들었겠다는 설명은 적절하지 않다.

오답 해설

① 2문단에 따르면 거중기는 위쪽에 고정 도르래 4개, 아래쪽에 움직도르래 4개가 달린 형태이다. 또 **보기**의 (가) 도르래의 원리에서 고정 도르래와 움직도르래를 함께 사용한 것을 복합 도르래라고 하였다. 따라서 거중기가 고정 도르래와 움직도르래를 함께 사용한 복합 도르래 형태라는 설명은 적절하다.

③ 3문단에 따르면 녹로는 고정 도르래를 이용하여 무거운 물건을 높이 들어 올리던 기구이다. 또

보기의 (가) 도르래의 원리에서 고정 도르래는 물체를 직접 들 때보다 힘이 덜 들지는 않다고 하였다. 따라서 녹로는 고정 도르래만 사용했으므로 물체를 직접 들 때보다 힘의 크기는 줄어들지 않았겠다는 설명은 적절하다.

④ **보기**의 (나) 지레의 원리에서 지레는 지레를 받치고 있는 받침점, 사람이 힘을 가하는 힘점, 물체에 힘이 작용하는 작용점의 세 가지 요소로 이루어져 있다고 하였다. <그림 3>과 **보기**의 지레 그림을 비교해 보면 바퀴 축이 받침점, 사람이 힘을 가하는 손잡이 쪽이 힘점, 짐을 싣는 쪽이 작용점에 해당함을 알 수 있다.

⑤ **보기**의 (나) 지레의 원리에서 받침점에서 먼 힘점에서 작은 힘을 사용해서 받침점에서 가까운 작용점의 무거운 물체를 들어 올릴 수 있다고 하였다. 4문단에 따르면 차상 양쪽에는 긴 막대가 있는데, 짐을 싣는 쪽은 짧고 손잡이 쪽은 길었다. 따라서 힘점인 손잡이 쪽을 길게 만들어 작은 힘으로 무거운 물건을 들어 올릴 수 있었겠다는 설명은 적절하다.

I 03 가습기의 종류

1회독   [1~3]

1 **예시 답안** 저는 초음파로 물을 진동시켜 잘
게 쪼갠 물방울을 내뿜는 초음파식 가습기가
흥미로웠습니다.

2 가 습 기

3

2회독   [4~7]

1문단 중심 내용 가습기

4 ① ㉠
  ② ㉢
  ③ ㉣
  ④ ㉤ / ㉡

2문단 중심 내용 가열식 가습기

5 ① ㉤
  ② ㉠
  ③ ㉢
  ④ ㉡ / ㉣

3문단 중심 내용 초음파식 가습기

6 ① ㉤
  ② ㉣
  ③ ㉡
  ④ ㉢ / ㉠

4문단 중심 내용 복합식 가습기
5문단 중심 내용 기화식 가습기

7 ① ㉢
  ② ㉤
  ③ ㉣
  ④ ㉡ / ㉠

8 ①

정답 해설

① 1문단에서 온도에 따라 달라지기는 하지만 보통 40~60% 정도의 습도가 적정 습도라고 하였다. 따라서 건강과 쾌적한 실내 환경을 위해 습도를 40% 이하로 유지하는 것이 좋다는 설명은 윗글과 일치하지 않는다.

오답 해설

② 4문단에서 복합식 가습기는 물을 가열하기 때문에 살균 효과가 있고, 가습기에서 내뿜는 습기의 온도를 조절할 수 있다고 하였다.

③ 2문단에서 가열식 가습기는 뜨거운 수증기로 인해 화상을 입을 가능성이 있고, 전력 소모가 커서 전기 요금이 많이 나온다고 하였다.

④ 3문단에서 초음파 가습기는 물을 가열하지 않기 때문에 화상을 입을 위험이 없다고 하였다. 또 물에서 세균이 번식할 가능성이 크다고 하였다.

⑤ 5문단에서 기화식 가습기는 물을 적신 필터에 바람을 쐬어 물을 증발시켜 수증기를 얻는 방식이라고 하였다. 그리고 실내에 젖은 수건을 널어 놓는 것과 같은 원리라고 하였다.

9 ④

정답 해설

④ 3문단에 따르면 초음파 진동자가 초음파를 발생시키면 물에 진동이 일어난다. 그러면 물 분자들이 서로 충돌하면서 진동이 물의 표면까지 전달되고, 물의 표면에 있던 물 분자들은 아주 작은 물방울 상태로 물의 표면 밖으로 튀어나온다. 이 작은 물방울은 가습기 내부의 송풍기에서 나오는 바람을 따라 가습기 밖으로 나오게 된다. 즉 송풍기는 잘게 쪼개진 물방울을 가습기 밖으로 내보내는 역할을 한다.

오답 해설

① 2문단에서 가열식 가습기는 가습기 내부의 히터로 물을 끓여 수증기를 내뿜는 방식이라고 하였다. 3문단에서는 초음파식 가습기는 물을 넣는

용기의 바닥에 초음파 진동자가 붙어 있다고 하였다. 그림을 보면 ㉮는 히터가 있으므로 가열식 가습기, ㉯는 초음파 진동자가 있으므로 초음파식 가습기이다.

② 2문단에서 가열식 가습기는 가습기 내부의 히터로 물을 끓여 수증기를 내뿜는 방식이라고 하였다. 따라서 히터가 물을 가열하는 역할을 한다는 설명은 적절하다.

③ 2문단에서 가열식 가습기는 가습기 내부의 히터로 물을 끓여 수증기를 내뿜는 방식이라고 하였으므로 적절한 설명이다.

⑤ 3문단에서 초음파 진동자가 초음파를 발생시키면 물에 진동이 일어난다고 하였으므로 적절한 설명이다.

Ⅰ 04 허블의 은하 분류

1회독 [1~3]

1 예시 답안 저는 은하의 모양이 다양하다는 점이 흥미로웠습니다.

2 은 하

3

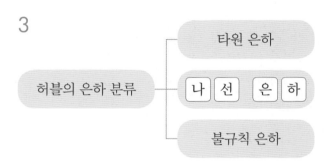

배경지식

NGC 항성 목록

NGC는 New General Catalogue의 약자로, 영국의 천문학자 드라이어가 편집한 성단과 성운 목록이다. 목록에 기재된 천체에 엔지시(NGC) 번호가 붙어 있다.

메시에 목록

18세기 후반 프랑스의 천문학자 메시에가 만든 성단과 성운 목록이다. 목록에 기재된 천체에 엠(M) 번호가 붙어 있다. NGC 목록과 함께 중요한 목록이다.

2회독 [4~7]

1문단 중심 내용 은하

4 ① ㉠
② ㉣
③ ㉢
④ ㉢ / ㉡

2문단 중심 내용 타원 은하

5 ① ㉣
② ㉢
③ ㉠
④ ㉡ / ㉢

3문단 중심 내용 나선 은하

6 ① ㉡
② ㉣
③ ㉢
④ ㉢
⑤ ㉠

4문단 중심 내용 불규칙 은하

7 ① ㉣
② ㉢
③ ㉢
④ ㉡ / ㉠

8 ⑤

정답 해설

⑤ 3문단에서 나선 은하의 중심부는 주로 나이가 많은 별들로 이루어져 있고, 나선팔에는 성간 물질이 많아 새로운 별들이 생성되고 있다고 하였다.

오답 해설

① 2문단에서 타원 은하는 납작한 정도에 따라 E0~E7으로 세분된다는 내용을 확인할 수 있다.

② 1문단에서 은하는 단독으로 존재하는 것이 아니라 다른 은하와 함께 집단을 이루어 우주에 분포하고 있다는 내용을 확인할 수 있다.

③ 1문단에서 허블은 은하를 체계적으로 연구하기 위하여 은하를 모양에 따라 분류하였는데, 이 방법은 오늘날에도 사용되고 있다고 하였다.

④ 4문단에 따르면 불규칙 은하는 모양이 일정하지 않고, 규칙적인 구조가 없는 은하로, 불규칙 은하의 예로는 대마젤란은하와 소마젤란은하가 있다.

9 ⑤

정답 해설

⑤ [A]에서 우리은하 밖에 분포하는 은하를 외부 은하라고 하면서 최초로 외부 은하의 존재를 알아낸 사람은 미국의 천문학자 허블이라고 하였다. 보기에 따르면 허블은 당시 우리은하에 속해 있다고 생각한 안드로메다대성운의 크기와 거리를 측정하였는데, 크기는 우리은하와 비슷했고 거리는 우리은하의 크기보다 매우 큰 값이었다. 따라서 허블은 안드로메다대성운을 우리은하 밖에 있는 외부 은하라고 결론지었음을 알 수 있다.

10 ③

정답 해설

③ 3문단에서 막대 나선 은하는 은하 중심부를 가로지르는 막대 구조가 있고, 막대의 끝에서 나선팔이 휘어져 나온다고 하였다. 자료를 보면 ㉠은 막대와 나선팔이 있으므로 막대 나선 은하이다.

오답 해설

① 3문단에서 나선 은하는 납작한 원반 형태로, 공 모양의 중심부와 그 주위에 나선팔이 있는 은하라고 하였다. 자료를 보면 ㉠과 ㉡은 모두 공 모양의 중심부와 나선팔이 있으므로 나선 은하이다.

② 3문단에서 나선 은하는 중심부에 보이는 막대 구조의 유무에 따라 정상 나선 은하와 막대 나선 은하로 나눈다고 하였다. 자료를 보면 ㉠은 막대 구조가 있고, ㉡은 막대 구조가 없으므로 ㉠과 ㉡은 은하 중심부를 가로지르는 막대 구조의 유무에 따라 나눌 수 있겠다는 설명은 적절하다.

④ ㉡은 은하 중심부를 가로지르는 막대 구조가 없으므로 정상 나선 은하이다. 3문단에서 정상 나선 은하의 예로 안드로메다은하를 언급했으므로 ㉡은 안드로메다은하와 같은 종류의 은하에 해당하겠다는 설명은 적절하다.

⑤ 4문단에서 불규칙 은하는 모양이 일정하지 않고, 규칙적인 구조가 없는 은하라고 하였다. 자료를 보면 ㉢은 일정한 모양이 없으므로 불규칙 은하이다.

참고로 자료에서 나온 은하는 다음과 같다.

㉠ NGC 1300: 에리다누스강자리의 막대 나선 은하

㉡ NGC 5194: '소용돌이 은하'라고 불리는 사냥개자리의 정상 나선 은하

㉢ 대마젤란은하: 불규칙 은하

Ⅱ01 비행기와 헬리콥터

1 **예시 답안** 저는 날개가 동체에 고정된 비행기는 양력을 얻기 위해 비행기 자체가 움직여야만 한다는 점이 흥미로웠습니다. (※글에 등장한 내용을 언급한 경우는 모두 정답입니다.)

2 비 행 기 / 헬 리 콥 터

3

비행기와 헬리콥터에 작용하는 네 가지 힘

양 력 의 발생 원리

비행기의 비행 ↔ 헬리콥터의 비행

1문단 중심 내용 힘

4 **1** ㄹ
　2 ㄴ
　3 ㄱ
　4 ㄷ
　5 ㅁ

2문단 중심 내용 양력

5 **1** ㅁ
　2 ㄴ
　3 ㄷ
　4 ㄹ / ㄱ

3문단 중심 내용 비행기

6 **1** ㄱ
　2 ㅁ
　3 ㄴ
　4 ㄹ / ㄷ

4문단 중심 내용 헬리콥터

7 **1** ㄴ
　2 ㄱ
　3 ㄷ
　4 ㅁ / ㄹ

8 ①

정답 해설

① 2문단에 따르면 비행기의 날개는 앞부분이 위쪽으로 적당하게 들려 있다.

오답 해설

② 1문단에서 하늘을 나는 비행기나 헬리콥터에는 추력, 항력, 중력, 양력의 네 가지 힘이 작용한다고 하였다. 이 중 항력은 공기 저항 때문에 생기는 힘이라고 하였다.

③ 4문단에서 헬리콥터는 회전 날개를 회전시켜 양력을 얻기 때문에 수직으로 상승과 하강을 할 수 있다고 하였다. 또 공중에 정지한 채 떠 있을 수 있다고 하였다.

④ 3문단에 따르면 양력은 날개가 공기 속을 움직일 때 발생하므로 날개가 동체에 고정된 비행기는 양력을 얻기 위해 비행기 자체가 움직여야만 한다.

⑤ 2문단에서 움직이는 날개에 수평으로 접근하는 공기는 날개에 부딪혀 방향이 아래쪽으로 꺾인다고 하였다. 그리고 이때 작용 반작용의 법칙에 의해 공기는 날개에 위쪽으로 힘을 가한다고 하였다.

9 ③

정답 해설

③ 보기 는 작용 반작용의 법칙의 예시이다. 2문단에 따르면 작용 반작용의 법칙은 모든 작용력에 대해 항상 방향이 반대이고 크기가 같은 반작용력이 생긴다는 법칙이다. 따라서 첫 번째 예시에서 풍선이 공기를 아래로 내뿜으면 그 반작용으로 공기가 풍선을 위로 민다. 두 번째 예시에서 포신이 포탄을 앞으로 밀어내면 그 반작용으로 포탄도 포신을 같은 크기의 힘으로 뒤로 민다.

배경지식

뉴턴의 운동 법칙

① 뉴턴의 운동 제1 법칙 - 관성의 법칙
외부로부터 힘을 받지 않으면 물체는 자신의 운동 상태를 계속 유지하려고 한다. 정지해 있는 물체는 계속 정지해 있으려 하고, 등속도 운동을 하는 물체는 계속 등속도 운동을 하려고 한다.

② 뉴턴의 운동 제2 법칙 - 가속도의 법칙
운동하는 물체의 가속도는 힘이 작용하는 방향으로 일어나며, 그 힘의 크기에 비례한다.

③ 뉴턴의 운동 제3 법칙 - 작용 반작용의 법칙
모든 작용력에 대해 항상 방향이 반대이고 크기가 같은 반작용력이 생긴다.

Ⅱ02 온몸 순환과 폐순환

1회독 [1~3]

1 **예시 답안** 저는 온몸 순환과 폐순환 모두 심장에서 시작해 심장으로 돌아와 끝난다는 점이 인상적이었습니다.

2 온몸 순환 / 폐순환

3

순환계의 구성과 혈액 순환의 개념

온몸 순환의 개념과 특징 ↔ 폐순환의 개념과 특징

온몸 순환과 폐순환에서 혈액의 변화

2회독 [4~7]

1문단 중심 내용 혈액 순환

4 1 ㉡
　2 ㉢
　3 ㉣
　4 ㉠ / ㉤

2문단 중심 내용 온몸 순환

5 1 ㉣
　2 ㉡
　3 ㉠ / ㉢
　4 ㉤

3문단 중심 내용 폐순환

6 1 ㉢
　2 ㉡
　3 ㉤
　4 ㉣ / ㉠

4문단 중심 내용 혈액

7 1 ㉢
　2 ㉡
　3 ㉣
　4 ㉠ / ㉤

8 ③

정답 해설

③ 3문단에서 온몸 순환을 마치고 우심방으로 들어온 혈액은 판막을 통과하여 우심실로 전달되고, 우심실은 수축하여 혈액을 폐동맥으로 내보낸다고 하였다. 따라서 온몸 순환을 거친 혈액은 이어서 폐순환을 거치는 것을 알 수 있다.

오답 해설

① 1문단에 따르면 동맥은 심장에서 나오는 혈액이 흐르는 혈관으로, 혈관 벽이 두껍다. 또 정맥은 심장으로 들어가는 혈액이 흐르는 혈관으로, 동맥보다 혈관 벽이 얇다. 따라서 동맥은 정맥보다 혈관 벽이 두껍다는 설명은 윗글의 내용과 일치한다.

② 3문단에 따르면 우심실과 폐동맥 사이의 판막은 우심실의 압력이 폐동맥의 압력보다 높아지면 열려 혈액을 폐동맥으로 내보내고, 반대의 경우에는 닫혀 혈액이 거꾸로 흐르는 것을 막는다. 이를 통해 판막은 혈액을 한 방향으로만 흐르게 한다는 것을 알 수 있다.

④ 1문단에서 심장은 수축하고 이완하는 박동을 하여 혈액을 온몸으로 보낸다고 하였다. 따라서 심장은 수축과 이완을 반복하여 혈액을 온몸에 순환시킨다는 설명은 윗글의 내용과 일치한다.

⑤ 1문단에 따르면 모세 혈관은 온몸에 그물처럼 분포해 있고, 혈관 벽이 한 겹의 세포층으로 되어 있어 주변의 조직 세포와 물질 교환이 이루어진다.

9 ④

정답 해설

④ 4문단에 따르면 심장에서 폐로 이어지는 폐동맥에는 정맥혈이 흐른다. 정맥혈은 검붉은 색이므로 폐동맥(㉣)에서 폐의 모세 혈관(㉤)으로 흐르는 혈액이 선홍색이라는 설명은 적절하지 않다.

오답 해설

① 4문단에 따르면 대동맥에는 동맥혈이 흐르고, 폐동맥에는 정맥혈이 흐른다. 따라서 대동맥(㉮)과 폐동맥(㉣)에 흐르는 혈액은 성격이 동일하지 않다.

② 4문단에 따르면 대동맥에는 동맥혈이 흐르고, 폐정맥 역시 동맥혈이 흐른다. 따라서 대동맥(㉮)과 폐정맥(㉲)에 흐르는 혈액은 성격이 동일하다.

③ 2문단에 따르면 혈액은 온몸의 모세 혈관을 지나면서 조직 세포에 산소와 영양소를 공급하고 이산화 탄소와 노폐물을 수거한다. 따라서 온몸의 모세 혈관(㉯)에서 대정맥(㉰)으로 흐르는 혈액은 이산화 탄소 함량이 높다.

⑤ 4문단에 따르면 온몸 순환을 끝내고 우심방으로 돌아가는 혈액은 정맥혈이다. 3문단에 따르면 우심방으로 들어온 혈액은 우심실로 전달된다. 따라서 우심방과 우심실에 흐르는 혈액은 모두 정맥혈에 해당한다.

10 ①

정답 해설

① ㉠ '공급하고'는 '요구나 필요에 따라 물품 따위를 제공하고'라는 의미이다. 따라서 '전하고', '주고' 등과 같은 단어로 바꾸어 쓸 수 있다.

오답 해설

② ㉡ '분포해'는 '일정한 범위에 흩어져 퍼져'라는 의미이다.

③ ㉢ '구분한다'는 '일정한 기준에 따라 전체를 몇 개로 갈라 나눈다'라는 의미이다.

④ ㉣ '도달한다'는 '목적한 곳이나 수준에 다다른다'라는 의미이다.

⑤ ㉤ '교환한다'는 '서로 바꾼다'라는 의미이다.

1 **예시 답안** 저는 철 가루와 산소가 반응하여 열을 방출하는 것을 이용한 손난로가 흥미로웠습니다.

2 발 열 반 응 / 흡 열 반 응

3

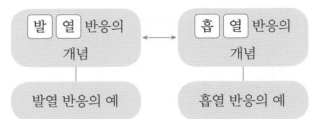

발 열 반응의 개념 ↔ 흡 열 반응의 개념

발열 반응의 예   흡열 반응의 예

1문단 중심 내용 발열 반응

4 ❶ ㄹ
　❷ ㄷ
　❸ ㄴ
　❹ ㄱ / ㅁ

2문단 중심 내용 발열 반응

5 ❶ ㄷ
　❷ ㄹ
　❸ ㄱ
　❹ ㄴ / ㅁ

3문단 중심 내용 흡열 반응

6 ❶ ㄹ
　❷ ㄷ
　❸ ㄴ
　❹ ㄱ / ㅁ

4문단 중심 내용 흡열 반응

7 ❶ ㄴ
　❷ ㄹ
　❸ ㄱ
　❹ ㄷ / ㅁ

8 ④

정답 해설

④ 3문단에서 화학 반응이 일어날 때 에너지를 흡수하는 반응을 흡열 반응이라고 하였다.

오답 해설

① 1문단에서 발열 반응이 일어나면 주변의 온도가 높아진다고 하였다.

② 2문단에 따르면 연소 반응은 대표적인 발열 반응으로, 열과 빛을 방출한다.

③ 4문단에 따르면 광합성은 대표적인 흡열 반응으로, 광합성 과정에서 식물은 태양의 빛에너지를 흡수하여 사용한다.

⑤ 1문단에 따르면 화학 반응에 참여하는 반응 물질이 가지고 있는 에너지가 반응을 통해 만들어진 생성 물질이 가지고 있는 에너지보다 클 경우, 반응이 진행되면서 그 차이만큼 에너지를 방출한다고 하였다. 즉 발열 반응이 일어난다.

9 ②

정답 해설

② 2, 4문단에 따르면 흔드는 손난로는 발열 반응을 활용한 것이고, 냉찜질 주머니는 흡열 반응을 활용한 것이다. 1문단에서 발열 반응은 반응 물질이 가지고 있는 에너지가 생성 물질이 가지고 있는 에너지보다 크다고 하였다. 또 3문단에서 흡열 반응은 반응 물질이 가지고 있는 에너지가 생성 물질이 가지고 있는 에너지보다 작다고 하였다. 따라서 반응 물질과 생성 물질의 에너지를 비교하면 흔드는 손난로에서는 '반응 물질 > 생성 물질'이고, 냉찜질 주머니에서는 '반응 물질 < 생성 물질'이다.

오답 해설

① 1, 3문단에 따르면 화학 반응이 일어날 때 에너지를 방출하는 반응을 발열 반응이라 하고, 에너지를 흡수하는 반응을 흡열 반응이라고 한다.

③ 1, 3문단에 따르면 발열 반응이 일어나면 주변으로 에너지를 방출하므로 주변의 온도가 높아지

고, 흡열 반응이 일어나면 주변의 에너지를 흡수하므로 주변의 온도가 낮아진다.

④ 2문단에 따르면 흔드는 손난로는 철이 공기 중의 산소와 반응하는 것을 활용한 장치이다. 또 4문단에 따르면 냉찜질 주머니는 질산 암모늄과 물이 반응하는 것을 활용한 장치이다.

⑤ 2문단에서 손난로를 흔들거나 주무르면 철이 공기 중의 산소와 반응한다고 하였다. 4문단에서 냉찜질 주머니를 세게 치면 물이 들어 있는 주머니가 터지면서 질산 암모늄과 물이 반응하게 된다고 하였다.

10 ②

정답 해설

② 1문단에 따르면 발열 반응은 에너지를 방출하는 반응으로, 발열 반응이 일어나면 주변의 온도가 높아진다. 첫 번째 예시에서 에스키모는 이글루에 물을 뿌려 이글루 내부 온도를 높인다고 하였는데, 이는 물이 얼면서 열에너지를 방출하기 때문이다. 따라서 ㉮에 들어갈 말로 적절한 것은 '방출'이다.

3문단에 따르면 흡열 반응은 에너지를 흡수하는 반응으로, 흡열 반응이 일어나면 주변의 온도가 낮아진다. 두 번째 예시에서 물 밖으로 나오면 추위를 느낀다고 하였는데, 이는 물이 기화하면서 몸의 열에너지를 흡수하기 때문이다. 따라서 ㉯에 들어갈 말로 적절한 것은 '흡수'이다.

원시와 근시의 교정

1 예시 답안 저는 원시와 근시를 교정할 때 서로 다른 렌즈를 사용하는 점이 흥미로웠습니다.

2 원 시 / 근 시

3

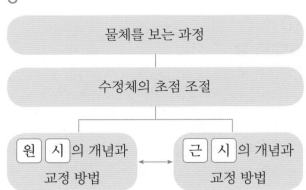

물체를 보는 과정

수정체의 초점 조절

원 시 의 개념과 교정 방법 ↔ 근 시 의 개념과 교정 방법

1문단 중심 내용 물체

4 1 ㄹ
　2 ㄷ
　3 ㅁ
　4 ㄴ / ㄱ

2문단 중심 내용 수정체

5 1 ㅁ
　2 ㄱ
　3 ㄹ
　4 ㄴ / ㄷ

3문단 중심 내용 원시

6 1 ㄷ
　2 ㄹ
　3 ㅁ
　4 ㄴ / ㄱ

4문단 중심 내용 근시

7 1 ㄷ
　2 ㄹ
　3 ㅁ
　4 ㄱ / ㄴ

달되어 물체를 볼 수 있게 된다고 하였다.

8 ⑤

정답 해설

⑤ 4문단에서 오목 렌즈에 나란히 들어온 빛은 렌즈를 통과하면서 굴절되어 퍼진다고 하였다. 따라서 오목 렌즈에 나란히 들어온 빛은 렌즈를 통과하면서 굴절되어 한 점에 모인다는 설명은 윗글과 일치하지 않는다.

오답 해설

① 2문단에서 수정체의 두께는 수정체를 둘러싸고 있는 섬모체에 의해 변한다는 내용을 확인할 수 있다.

② 2문단에서 물체를 선명하게 보기 위해서는 망막에 또렷한 상이 맺혀야 한다는 내용을 확인할 수 있다.

③ 2문단에서 우리 눈에서 초점을 조절하는 역할을 하는 것은 수정체라고 하며, 수정체는 물체와의 거리에 따라 두께가 변하면서 망막에 또렷한 상이 맺히게 한다고 하였다.

④ 3문단에서 원시는 안구의 앞뒤 길이가 정상보다 짧거나, 수정체가 정상보다 얇아서 초점이 망막보다 뒤쪽에서 맺힐 때 발생한다고 하였다.

9 ④

정답 해설

④ 1문단에서 망막의 시각 세포가 빛 자극을 받아들인다고 하였다. 시각 세포가 빛의 양을 조절한다는 내용은 언급되어 있지 않다.

오답 해설

① 1문단에서 각막은 눈의 앞쪽 바깥을 감싸는 투명한 막이라고 하였다.

② 1문단에서 물체에서 온 빛은 각막과 그 안쪽에 있는 수정체를 통과하면서 굴절된다고 하였다. 따라서 수정체는 빛을 굴절시킨다는 설명은 적절하다.

③ 1문단에서 유리체는 눈 안을 채우고 있는 투명한 물질이라고 하였다.

⑤ 1문단에서 빛 자극이 시각 신경을 통해 뇌로 전

10 ⑤

정답 해설

⑤ 4문단에서 근시는 초점이 망막보다 앞에 맺힐 때 발생하고, 3문단에서 원시는 초점이 망막보다 뒤에 맺힐 때 발생한다고 하였다. 따라서 ㉠은 근시, ㉡은 원시 상태의 빛의 굴절 모습이다. 3문단에서 원시를 교정하기 위해서는 볼록 렌즈를 이용하여 빛을 모아 상이 원래보다 앞에 맺히게 해야 한다고 하였으므로 볼록 렌즈를 이용하여 빛을 바깥으로 퍼뜨린다는 설명은 적절하지 않다.

오답 해설

① 그림을 보면 ㉠은 초점이 망막보다 앞에 맺히고 있고, ㉡은 초점이 망막보다 뒤에 맺히고 있다. 따라서 ㉠과 ㉡은 모두 망막에 상이 정확히 맺히지 못하고 있다는 설명은 적절하다.

② 그림을 보면 ㉠은 안구의 앞뒤 길이가 정상보다 길고, ㉡은 안구의 앞뒤 길이가 정상보다 짧다.

③ ㉠은 근시, ㉡은 원시이다. 4문단에서 근시는 멀리 있는 것은 초점이 맞지 않아서 흐릿하게 보이는 시력이라고 하였고, 3문단에서 원시는 가까이 있는 물체를 잘 볼 수 없는 시력이라고 하였다.

④ ㉠은 근시이다. 4문단에서 근시는 오목 렌즈를 이용해 교정하면 된다고 하였다. 그리고 오목 렌즈가 빛을 바깥으로 퍼뜨려 상이 원래보다 뒤에 맺히게 한다고 하였으므로 적절한 설명이다.

Ⅲ01 적정 기술

1 회독   [1~3]

1 예시 답안 저는 증발 현상을 이용하여 온도를 낮추는 항아리 냉장고의 원리가 흥미로웠습니다. (※글에 등장한 내용을 언급한 경우는 모두 정답입니다.)

2 적 정 기 술

3

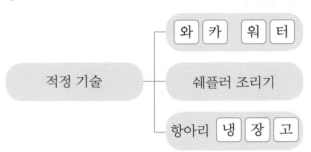

적정 기술 ── 와 카 워 터

── 쉐플러 조리기

── 항아리 냉 장 고

배 경 지 식

생명 빨대(라이프 스트로)

생명 빨대는 대표적인 적정 기술 사례로, 2005년에 베스터가드 프랑센 그룹이 고안했다. 생명 빨대는 오염된 물을 깨끗하게 해 주는 휴대용 정수기이다. 기존의 빨대처럼 생명 빨대 한쪽 끝을 물에 넣고 입으로 빨아들이면 된다. 오염된 물이 필터를 거치면서 미생물, 기생충 등이 제거되어 깨끗한 물을 마실 수 있다. 1개의 개인용 생명 빨대로 약 700L의 물을 정화할 수 있는데, 이는 한 사람이 약 1년 동안 마실 수 있는 물의 양이다.

2 회독   [4~7]

1문단 중심 내용 적정 기술

4 ❶ ㉤
　❷ ㉠
　❸ ㉢
　❹ ㉡ / ㉣

2문단 중심 내용 와카 워터

5 ❶ ㉣
　❷ ㉤
　❸ ㉢
　❹ ㉢ / ㉠

3문단 중심 내용 쉐플러 조리기

6 ❶ ㉤
　❷ ㉣
　❸ ㉢
　❹ ㉢ / ㉠

4문단 중심 내용 항아리 냉장고

7 ❶ ㉤
　❷ ㉠
　❸ ㉢
　❹ ㉢ / ㉣

8 ⑤

정답 해설

⑤ 2문단에 따르면 와카 워터는 물 부족 문제에 시달리는 사람들을 돕기 위해 고안되었으며, 낮과 밤의 기온 차가 큰 아프리카의 지역적 특성을 활용하여 공기 중의 수증기가 응결하여 물방울이 되는 원리를 이용한 것이다. 따라서 낮과 밤의 기온 차가 작은 아프리카의 지역적 특성을 고려했다는 설명은 윗글과 일치하지 않는다.

오답 해설

① 1문단에서 적정 기술은 현지의 재료와 자원을 활용해 비용이 저렴하다고 하였다.

② 4문단에서 항아리 냉장고를 현지에서 생산하면서 지역 내 일자리가 창출되었다고 하였다.

③ 3문단에서 쉐플러 조리기는 태양열을 이용하기 때문에 연료가 필요 없고, 오염 물질을 배출하지 않아 친환경적이라고 하였다.

④ 1문단에서 적정 기술이란 기술이 사용되는 지역의 환경적, 사회적, 문화적 조건에 맞는 기술이라고 하였다.

9 ④

정답 해설

④ 4문단에서 항아리 냉장고는 큰 항아리 안에 작은 항아리가 들어 있고, 두 항아리 사이에는 젖은 모래가 채워져 있는 구조라고 하였다. 또 두 항아리 사이의 젖은 모래에서 물이 증발하면서 작은 항아리 내부의 열을 빼앗아가 온도가 낮아지는 원리라고 하였다. 따라서 젖은 모래에서 물이 증발하면서 열을 외부로 방출한다는 설명은 적절하지 않다.

오답 해설

① 2문단에서 와카 워터는 대나무 등을 엮어 만든 틀 안에 나일론 그물이 매달려 있는 구조라고 하였다. 따라서 ㉠은 대나무 등을 엮어 만든 틀이라는 설명은 적절하다.

② 2문단에서 와카 워터는 틀 안에 나일론 그물이 매달려 있는 구조라고 하였다. 그리고 공기 중의 수증기가 응결하여 물방울이 되는 원리를 이용한 것으로, 밤새 그물에 물방울이 맺힌다고 하였다. 따라서 ㉡은 나일론 그물로, 공기 중의 수증기가 응결하여 물방울이 맺히는 곳이라는 설명은 적절하다.

③ 3문단에 따르면 쉐플러 조리기는 커다란 포물면 모양의 반사판으로 태양열을 한곳에 모아 음식을 익힌다고 하였다. 또한 쉐플러 조리기는 태양이 비추는 방향에 맞추어 반사판이 스스로 움직이도록 설계되어 있어 태양열을 계속해서 한곳에 모을 수 있다고 하였다. 따라서 ㉢은 포물면 모양의 반사판으로, 태양이 비추는 방향에 맞추어 스스로 움직이면서 태양열을 한곳에 모은다는 설명은 적절하다.

⑤ 4문단에서 항아리 냉장고는 큰 항아리 안에 작은 항아리가 들어 있고, 작은 항아리 안에 과일이나 채소 등 보관할 식료품을 넣는다고 하였다. 따라서 ㉣은 두 항아리 중 작은 항아리로, 보관할 식료품을 넣는 곳이라는 설명은 적절하다.

배경지식

적정 기술의 시작

적정 기술은 1960년대에 영국의 경제학자 에른스트 슈마허가 만들어 낸 '중간 기술'이란 개념에서 시작되었다. 중간 기술이란 적은 자본으로 고도의 기술 없이 사람들이 이용할 수 있는 기술을 말한다. 제삼 세계 등 소외된 지역의 문제를 해결하는 데에 선진국의 첨단 기술이 적합하지 않다는 생각에서 등장한 개념이다. 이후 중간 기술이라는 용어보다 적정 기술이란 용어가 더 많이 쓰이게 되었다.

 **착시 현상**

1회독 [1~3]

1 [예시 답안] 저는 동영상이 착시 현상 중의 하나라는 게 놀라웠습니다.

2 착 시 현 상

3

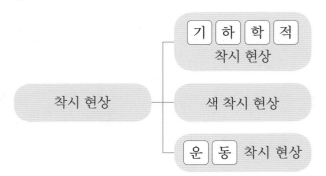

착시 현상 ─ 기 하 학 적 착시 현상

색 착시 현상

운 동 착시 현상

2회독 [4~7]

[1문단 중심 내용] 착시

4 1 ㅁ
  2 ㄹ
  3 ㄱ
  4 ㄴ / ㄷ

[2문단 중심 내용] 기하학적 착시

5 1 ㅁ
  2 ㄷ
  3 ㄴ
  4 ㄱ / ㄹ

[3문단 중심 내용] 색 착시

6 1 ㅁ
  2 ㄴ
  3 ㄷ
  4 ㄱ / ㄹ

[4문단 중심 내용] 운동 착시

7 1 ㄹ
  2 ㄷ
  3 ㅁ
  4 ㄴ / ㄱ

8 ③

정답 해설

③ 2문단에서 기하학적 착시란 크기, 길이, 방향, 각도 등이 실제와 다르게 보이는 현상임을 언급하고 있다. 또한 두 대상을 비교할 때 대상만을 비교하는 것이 아니라, 대상의 주위와 비교해 판단한다고 언급하고 있다.

오답 해설

① 1문단에서 착시는 대상을 주의 깊게 관찰하더라도 발생할 수 있는 현상이라는 내용을 확인할 수 있다.

② 3문단에서 색 착시란 사물의 색이나 밝기 등을 실제와 다르게 인지하는 것임을 언급하였다.

④ 3문단에서 주변의 여러 정보에 의해 뇌가 실제와는 다르게 색의 밝기를 판단하는 것을 확인할 수 있다.

⑤ 2문단에서 <그림 2>를 보면 작은 원에 둘러싸인 원이 큰 원에 둘러싸인 원보다 더 커 보이지만 실제로 두 원의 크기는 같다는 내용을 확인할 수 있다.

9 ⑤

정답 해설

⑤ 4문단에서 우리 눈에는 하나의 사진을 본 후 잔상이 잠깐 남게 되는데, 이 잔상이 사라지기 전에 다음 사진을 보면 두 사진이 겹쳐 움직이는 것처럼 보인다고 하였다.

오답 해설

① 1문단에서 언급하듯 착시 현상은 뇌의 작용과 관련 있다. 하지만 뇌가 강아지의 움직이는 방향을 인식하지 못하는 것과는 관련이 없다.

② 보기 에서 언급하는 운동 착시 현상은 움직임을 판단할 때 대상의 크기와 색깔이 영향을 주는 것과 관련이 없다.

③ 보기 에서 언급하는 운동 착시 현상은 배경을 분리해서 판단하지 못하는 것과 관련이 없다.

④ (B)에 제시된 사진들은 모두 동일하지 않다.

보기 의 착시 현상은 모습이 조금씩 다른 정지된 여러 사진이 연속적으로 제시될 때 나타난다.

배경지식

여러 가지 착시 현상

① 폰조 착시: 이탈리아의 심리학자 마리오 폰조가 처음 제시한 착시 현상이다. 기찻길처럼 사다리꼴 모양으로 기울어진 두 변 사이에 같은 길이의 수평 선분 두 개를 위아래로  배치하면 위의 선분이 더 길어 보인다. 이는 같은 크기의 물체라도 멀리 떨어져 있는 배경 위의 물체를 더 크게 느끼기 때문에 나타나는 현상이다.

② 분트 착시: 독일의 심리학자 빌헬름 분트에 의해 처음 알려진 착시 현상이다. 두 개의 빨간색 평행선은 모두 직선이지만 안쪽으로 휘어진 것처럼 보인다.

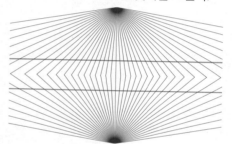

③ 전경-배경 착시: 덴마크의 심리학자 에드가 루빈이 처음 제시한 착시 현상이다. 같은 그림임에도 서로 다른 사물을 인지하는 착시 현상으로, 옆의 그림을 보면 어느 순간에  는 잔으로 보였다가 다음 순간에는 두 사람이 얼굴을 맞대고 있는 것처럼 보인다. 하지만 두 가지가 동시에 보이지는 않는다.

 1회독 [1~3]

1 **예시 답안** 저는 옷이나 신발에 흔히 사용되는 벨크로 테이프가 도꼬마리 열매를 모방하여 만들어진 것이 인상적이었습니다.

2 생 체 모 방 기 술

3

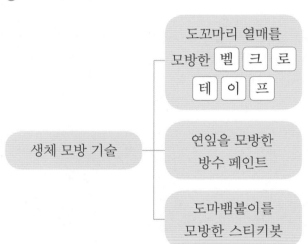

생체 모방 기술

도꼬마리 열매를 모방한 벨 크 로 테 이 프

연잎을 모방한 방수 페인트

도마뱀붙이를 모방한 스티키봇

2회독 [4~7]

1문단 중심 내용 생체 모방 기술

4 1 ㉢
2 ㉤
3 ㉠
4 ㉣ / ㉡

2문단 중심 내용 벨크로 테이프

5 1 ㉤
2 ㉢
3 ㉠
4 ㉡ / ㉣

3문단 중심 내용 방수 페인트

6 1 ㉤
2 ㉣
3 ㉡
4 ㉠ / ㉢

4문단 중심 내용 스티키봇

7 1 ㉤
2 ㉢
3 ㉡
4 ㉣
5 ㉠

8 ⑤

정답 해설

⑤ 4문단에서 스티키봇의 발에 붙은 접착 패드는 한쪽으로 힘을 가하면 붙고 다른 방향에서 당기면 쉽게 떨어지는 특징을 가진다고 하였다. 따라서 스티키봇의 발에 붙은 접착 패드는 벽에 붙으면 어느 방향으로도 잘 떨어지지 않는다는 것은 윗글과 일치하지 않는다.

오답 해설

① 1문단에서 생체 모방 기술은 항공기, 로봇, 의료 등 여러 분야에서 활용되고 있다고 하였다.

② 1문단에 따르면 생체 모방 기술은 생물의 형태나 구조, 행동 등을 모방하여 인간 생활에 적용하는 기술을 말한다.

③ 2문단에서 벨크로 테이프는 단추나 지퍼에 비해 잘 파손되지 않고 여닫기 편리하다는 장점 때문에 현재까지도 많이 사용되고 있다고 하였다.

④ 3문단에서 방수 페인트를 칠하면 페인트가 마르면서 표면에 미세 돌기가 생긴다고 하였다. 이 표면에 물을 뿌리면 물방울이 미세 돌기에 의해 표면에 스며들지 못하고 흘러내리게 된다.

9 ⑤

정답 해설

⑤ 4문단에 따르면 도마뱀붙이의 발바닥은 미세한 털로 덮여 있다. 그리고 미세한 털 끝부분에 작은 돌기가 수없이 나 있는데, 이 작은 돌기에서 발생하는 인력으로 인해 도마뱀붙이는 벽에 붙을 수 있다. 따라서 털 끝부분의 돌기에서 접착 물질이 나온다는 설명은 적절하지 않다.

오답 해설

① 3문단에서 비가 내릴 때 연잎을 보면 빗방울이 연잎을 적시지 못하고 동그랗게 맺혀 있거나 굴러떨어진다고 하였다.

② 3문단에서 연잎이 물에 젖지 않는 것은 연잎 표면에 나 있는 수많은 미세 돌기 때문이라고 하였다.

③ 4문단에서 도마뱀붙이의 발바닥에는 주름이 있다고 하였다.

④ 4문단에서 도마뱀붙이의 발바닥에 있는 주름은 미세한 털로 덮여 있다고 하였다.

1회독 [1~3]

1 **예시 답안** 저는 형상 기억 합금으로 치아 교정 장치를 만든다는 점이 흥미로웠습니다.

2 신 소 재

3

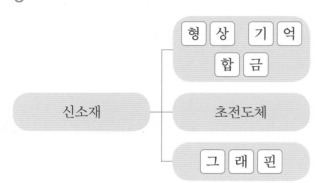

2회독 [4~7]

1문단 중심 내용 신소재

4 ❶ ㉤
　❷ ㉣
　❸ ㉠
　❹ ㉡ / ㉢

2문단 중심 내용 형상 기억 합금

5 ❶ ㉤
　❷ ㉢
　❸ ㉣
　❹ ㉠ / ㉡

3문단 중심 내용 초전도체

6 ❶ ㉣
　❷ ㉢
　❸ ㉠
　❹ ㉡ / ㉤

4문단 중심 내용 그래핀

7 ❶ ㉣
　❷ ㉤
　❸ ㉢ / ㉡
　❹ ㉠

8 ⑤

⑤ 형상 기억 합금에 관한 내용은 2문단에 제시되어 있다. 그러나 일반 금속과 형상 기억 합금의 공통점에 대해 언급한 부분은 드러나지 않는다.

① 4문단에 따르면 그래핀은 투명한 디스플레이 장치, 감거나 접는 디스플레이 장치를 만드는 데 활용될 수 있다.

② 1문단에 따르면 신소재의 정의는 이전의 재료에는 없는 뛰어난 특성을 지닌 소재를 아우르는 것이다. 그리고 신소재는 기존 소재의 결점을 보완하거나 완전히 새로운 특성을 띠고 있어 다양한 기능을 실현하게 해 주는 장점이 있다.

③ 3문단에 따르면 초전도 현상은 매우 낮은 온도에서 일어난다.

④ 2문단에서 다양한 금속으로 형상 기억 합금을 만들 수 있다고 하면서, 니켈과 타이타늄의 합금을 대표적인 예로 제시하고 있다.

9 ②

② 2문단에서 형상 기억 합금은 저온일 때 원하는 형태를 만들어 고온으로 가열해 그 모양을 기억시킨다고 하였다. 그러면 후에 힘이 작용해 변형이 일어나더라도 열을 가해 원래의 형태로 되돌릴 수 있다고 하였다. 즉 보기 의 첫 번째 단계에서는 형상 기억 합금을 가열하여 모양을 기억시키므로, ⓐ에 들어갈 말은 '가열'이다. 두 번째 단계에서는 형상 기억 합금에 힘을 가하여 모양을 변형시키므로, ⓑ에 들어갈 말은 '힘'이다. 세 번째 단계에서는 형상 기억 합금을 가열하면 원래 모양으로 돌아가므로, ⓒ에 들어갈 말은 '가열'이다.

10 ④

가. 2문단에 따르면 형상 기억 합금은 힘이 작용해 변형이 일어나더라도 열을 가해 원래의 형태로 되돌릴 수 있다. 따라서 형상 기억 합금을 활용해 만든 물체는 큰 힘을 가하거나 온도를 변화시켜도 형태가 바뀌지 않겠다는 설명은 적절하지 않다.

나. 3문단에서 초전도체는 매우 낮은 온도에서 전기 저항이 0이 되는 성질을 가진 신소재라고 하였다. 또 초전도 현상이 일어나기 위해서는 온도가 매우 낮아야 하는데, 최근에 비교적 고온에서 초전도 현상이 일어나는 물질이 발견되면서 활용 가능성이 커졌다고 하였다. 이를 통해 초전도체를 활용하기 위해서는 초전도 현상이 일어나는 온도 조건을 맞추는 것이 중요하다는 것을 알 수 있다.

다. 4문단에서 흑연은 탄소 원자가 육각형의 벌집 모양으로 배열된 평면이 겹겹이 쌓인 구조로 되어 있는데, 이 중 한 겹의 막을 떼어 낸 것을 그래핀이라고 하였다. 따라서 그래핀과 흑연의 구성 성분은 모두 탄소로 동일함을 알 수 있다. 그러나 흑연과 달리 그래핀은 얇고 투명하고 강하며 휘어지는 등의 다른 특성을 가진 신소재임을 확인할 수 있다.

01 누리호 발사 과정

1회독 [1~3]

1 **예시 답안** 저는 누리호가 액체 연료와 산화제를 사용하는 액체 로켓이라는 점이 흥미로웠습니다. (※글에 등장한 내용을 언급한 경우는 모두 정답입니다.)

2 누 리 호

3

누리호의 목적과 특징

누리호의 발사 전 준비 과정

누리호의 비 행 과정

누리호의 비행 평가 및 향후 일정

로켓이 날아가는 원리

로켓이 날아가는 원리는 작용 반작용의 법칙으로 설명할 수 있다. 작용 반작용의 법칙은 모든 작용력에 대해 항상 방향이 반대이고 크기가 같은 반작용력이 생긴다는 법칙이다. 로켓은 연료를 연소하여 높은 온도와 압력의 가스를 빠른 속도로 내뿜는다. 로켓이 가스를 아래로 내뿜으면, 그 반작용으로 가스는 로켓을 위로 민다.

추력
(반작용)

가스 분출
(작용)

2회독 [4~7]

1문단 중심 내용 누리호

4 **1** ㉢

　 2 ㉡

　 3 ㉣

　 4 ㉺ / ㉠

2문단 중심 내용 발사

5 **1** ㉢

　 2 ㉣

　 3 ㉺

　 4 ㉡ / ㉠

3문단 중심 내용 비행

6 **1** ㉺

　 2 ㉠

　 3 ㉣

　 4 ㉡ / ㉢

4문단 중심 내용 비행

7 **1** ㉡

　 2 ㉠

　 3 ㉢

　 4 ㉣ / ㉺

8 ⑤

정답 해설

⑤ 4문단에 따르면 누리호는 전 비행 과정을 정상적으로 수행했고, 목표 고도인 700km에 도달했다. 다만 목표 속도인 7.5km/s에는 도달하지 못해 위성 모사체가 궤도에 안착하지 못했다.

오답 해설

① 1문단에서 누리호는 3단 로켓이라고 하면서 1단은 75톤급 추력을 내는 엔진 4개, 2단은 75톤급 추력을 내는 엔진 1개, 3단은 7톤급 추력을 내는 엔진 1개로 구성되어 있다고 하였다. 따라서 누리호는 3단 로켓으로, 각 단에 엔진이 장착되어 있다는 설명은 윗글과 일치한다.

② 1문단에서 연료는 등유인 케로신을 사용하고, 산화제는 영하 183℃의 액체 산소를 사용한다는 내용을 확인할 수 있다.

③ 1문단에서 발사체란 인공위성과 같은 탑재물을 우주로 옮기는 데 사용되는 로켓이라는 내용을 확인할 수 있다.

④ 2문단에서 발사 자동 운용 중 이상이 발견되면 발사는 자동으로 취소되는데, 누리호는 5시 정각에 정상적으로 발사됐다는 내용을 확인할 수 있다.

9 ④

정답 해설

④ 1문단에서 누리호는 연료로 케로신을 사용하고, 산화제로 액체 산소를 사용한다고 하였다. 그리고 연료가 연소하려면 산소가 필요한데, 산화제는 연료에 산소를 공급하는 역할을 한다고 하였다. 이를 통해 산화제가 필요한 이유는 연료가 연소할 수 있게 산소를 공급하기 위해서임을 알 수 있다.

10 ④

정답 해설

④ 3문단에서 누리호의 비행 과정은 이륙, 1단 분리, 페어링 분리, 2단 분리, 위성 모사체 분리의 5단계로 이루어졌다고 하였다. 그림을 보면 ⓓ는 네 번째 단계로, 2단이 분리됐다. 2단이 분리된 다음 3단 엔진이 점화됐다.

오답 해설

① 그림을 보면 ⓐ는 첫 번째 단계로, 누리호는 1단 엔진이 점화되어 이륙했으므로 적절한 설명이다.

② 그림을 보면 ⓑ는 두 번째 단계로, 연소를 마친 1단이 분리됐으므로 적절한 설명이다.

③ 그림을 보면 ⓒ는 세 번째 단계로, 위성 모사체를 보호하는 덮개인 페어링이 분리됐으므로 적절한 설명이다.

⑤ 그림을 보면 ⓔ는 다섯 번째 단계로, 누리호는 고도 700km에 도착해 위성 모사체를 분리하는 데 성공했으므로 적절한 설명이다.

🅑🅖🅩🅢 배경지식

고체 로켓과 액체 로켓

① 고체 로켓: 고체 연료를 추진제로 사용하는 로켓을 말한다. 구조가 간단하고 무게가 가벼우며 제작비가 저렴하다. 추력 제어가 어렵다. 주로 군용 미사일에 사용된다.

② 액체 로켓: 액체 연료와 산화제를 추진제로 사용하는 로켓을 말한다. 구조가 복잡하고 무거우며 제작비가 많이 든다. 추력이 강하고, 점화와 소화를 반복하며 추력을 제어할 수 있다. 주로 인공위성 발사체로 사용된다.

다단 로켓

하나의 로켓 위에 여러 개의 로켓을 차례로 쌓아 올린 것으로, 연소가 끝난 단계의 로켓은 분리해 버리는 것이 특징이다. 2단 또는 3단인 것이 많다. 주로 위성을 궤도에 올려놓기 위해 사용한다.

생물 분류 체계의 변화 과정

1 **예시 답안** 저는 미역이 식물이 아니라 원생 생물이라는 것이 흥미로웠습니다.

2 생 물 분 류

3

생물 분류의 개념
린네의 2 계 분류 체계의 특징
헤켈의 3 계 분류 체계의 특징
휘태커의 5 계 분류 체계의 특징

1문단 중심 내용 생물 분류

4 **1** ㄷ
 2 ㅁ
 3 ㄹ
 4 ㄱ / ㄴ

2문단 중심 내용 2계

5 **1** ㄴ
 2 ㄱ
 3 ㄹ
 4 ㅁ / ㄷ

3문단 중심 내용 3계

6 **1** ㄴ
 2 ㄷ
 3 ㄱ
 4 ㅁ / ㄹ

4문단 중심 내용 5계

7 **1** ㄷ
 2 ㅁ
 3 ㄴ
 4 ㄱ / ㄹ

8 ③

정답 해설

③ 3문단에서 헤켈이 동물계와 식물계 이외에 원생 생물계를 포함한 3계 체계를 제시하였음을 언급 하였다. 당시 현미경의 발달로 눈에 잘 보이지 않는 작은 생물 무리가 발견되면서, 이들을 원생 생물계로 분류한 것이다. 따라서 휘태커가 원생 생물계를 만들었다는 설명은 적절하지 않다.

오답 해설

① 2문단에 따르면 린네는 생물을 동물계와 식물계 의 2계 체계로 나누고, 각 계 안에 강, 목, 속, 종 의 단계를 도입하였다. 이때 종이 가장 작은 단 위임을 알 수 있다.

② 4문단에서 대장균, 젖산균 등 우리가 세균이라 고 부르는 생물은 모두 원핵생물계에 속한다고 하였다. 또 휘태커는 동물계, 식물계, 균계, 원생 생물계, 원핵생물계로 분류되는 5계 체계를 만 들었다고 하였다. 따라서 대장균과 젖산균은 휘 태커의 5계 체계 중 원핵생물계에 속한다는 설 명은 적절하다.

④ 2문단에서 린네의 이명법을 통해 학자들이 같은 생물을 같은 이름으로 부르게 되었다고 하였다. 또 지금도 생물의 학명을 나타낼 때 이명법을 사 용하고 있다고 하였다.

⑤ 1문단에 따르면 생물을 분류할 때 과학에서는 몸의 구조, 번식 방법, 호흡 방법 등 생물의 고유 한 특징을 기준으로 분류한다.

9 ①

정답 해설

① (나)의 생물은 세포에 핵이 있으므로 (가)의 첫 번째 질문 '세포에 핵이 있는가?'에서 '예'로 화 살표를 따라 이동한다. 즉 원핵생물계를 제외한 4개의 계 중 하나에 속한다. 또 (나)의 생물은 다 세포 생물이므로 (가)의 질문 '몸이 한 개의 세포 로 이루어져 있는가?'에서 '아니요'로 화살표를 따라 이동한다. 마찬가지로 (나)의 생물은 광합

성을 하지 못하므로 (가)의 질문 '광합성을 하는 가?'에서 '아니요'로 화살표를 따라 이동한다. 마 지막으로 (나)의 생물은 운동성이 없으므로 (가) 의 '운동성이 있는가?'에서 '아니요'로 화살표를 따라 이동하면 균계에 도달한다. 참고로 균계에 속하는 곰팡이와 버섯은 (나)에 언급된 것처럼 몸이 실 모양의 균사로 되어 있다.

1 예시 답안 저는 자격루에서 인형이 자동으로 나와 시간을 알렸다는 점이 정말 놀라웠습니다.

2 자 격 루

3

자동 물 시 계 인 자격루

↓

파수호의 작동 원리

↓

수수호의 작동 원리

↓

시 보 장 치 의 작동 원리

1문단 중심 내용 자격루

4 1 ㅁ
　2 ㄹ
　3 ㄷ
　4 ㄱ / ㄴ

2문단 중심 내용 파수호

5 1 ㄱ
　2 ㄹ
　3 ㄴ
　4 ㄷ / ㅁ

3문단 중심 내용 수수호

6 1 ㄹ
　2 ㄴ
　3 ㅁ
　4 ㄱ / ㄷ

4문단 중심 내용 시보 장치

7 1 ㄷ
　2 ㄱ
　3 ㅁ
　4 ㄹ / ㄴ

8 ④

정답 해설

④ 이 글의 중심 소재는 자격루인데, 자격루의 지역별 차이점을 분석한 내용은 제시되어 있지 않다.

오답 해설

① 1문단에서 자격루는 '스스로 치는 시계'라는 뜻의 자동 물시계라고 한 부분을 통해 중심 소재인 자격루의 의미를 풀이했다고 볼 수 있다.

② 2문단에서 자격루는 시간을 측정하는 물시계 장치와 측정한 시간을 알려 주는 시보 장치로 구성되어 있다고 하였다. 그리고 2, 3문단에서는 시간을 측정하는 물시계 장치, 4문단에서는 시간을 알려 주는 시보 장치를 다루고 있으므로 중심 소재인 자격루를 부분으로 나누어 제시한다고 볼 수 있다.

③ 2문단에서는 파수호의 작동 원리, 3문단에서는 수수호의 작동 원리, 4문단에서는 시보 장치의 작동 원리를 설명하고 있다.

⑤ 1문단에서 자격루 이전의 물시계는 사람이 항상 지키고 있으며 시간을 읽어야 하지만, 자격루는 자동으로 시간을 알린다고 하였다.

9 ③

정답 해설

③ 2문단에서 대파수호의 물이 바로 수수호로 들어가게 하지 않는 까닭을 설명하고 있다. 자격루가 시계의 역할을 하기 위해서는 수수호에 물이 일정하게 채워지는 것이 중요하다. 대파수호에 담긴 물의 높이에 따라 물이 흘러나오는 양이 달라지므로 대파수호와 수수호 사이에 소파수호를 두었는데, 소파수호에 늘 물이 가득 차게 하여 물의 높이를 일정하게 만들면 물이 흘러나오는 양을 일정하게 유지할 수 있다. 즉 대파수호의 물이 바로 수수호로 들어가게 하지 않는 까닭은 수수호에 물이 일정하게 채워져야 하기 때문이다.

오답 해설

① 2문단에서 대파수호에 담긴 물의 높이에 따라 수압이 달라진다고 하였다.

② 대파수호의 물이 바로 수수호로 들어가게 하지 않는 까닭은 수수호의 물이 넘치지 않아야 하는 것과 관련이 없다.

④ 대파수호에서 흘러나오는 물의 빠르기에 관한 내용은 윗글에서 언급되지 않았다.

⑤ 2문단에서 대파수호에 담긴 물의 높이에 따라 수압이 달라져 물이 흘러나오는 양이 달라진다고 하였다.

10 ②

정답 해설

② 2문단에서 3개의 파수호를 차례로 지난 물은 물을 받는 원기둥 모양의 통인 수수호에 채워진다고 하였고, 3문단에서 파수호를 통과한 물은 수수호에 떨어진다고 하였다. 따라서 ⓐ에 들어갈 말은 '떨어진다'이다. 3문단에서 수수호에 물이 차올라 잣대가 일정한 높이로 올라가면 작은 구슬을 떨어뜨린다고 하였다. 따라서 ⓑ에 들어갈 말은 '올라가면서'이다. 4문단에서 작은 구슬이 시보 장치로 굴러가서 떨어지면 큰 구슬이 움직이게 된다고 하였다. 따라서 ⓒ에 들어갈 말은 '떨어지면서'이다. 마지막으로 4문단에서 큰 구슬이 아래로 떨어지며 시보 인형의 팔과 이어진 장치를 건드리면 시보 인형이 팔을 들어 올렸다 내리며 종, 북, 징을 쳐서 시간을 알린다고 하였다. 따라서 ⓓ에 들어갈 말은 '떨어지면서'이다.

원자 모형의 변천

[1~3]

1 회독

1 **예시 답안** 저는 원자 모형이 하나로 고정되어 있지 않고 시대에 따라 변화해 왔다는 사실이 인상적이었습니다.

2 원 자 모 형

3

원 자 의 개념과 돌턴의 원자 모형
↓
톰슨의 원자 모형
↓
러더퍼드의 원자 모형
↓
보어의 원자 모형 및 현대의 원자 모형

2 회독

[4~7]

1문단 중심 내용 돌턴

4 1 ㉡
2 ㉢
3 ㉣
4 ㉠ / ㉤

2문단 중심 내용 톰슨

5 1 ㉠
2 ㉣
3 ㉤
4 ㉡ / ㉢

3문단 중심 내용 러더퍼드

6 1 ㉡
2 ㉠
3 ㉤
4 ㉣ / ㉢

4문단 중심 내용 보어

7 1 ㉠
2 ㉢
3 ㉣
4 ㉡ / ㉤

8 ④

정답 해설

④ 4문단에 따르면 보어는 전자들이 정해져 있는 특정한 궤도를 따라 원자핵 주위를 회전하는 원자 모형을 제안하였다. 따라서 원자핵 주위를 전자가 자유롭게 이동하며 돌고 있다는 내용은 윗글과 일치하지 않는다.

오답 해설

① 1문단에 따르면 고대 그리스의 철학자 데모크리토스는 물질을 계속 쪼개면 더는 쪼갤 수 없는 가장 작은 입자가 나온다고 생각했다. 그리고 더는 쪼갤 수 없는 입자를 '원자'라고 불렀다.

② 1문단에 따르면 돌턴은 원자를 쪼갤 수 없는 단단한 공처럼 생긴 것으로 보았다.

③ 2문단에 따르면 톰슨은 (+)전하가 고루 분포된 구 모양의 원자에 전자가 듬성듬성 박혀 있는 새로운 원자 모형을 제시하였다.

⑤ 4문단에 따르면 현대 과학에서는 전자의 위치를 정확히 알지 못하기 때문에 전자가 원자핵 주위에 구름처럼 퍼져 있다는 모형을 제시하였다.

9 ④

정답 해설

④ 3문단에서 원자핵은 크기는 원자보다 매우 작지만 원자 질량의 대부분을 차지하는 입자라고 하였다. 따라서 원자 부피의 대부분을 차지한다는 설명은 적절하지 않다.

오답 해설

① 1문단에서 원자는 물질을 이루는 기본 입자라고 하였다.

② 1문단에서 원자는 크기가 매우 작기 때문에 눈으로는 볼 수 없다고 하였다.

③ 3문단에서 원자핵은 원자의 중심에 위치한다고 하였다.

⑤ 2문단에서 전자는 (-)전하를 띠고 있는 아주 작은 입자라고 하였다.

10 ⑤

정답 해설

⑤ ㉮는 톰슨의 원자 모형, ㉯는 러더퍼드의 원자 모형이다. 3문단에 따르면 러더퍼드는 원자의 중심에 (+)전하를 띤 원자핵이 존재하며, 원자핵 주위를 전자가 빠르게 회전한다는 새로운 원자 모형을 제안하였다. 따라서 (+)전하가 원자 내부에 고루 분포되어 있다는 설명은 적절하지 않다.

오답 해설

① 2문단에 따르면 톰슨은 (+)전하가 고루 분포된 구 모양의 원자에 전자가 듬성듬성 박혀 있는 새로운 원자 모형을 제시하였는데, 이 모습이 마치 푸딩 속에 건포도가 박혀 있는 것처럼 보여 이를 '푸딩 모형'이라고도 부른다.

② 3문단에 따르면 러더퍼드는 원자의 중심에 원자핵이 존재하며 그 주위를 전자가 빠르게 회전한다는 새로운 원자 모형을 제시하였다. 이 모습이 마치 행성이 태양 주위를 도는 모습과 비슷하다고 하여 이 모형은 '행성 모형'이라고도 불린다.

③ 2, 3문단에 따르면 톰슨은 실험을 통해 전자를 발견하여 새로운 원자 모형을 제시하였고, 러더퍼드는 실험을 통해 원자핵을 발견하여 새로운 원자 모형을 제안하였다.

④ 2, 3문단에 따르면 톰슨은 원자 안에 전자가 존재한다는 것을, 러더퍼드는 원자 안에 원자핵이 존재한다는 것을 각각 발견하여 원자 모형에 적용하였다.

플라스틱의 위협

1 예시답안 저는 옥수수 전분에서 유래한 PLA라는 생분해성 플라스틱이 흥미로웠습니다. (※글에 등장한 내용을 언급한 경우는 모두 정답입니다.)

2 플 라 스 틱

3

플라스틱 사용량 증가로 인한 문제

플 라 스 틱 이 환경에 미치는 문제점

↓

플라스틱 문제를 해결하기 위한 생 분 해 성 플라스틱

플라스틱의 생산과 소비를 줄이기 위한 사회적 노력

1문단 중심 내용 플라스틱

4 ❶ㄷ
　❷ㄱ
　❸ㄹ
　❹ㅁ / ㄴ

2문단 중심 내용 플라스틱

5 ❶ㄱ
　❷ㄹ
　❸ㅁ
　❹ㄴ / ㄷ

3문단 중심 내용 생분해성 플라스틱

6 ❶ㅁ
　❷ㄷ
　❸ㄱ
　❹ㄹ / ㄴ

4문단 중심 내용 생산 / 소비

7 ❶ㄴ
　❷ㅁ
　❸ㄱ
　❹ㄹ / ㄷ

8 ⑤

정답 해설

⑤ 윗글은 플라스틱 쓰레기가 증가하는 현상이 가져오는 문제점을 지적하고 이를 해결하기 위한 방안으로 생분해성 플라스틱의 활용 및 플라스틱의 생산과 소비를 줄이기 위한 기업, 정부, 소비자의 관심 촉구를 제시하고 있다.

오답 해설

① 대상의 변화 과정을 시대순에 따라 설명하는 부분은 나타나지 않는다.

② 대상이 만들어지는 원리를 구체적으로 설명하는 부분은 나타나지 않는다.

③ 윗글은 플라스틱 쓰레기가 증가하는 현상에 대해 우려를 나타내며 이를 해결할 방안을 제시하고 있다. 서로 다른 관점을 소개하는 부분은 나타나지 않는다.

④ 윗글에는 전문가의 인터뷰 내용은 나타나지 않는다.

9 ⑤

정답 해설

⑤ 2문단에서 전 세계적으로 총 생산되는 플라스틱 양의 약 15%만이 재활용될 뿐 나머지는 소각되거나 쓰레기 매립지 혹은 자연에 버려지고 있다고 하였다. 따라서 총 생산되는 플라스틱 양의 절반 이상이 재활용된다는 설명은 적절하지 않다.

오답 해설

① 1문단에서 플라스틱은 가벼우면서도 단단하며 다양한 모양과 색깔의 물체를 쉽게 만들 수 있다고 하였으므로 적절한 설명이다.

② 1문단에서 플라스틱은 그릇, 장난감, 포장 용기 등 우리 생활에 필요한 여러 가지 물건을 만드는 데 널리 쓰이고 있다고 하였으므로 적절한 설명이다.

③ 2문단에서 플라스틱은 사용 후 수백 년 동안 거의 분해되지 않고 그대로 존재하여 환경을 훼손한다고 하면서, 땅에 묻어도 잘 썩지 않는다고 하였다.

④ 2문단에서 플라스틱을 불에 태울 경우 우리 몸에 해로운 영향을 미치는 환경 호르몬을 배출한다고 하였다.

10 ⑤

정답 해설

⑤ 3문단에서 생분해성 플라스틱이 분해되기 위해서는 적정 온도와 수분 등을 유지해야 한다고 하였다. 따라서 어떠한 환경에서도 미생물이 쉽게 증식하여 흔적을 남기지 않고 분해될 수 있다는 설명은 적절하지 않다.

오답 해설

① 3문단에서 PLA는 옥수수 전분에서 유래하였다고 언급하고 있다. 따라서 PLA는 식물에서 얻어지는 원료를 사용하여 만든다는 설명은 적절하다.

② 3문단에서 PLA는 독성이 없어 인체에 사용하기에 안전하다고 하였다. 따라서 PLA를 활용하여 만든 제품은 사람의 피부에 직접 닿아도 안전하겠다는 설명은 적절하다.

③ 3문단에서 생분해성 플라스틱은 일반 플라스틱과 비교하여 품질이 떨어지고, 생산 가격이 비싼 편이라고 하였다.

④ 4문단에서 플라스틱의 생산과 소비를 줄이기 위한 기업, 정부, 소비자의 노력을 언급하고 있다.

02 신·재생 에너지

1회독 [1~3]

1 **예시 답안** 저는 우리나라에서 개발에 가장 주력하고 있는 신·재생 에너지는 어떤 종류인지 궁금해졌습니다.

2 신 · 재 생 에 너 지

3

> 화석 연료의 개념과 종류

> 화석 연료의 문제점

> 화석 연료의 문제를 해결할 수 있는
> 신 · 재 생 에 너 지

> 신·재생 에너지의 중요성과 전망

2회독 [4~7]

1문단 중심 내용 화석 연료

4 ① ⓜ
　② ⓛ
　③ ⓡ
　④ ⓒ / ⓐ

2문단 중심 내용 문제점

5 ① ⓐ
　② ⓜ
　③ ⓛ
　④ ⓡ / ⓒ

3문단 중심 내용 신 / 재생

6 ① ⓒ
　② ⓡ
　③ ⓜ
　④ ⓐ / ⓛ

4문단 중심 내용 신 / 재생 에너지

7 ① ⓐ
　② ⓒ
　③ ⓡ
　④ ⓛ / ⓜ

8 ③

정답 해설

③ 3문단에 따르면 신에너지는 기존의 화석 연료를 변환하여 이용하거나 수소나 산소 등을 반응시켜 전기나 열로 이용하는 에너지이다. 따라서 기존의 화석 연료를 변환하여 이용하는 것은 재생 에너지가 아니라 신에너지에 포함된다.

오답 해설

① 1문단에서 화석 연료란 생물이 오랜 시간 땅속에 묻혀 화석처럼 굳어져 오늘날 연료로 이용하는 물질이라고 설명하며, 석탄, 석유, 천연가스 등이 여기에 포함된다고 하였다.

② 2문단에서 화석 연료는 직접적인 대기 오염의 원인이라고 하였다. 그리고 화석 연료는 연소 과정에서 이산화 탄소 등의 온실가스를 배출하는데, 대기 중 온실가스의 증가로 인해 지구 온난화가 발생한다고 하였다.

④ 3문단에서 신·재생 에너지는 화석 연료와 달리 오염 물질이 거의 발생하지 않는다고 하였다.

⑤ 4문단에 따르면 세계의 인구 증가 및 경제 성장으로 인해 에너지의 수요가 계속해서 늘어나고 있다.

9 ⑤

정답 해설

⑤ 보기 에서 태양광 에너지는 태양 전지를 이용하여 태양의 빛에너지를 직접 전기 에너지로 전환하여 전기를 생산한다고 하였다. 따라서 태양광 에너지를 이용하여 전기를 생산하려면 터빈이 아니라 태양 전지가 필요하다.

오답 해설

① 3문단에 따르면 태양열 에너지와 태양광 에너지는 재생 에너지이므로 신·재생 에너지에 포함된다.

② 3문단에서 재생 에너지는 고갈되지 않고 계속해서 공급이 가능한 에너지라고 하였다.

③ 보기 에서 태양열 에너지는 집열기로 열을 한곳

에 모아 물을 데워 난방 및 온수 공급에 활용한다고 하였다. 따라서 태양열 에너지로 물을 데워 난방을 할 수 있다는 설명은 적절하다.

④ 보기 에 따르면 태양열을 모아 물을 끓이고, 이때 발생하는 수증기로 터빈을 돌려 전기를 생산한다. 따라서 태양열 에너지를 전기 에너지로 전환할 수 있다는 설명은 적절하다.

10 ⑤

정답 해설

⑤ 그래프에 따르면 2040년 전체 전력 발생원의 36%가 화석 연료이고, 신·재생 에너지는 태양광(26%), 풍력(14%), 기타 신·재생(14%) 등 전체의 절반 이상을 차지하고 있기 때문에 신·재생 에너지보다 화석 연료의 비중이 더 높다는 설명은 적절하지 않다.

오답 해설

① 2012년과 2040년 그래프의 비교를 통해 미래에는 화석 연료를 대체하여 신·재생 에너지가 많이 사용될 것을 예측할 수 있다.

② 2012년의 그래프를 보면 화석 연료가 전체의 65%를 차지하고 있다.

③ 2040년의 그래프를 보면 화석 연료를 제외한 64% 중 태양광 에너지가 26%로 가장 큰 비중을 차지하고 있다.

④ 그래프를 통해 전 세계적으로 미래에는 화석 연료보다 신·재생 에너지의 사용 비율이 높아지리라는 것을 예측할 수 있다. 따라서 우리나라 역시 신·재생 에너지 개발에 힘쓴다면 화석 연료의 수입을 줄일 수 있다고 추측할 수 있다.

지구 온난화

1 회독 [1~3]

1 예시 답안 저는 지구 온난화로 인한 기후 변화에 대해 궁금증이 생겼습니다.

2 지 구 온 난 화

3

지구 온난화로 인한 기 후 변화

온실 효과와 온 실 가 스

지구 온난화의 원인과 영향

지구 온난화를 막기 위한 방법

2 회독 [4~7]

1문단 중심 내용 지구 온난화

4 1 ㄹ

　　2 ㅁ

　　3 ㄱ

　　4 ㄷ / ㄴ

2문단 중심 내용 온실 효과

5 1 ㄷ

　　2 ㄱ

　　3 ㄹ

　　4 ㄴ / ㅁ

3문단 중심 내용 원인

6 1 ㄴ

　　2 ㅁ

　　3 ㄷ

　　4 ㄹ / ㄱ

4문단 중심 내용 지구 온난화

7 1 ㄷ

　　2 ㄱ

　　3 ㄴ

　　4 ㄹ / ㅁ

8 ②

정답 해설

② 3문단에서 인간의 산업 활동으로 인해 온실가스의 양이 급속히 늘어났다고 하였다. 따라서 인간의 산업 활동으로 인해 온실가스의 양이 감소하였다는 설명은 윗글과 일치하지 않는다.

오답 해설

① 1문단에서 기후 변화의 원인은 다양하나 주요 원인으로 꼽히는 것은 지구 온난화라는 내용을 확인할 수 있다.

③ 3문단에서 대기 중에 증가한 온실가스는 온실 효과를 강화하고, 그 결과 지구의 평균 기온이 높아지는 지구 온난화가 나타난다고 하였다.

④ 4문단에서 이산화 탄소를 매장하거나 흡수하는 기술에 관한 연구도 진행되고 있다는 내용을 확인할 수 있다.

⑤ 2문단에 따르면 온실 효과를 일으키는 기체를 온실가스라고 하는데, 온실가스에는 이산화 탄소, 메테인, 수증기 등이 있다.

9 ⑤

정답 해설

⑤ 2문단에 따르면 태양에서 지구로 전달된 태양 복사 에너지는 대기를 통과해 지표면에 도달하고, 지표면은 이 에너지의 일부를 다시 대기 중으로 내보낸다. 이때 대기는 지표면에서 방출하는 복사 에너지를 흡수했다가 다시 지표면으로 내보내 지구의 온도를 높인다. 즉 온실 효과는 대기가 지표면으로 다시 방출하는 에너지 때문에 나타나는 것이다. 따라서 대기에서 흡수한 에너지가 지표로 재방출되는 ⓒ가 온실 효과를 일으키는 과정임을 알 수 있다.

10 ③

정답 해설

③ A업체는 할당받은 배출 허용량보다 실제 배출량이 적다. 따라서 A업체에게 잉여 배출량은 배출 허용량에서 실제 배출량을 뺀 나머지 여유에 해당하는 부분이므로, 잉여 배출량을 배출할 수 없다는 설명은 적절하지 않다.

오답 해설

① 보기의 설명에 따르면 온실가스 배출권 거래제는 정부가 기업에게 온실가스 배출 허용량을 할당하고, 기업이 남거나 부족한 배출권을 서로 거래할 수 있는 제도이다.

② B업체와 같이 온실가스를 실제로 배출하는 양이 정부에서 부여한 배출 허용량보다 큰 기업은 다른 기업의 잉여 배출량에 해당하는 배출권을 구매할 수 있음을 보기의 그림을 통해 파악할 수 있다.

④ B업체는 정부에서 부여한 배출 허용량보다 더 많은 온실가스를 배출하게 되는 상황이다. 따라서 다른 기업에게 배출권을 구매해야 하며, 지구 온난화를 막기 위해 온실가스 배출량을 줄이기 위한 노력을 기울여야 한다.

⑤ 세계 각국이 지구의 평균 기온 상승을 1.5℃ 이내로 제한하기 위해 노력하기로 합의한 것은 지구 온난화 문제의 심각성을 공감한 것으로 볼 수 있다.

1 **예시 답안** 저는 수직 정원이 도시의 열섬 현상을 줄이는 데 영향을 미치는 것이 흥미로웠습니다.

2 수 직 정 원

3

도시 기후의 개념과 완화 방법

↓

수 직 정 원 의 개념과 장점

수직 정원을 만드는 방식

수직 정원에 적합한 식물

1문단 중심 내용 도시 기후

4 1 ㄷ
　2 ㄴ
　3 ㅁ
　4 ㄱ / ㄹ

2문단 중심 내용 수직 정원

5 1 ㄷ
　2 ㄹ
　3 ㅁ
　4 ㄱ / ㄴ

3문단 중심 내용 방식

6 1 ㄴ
　2 ㅁ
　3 ㄷ
　4 ㄹ
　5 ㄱ

4문단 중심 내용 식물

7 1 ㄱ
　2 ㄷ
　3 ㄴ
　4 ㅁ / ㄹ

8 ⑤

정답 해설

⑤ 4문단에서 실내 수직 정원의 경우 햇빛이 부족한 실내 환경에서 살 수 있는 실내 식물이 주로 이용된다고 하였다. 또 실외 수직 정원의 경우에는 고려해야 할 점이 다르다고 하면서 온대 기후인 우리나라의 경우 추운 겨울을 견딜 수 있는 식물인지가 중요하다고 하였다. 따라서 실내 수직 정원에 적합한 식물을 선택할 때는 추운 환경에서 살 수 있는 식물인지 고려해야 한다는 설명은 적절하지 않다.

오답 해설

① 1문단에서 삶의 질을 떨어뜨리고 건강에 나쁜 영향을 주는 도시 기후를 완화하는 대표적인 방법은 녹지 공간을 확보하는 것이라고 하였다.

② 1문단에서 도시가 발달함에 따라 도심의 기온이 주변보다 높게 나타나는 열섬 현상이나 대기 오염 물질이 수증기와 엉겨 붙어 안개처럼 되는 스모그 현상 등이 나타난다고 하였다.

③ 2문단에 따르면 수직 정원은 도시의 열섬 현상을 줄이고, 건물의 단열재 역할을 한다. 아울러 수직 정원의 식물은 대기 오염 물질을 흡착하여 공기를 정화하는 기능도 한다. 따라서 수직 정원이 도시의 열섬 현상을 줄이고, 공기를 깨끗하게 하는 데 도움이 된다는 설명은 적절하다.

④ 2문단에 따르면 수직 정원은 식물이 건물 외벽이나 내벽에서 수직으로 자라도록 조성한 정원을 말한다.

9 ④

정답 해설

④ 3문단에서 패트릭 블랑의 수직 정원 구조를 설명하고 있다. 먼저 건물 벽면에 붙이는 금속 틀이 있다. 금속 틀 위에는 방수 기능이 있는 피브이시 층이 붙어 있고, 피브이시 층 위에는 식물의 뿌리가 자리 잡을 수 있는 두 겹의 펠트 층이 있다. 마지막으로 물을 순환시키는 펌프 장치가 있다. 보기 의 그림을 보면 건물 벽에 ⓒ이 붙어 있으므로 ⓒ이 금속 틀이다. 금속 틀 위에 붙어 있는 ⓒ이 피브이시 층, 두 겹으로 되어 있는 ㉠이 펠트 층, 아래로 흘러내린 물을 위로 보내는 장치인 ㉣이 펌프 장치이다.

일3공

개념어

복습

각 단원에 제시된 주요 개념어들은
과학·기술 영역에서 기본이 되는 중요한 내용입니다.
또한 알아두면 일상생활에서 도움이 되는 배경지식입니다.

이러한 주요 개념어들을 복습할 수 있도록
선 긋기 확인 문제로 제시하였습니다.
지문 내용과 어휘를 다시 한번 떠올리면서 점검해 봅시다.
일3공 개념어들을 온전히 자신의 것으로 만들어 보세요!

Ⅰ 01 내진 설계

내진	지진을 견디어 낼 수 있도록 건축물을 설계하는 일.
내진 설계	물체에 외부에서 힘을 가하면 모양이 바뀌었다가, 그 힘을 제거하면 본래 모양으로 되돌아가려고 하는 성질.
탄성	물체에 급격히 가하여지는 힘.
충격	지진을 견디어 냄.

Ⅰ 02 수원 화성 축조에 사용된 기구

고정 도르래	회전축을 고정한 도르래.
움직도르래	지렛대의 준말로, 무거운 물건을 움직이는 데에 쓰는 막대기.
지레	축이 고정되지 않고 이동하는 도르래.
기중기	무거운 물건을 들어 올려 아래위나 수평으로 이동시키는 기계.

Ⅰ 03 가습기의 종류

습도	어떤 물질이 액체 상태에서 기체 상태로 변함.
초음파	물질에서 화학적 형태와 성질을 잃지 않고 분리될 수 있는 최소의 입자.
증발	공기 중에 수증기가 들어 있는 정도.
분자	사람의 귀에 소리로 들리는 한계 주파수 이상이어서 들을 수 없는 음파.

Ⅰ 04 허블의 은하 분류

천체	수많은 별이 모여 있는 거대한 천체 무리.
은하	우주에 존재하는 모든 물체.
우리은하	우리은하 밖에 분포하는 은하.
외부 은하	우리가 사는 태양계가 속해 있는 은하.

※ 다음 개념어와 설명이 적절하게 연결되도록 선을 그어 보세요.

II 01 비행기와 헬리콥터

양력	유체 속을 운동하는 물체에 운동 방향과 수직 방향으로 작용하는 힘.
추력	공기 속을 운동하는 물체가 공기로부터 받는 저항.
공기 저항	물체를 운동 방향으로 밀어붙이는 힘.
작용 반작용의 법칙	모든 작용력에 대해 항상 방향이 반대이고 크기가 같은 반작용력이 생긴다는 법칙.

II 02 온몸 순환과 폐순환

순환계	심장이나 혈관 속에서 피가 거꾸로 흐르는 것을 막는 막.
판막	몸 전체에 피를 순환시켜 골고루 영양을 공급하면서 노폐물을 수용하는 계통의 조직.
온몸 순환	좌심실에서 나간 혈액이 온몸의 모세 혈관을 거쳐 우심방으로 돌아오는 순환.
폐순환	우심실에서 나간 혈액이 폐의 모세 혈관을 거쳐 좌심방으로 돌아오는 순환.

II 03 발열 반응과 흡열 반응

화학 반응	두 가지 이상의 물질 사이에 화학 변화가 일어나서 다른 물질로 변화하는 과정.
화학 변화	물질이 그 자신 또는 다른 물질과 상호 작용을 일으켜 새로운 물질로 바뀌는 일.
발열 반응	화학 반응이 일어날 때 에너지를 흡수하는 반응.
흡열 반응	화학 반응이 일어날 때 에너지를 방출하는 반응.

II 04 원시와 근시의 교정

원시	가운데 부분이 오목한 렌즈.
근시	가까이 있는 것은 잘 보이지만 멀리 있는 것은 잘 보이지 않는 시력.
볼록 렌즈	가운데 부분이 볼록한 렌즈.
오목 렌즈	멀리 있는 물체는 잘 볼 수 있지만 가까이 있는 물체는 잘 볼 수 없는 시력.

Ⅲ 01 적정 기술

- 적정 기술
- 태양열
- 응결
- 나일론

- 공기 중의 수증기가 물로 변하는 현상.
- 폴리아마이드 계열의 합성 섬유.
- 기술이 사용되는 지역의 환경적, 사회적, 문화적 조건에 맞는 기술.
- 태양에서 나와 지구에 도달하는 열.

Ⅲ 02 착시 현상

- 착시
- 시각
- 기하학적 착시
- 잔상

- 도형의 크기, 길이, 방향, 각도 등이 실제와 다르게 보이는 착시.
- 시각적인 착각 현상.
- 눈을 통해 빛의 자극을 받아들이는 감각 작용.
- 외부 자극이 사라진 뒤에도 감각 경험이 지속되어 나타나는 상.

Ⅲ 03 생체 모방 기술

- 생체 모방 기술
- 방수
- 접착
- 인력

- 생물의 형태나 구조, 행동 등을 모방하여 인간 생활에 적용하는 기술.
- 공간적으로 떨어져 있는 물체끼리 서로 끌어당기는 힘.
- 두 물체의 표면이 접촉하여 떨어지지 아니하게 됨.
- 스며들거나 새거나 넘쳐흐르는 물을 막음.

Ⅲ 04 신소재

- 신소재
- 형상 기억 합금
- 초전도체
- 전기 저항

- 도체에 전류가 흐르는 것을 방해하는 작용.
- 종래의 재료에는 없는 뛰어난 특성을 지닌 소재를 통틀어 이르는 말.
- 변형이 일어나도 일정 온도가 되면 원래의 형태로 돌아가는 신소재.
- 매우 낮은 온도에서 전기 저항이 0이 되는 성질을 가진 신소재.

※ 다음 개념어와 설명이 적절하게 연결되도록 선을 그어 보세요.

Ⅳ 01 누리호 발사 과정

발사체 •

실용 위성 •

궤도 •

추진제 •

• 실생활이나 산업에 직접 사용하는 인공위성.

• 행성, 혜성, 인공위성 등이 중력의 영향을 받아 다른 천체의 둘레를 돌면서 그리는 곡선의 길.

• 로켓 등을 추진하는 데에 쓰는 연료와 산화제.

• 인공위성과 같은 탑재물을 우주로 옮기는 데 사용되는 로켓.

Ⅳ 02 생물 분류 체계의 변화 과정

생물 분류 •

계 •

단세포 생물 •

다세포 생물 •

• 다양한 생물을 일정한 기준에 따라 무리 지어 나누는 일.

• 생물을 분류하는 가장 큰 단위.

• 몸이 여러 개의 세포로 이루어진 생물.

• 몸이 한 개의 세포로 이루어진 생물.

Ⅳ 03 자격루의 원리

해시계 •

물시계 •

수압 •

부력 •

• 기체나 액체 속에 있는 물체가 그 물체에 작용하는 압력에 의하여 중력에 반하여 위로 뜨려는 힘.

• 그림자로 태양의 위치를 파악해 시간을 측정하는 시계.

• 물의 증가량 또는 감소량을 통해 시간을 측정하는 시계.

• 물의 압력.

Ⅳ 04 원자 모형의 변천

원자 •

원자 모형 •

원자핵 •

전자 •

• 원자의 구조를 쉽게 이해할 수 있도록 만든 모형.

• 물질의 기본적 구성 단위.

• (-)전하를 가지고 원자핵의 주위를 도는 소립자의 하나.

• 원자의 중심부를 이루는 입자.

Ⓥ 01 플라스틱의 위협

미세 플라스틱		크기 5mm 이하의 작은 플라스틱.
생분해성 플라스틱		파장이 엑스선보다 길고, 가시광선보다 짧은 전자기파.
자외선		눈으로는 볼 수 없는 아주 작은 생물.
미생물		빛이나 미생물 등에 의해 분해가 되는 플라스틱.

Ⓥ 02 신·재생 에너지

화석 연료		신에너지와 재생 에너지를 아울러 이르는 말.
신에너지		생물이 오랜 시간 땅속에 묻혀 화석처럼 굳어져 오늘날 연료로 이용하는 물질.
재생 에너지		기존의 화석 연료를 변환하여 이용하거나 수소나 산소 등을 반응시켜 전기나 열로 이용하는 에너지.
신·재생 에너지		고갈되지 않고 계속해서 공급이 가능한 에너지.

Ⓥ 03 지구 온난화

기후 변화		지구의 평균 기온이 점점 높아지는 현상.
지구 온난화		일정 지역에서 오랜 기간에 걸쳐서 진행되는 기상의 변화.
온실 효과		지구 대기를 오염시켜 온실 효과를 일으키는 가스를 통틀어 이르는 말.
온실가스		대기가 지표면에서 내보낸 복사 에너지의 일부를 흡수하였다가 지표면으로 다시 방출하여 지구의 평균 기온을 높게 유지하는 것.

Ⓥ 04 수직 정원

열섬 현상		압력을 통하여 액체, 기체를 빨아올리거나 이동시키는 기계.
스모그 현상		보온을 하거나 열을 차단할 목적으로 쓰는 재료.
단열재		대기 오염 물질이 수증기와 엉겨 붙어 안개처럼 되는 현상.
펌프		도심의 기온이 주변보다 높게 나타나는 현상.

초등 문해력 최상위 비문학 일3공 과학 • 기술 편

	01	02	03	04
I				

	01	02	03	04
II				

	01	02	03	04
III				

	01	02	03	04
IV				

	01	02	03	04
V				